Der Mann, der gut war

Leonard Merrick

Writat

Diese Ausgabe erschien im Jahr 2024

ISBN: 9789359948034

Herausgegeben von
Writat
E-Mail: info@writat.com

Inhalt

EINFÜHRUNG

Es gibt eine seltene Erfrischung in den Werken von Leonard Merrick; Sein Stil ist anmutig und doch unverwechselbar und strahlt eine ausgefeilte Freizeit aus, die heutzutage, wo die Perfektion der literarischen Form einen geringen Stellenwert hat, nur noch selten genossen wird. Seine Kunst lässt sich nicht benennen; Er ist fast der Einzige unter den heutigen Schriftstellern, der über die Einsicht und den Mut verfügt, die erbarmungslosen Tatsachen des Lebens gleichzeitig anzuerkennen und zu behaupten, dass der Geist trotz dieser Tatsachen – durch Hunger und Einsamkeit, Ungerechtigkeit und Enttäuschung – ungebrochen bleiben kann und dies auch tut; Wenn es keine Garantie für einen Erfolg gibt, gibt es auch keine Gewissheit für ein Scheitern.

Die Methode, die er anwendet, weist keine sentimentale Schwäche auf. Ein seltenes Genie für Humor prägt sein gesamtes Werk; Er kann das fortschreitende Verhungern eines arbeitslosen Schauspielers in einer Ökonomie der Redewendungen aufzeichnen, die keinen Raum für unnötige Appelle lässt, und die langwierigen Bemühungen nachzeichnen, mit einer Einfachheit, die Überzeugungen erzwingt, der anhaltenden Pence-Armut ein Ende zu bereiten. Seine Feder ist nie so ergreifend oder zurückhaltend wie wenn er uns eine Frau zeigt, die durch billige Arbeit geschärft und grob geworden ist. Aber in der Geschichte von Kampf und Triumph, Niederlage und Erfolg bleibt das Gefühl der ewigen Suche bestehen, das den härtesten Weg verkürzt. Hungerst du heute? Die Gelegenheit des Überflusses kann an der Straßenecke warten, die Chance ihres Lebens kann aus dem nächsten Bus aussteigen; denn Leonard Merrick kümmert sich nicht um Menschen mit großem Einkommen und kleinen Problemen; Die Männer und Frauen, über die er schreibt, verdienen ihren Lebensunterhalt selbst.

Seine größten Erfolge befassen sich mit dem Bühnenleben , tatsächlich ist er einer der ganz wenigen Autoren, die einen von der Aktualität des Theatervolks überzeugen. Er zeigt uns die Sängerin in ihrer Unterkunft, in den Strandbars, in der Theateragentur; Wir verstehen ihre Ambitionen, werden mit ihrem unbesiegbaren Mut und ihrer Fähigkeit zur Kameradschaft vertraut und entwickeln sogar eine Vorliebe für den Geruch von Fettfarbe. Wir treffen dasselbe Mädchen aus einer Verlobung, folgen ihrer Pilgerreise von Bloomsbury nach Brixton auf der Suche nach einer immer günstigeren Unterkunft; Wir beobachten, wie der Schlamm und die Nässe der Straßen ihre unzureichenden Stiefel durchnässt, und ertragen mit ihr die Hungerattacken, die ein flüchtiger Dutt nur schwer lindern kann. Wir begleiten sie zum Pfandleiher und erleben die Freuden des Kampfes mit einem widerspenstigen „Onkel", der sich weigert, mehr als achtzehn Pence für eine Seidenbluse zu leihen. Und dennoch bleibt der Sinn für Abenteuer bestehen, die Realität der Romantik bleibt bestehen, die Freude am Lachen bleibt bestehen. Wir sind uns der Kompensation prekärer Beschäftigungsverhältnisse durch Genügsamkeit bewusst und erkennen die große Wahrheit an, dass die Widrigkeiten von heute durch die Ungewissheit von morgen gemildert werden, dass der Sinn egal ist, wie erbittert der Kampf, wie hart die Not – und der Hunger – ist von Abenteuerbegleitern und Konsolen. Autoren, die sich nur mit Männern und Frauen mit gesicherter Stellung und regelmäßigem Einkommen befassen, haben die Wahrheit vergessen, die Leonard Merrick so triumphierend bekräftigt. Romantik hat keinen Respekt vor Personen. Die Freiheit der offenen Straße, ihre Versprechen, ihre Fallstricke, plötzlichen Ekstasen und flüchtigen Glamour sind nicht den Reichen vorbehalten, sondern das Erbe des Volkes.

Seine psychologischen Methoden bestechen durch ihre scheinbare Einfachheit; Ruhig und mit feiner Überlegung betont er die Umrisse seiner Charaktere, bis er Ihnen mit plötzlicher, schneller Entscheidung, im Aussprechen eines Satzes, im Tun einer dieser kleinen Dinge, die die wahren Offenbarungen des Lebens sind, die Seele des Mannes zeigt oder eine Frau, deren Äußeres er so sorgfältig dargestellt hat. Halb vergessene Worte und Taten drängen sich in die Erinnerung ein, wie in „ *Der Mann, der gut war*", als Carew Mary bittet, sein Kind – und das ihrer Rivalin – zu retten. Es bedurfte des Genies von Merrick, um einem klarzumachen , dass der Höhepunkt des Verrats nicht dadurch erreicht wurde, dass der Mann die Frau, die ihn liebte, im Stich gelassen hatte, sondern dass er diese Liebe erbärmlich ausgenutzt hatte.

Ich kenne keine Autorin mit einem subtileren Verständnis der Frau, ihrer Großzügigkeit und Gemeinheit, ihrer seltsamen Zurückhaltung, ihrer erstaunlichen Offenheit . Mary Brett an, diese Tragödie der unbesiegbaren Treue, konnte nur von einem Mann dargestellt werden, der die weibliche Fähigkeit zu stummer Tapferkeit spüren konnte. Man hat das Gefühl, dass Maria von der Lähmung unfruchtbarer Beständigkeit befreit worden wäre, wenn sie auch nur eine Geste der Revolte gemacht hätte; und man weiß, dass Frauen ihres Typs niemals den ultimativen Widerstand leisten können.

Leonard Merrick hat die unnachahmliche Gabe, seine Leser zum Erleben der von ihm dargestellten Emotionen zu bewegen. Die Abenteuerlust packt Sie, so wie sie den Helden von *Conrad in „Auf der Suche nach seiner Jugend" packt* , dem vielleicht größten seiner Triumphe. Wir teilen mit diesem perfekten Liebhaber sein sanftes Bedauern und seine erwartungsvolle Begeisterung ; Wir warten in zitternder Erwartung vor dem kleinen Restaurant in Soho auf seine entzückende Lady Parlington , die mit ihm fällt – von unbeschwerter Zuversicht zu widerlicher Unsicherheit, während die Zeit vergeht und sie immer noch nicht kommt. In all seinen Arbeiten herrscht der gleiche emotionale Auftrieb; sein unvergleichlicher Humor macht uns selbst die geringste seiner Kreationen beliebt. Seine bezaubernden Vermieterinnen werden zu unseren Freunden, seine „wandernden Herren" zu unseren engen Bekannten. Ich weiß bis heute nicht, ob ich bestimmte dieser himmlischen Geschöpfe im Leben oder in Mr. Merricks Romanen getroffen habe, und es ist schwierig, eine Theaterunterkunft zu betreten, ohne das Gefühl zu haben, dass man die letzte Geschichte in „ *Der Mann, der die Frauen verstand" durchlebt* . oder die ersten Anfänge von Peggy Harper noch einmal Revue passieren lassen.

London hat viele Liebhaber, keiner ist so vertraut mit seinen Verlockungen wie Leonard Merrick. Er weiß, dass ihn der Glanz ihrer mitternächtlichen Bürgersteige, der Hunger ihrer belebten Straßen und der Zauber ihres grauen Flusses angezogen haben. Er hat gespürt, wie der laubabwerfende Charme ihres Luxus, das anhaltende Vergnügen ihrer grünen Räume und die faszinierenden Gassen der Fleet Street ihm vertraut und lieb sind. Den Vororten gegenüber zeigt er eine unendliche Freundlichkeit und begleitete Abenteuer auf vielen Straßenbahnreisen.

Es war schon lange eine unüberwindliche Schwierigkeit, an Mr. Merricks Romane zu kommen; Ich habe jahrelang versucht, ein Exemplar von *Conrad zu finden* , und von jedem Buchhändler wurden sie leer weggeschickt. In einem Moment der Torheit lieh ich mein eigenes Exemplar einem Nachbarn – ich kann ihn nicht Freund nennen –, der das Buch sofort als seinen unschätzbarsten Besitz annahm und sich, unbeeindruckt von Grausamkeiten oder Drohungen, weigerte, es herzugeben. Und jetzt, nach langem Warten, freue ich mich über eine Neuauflage dieser unvergleichlichen Werke und über die Gewissheit, dass ein immer größer werdendes Publikum, dem die Gelegenheit, sie kennenzulernen, zu lange verwehrt blieb, meine Freude teilen wird. Weit entfernt vom Albtraum des Problemromans konzentrieren sich seine Bücher auf einfache menschliche Dinge, gewürzt mit der seltenen Salzigkeit seines Humors ; und ob in den Vororten oder den Slums, in Soho oder am Strand, ob wohlhabend oder hungernd, die Männer und Frauen, über die er schreibt, werden von diesem großen Mut, dieser feinen Kameradschaft berührt, die das eigentliche Wesen der Romantik ausmacht.

JK PROTHERO.

KAPITEL I

In der Umkleidekabine befanden sich drei Frauen. Die kleine Miss Macy, die eine Subalterne spielte, war gerade dabei, ihre Uniform auszuziehen; und die „Herzogin", ohne Samt, stand da und bürstete sich den Puder aus dem Haar. Die dritte Frau tat nichts. Sie saß auf einem Stuhl neben dem Theaterkorb mit der Aufschrift „Miss Olive Westlands Tour: ‚Die Schwächen der Mode' Co." und blickte die anderen an, die Hände ruhelos im Schoß. Sie war kaum das, was man „schön" nennt, geschweige denn das, was man „hübsch" nennen sollte; vielleicht kam „fraulich" ihr näher als beides. Ihre Augen waren nicht groß, aber sie waren so nachdenklich; ihr Mund war nicht klein, aber er wölbte sich so sanft; Das Gesicht war nicht regelmäßig, aber es sah so herrlich weich aus. Jemand hatte einmal gesagt, dass es ihn „dazu brachte, Gott zu bewundern"; Als ich sie beobachtete, schien es so perfekt, dass sie eine niedrige weiße Stirn und Haare hatte, die sie beschatteten; Es schien eine so exquisite und vollendete Sache zu sein, dass dort, wo der Schöpfer die Lippen platzierte, Lippen sein sollten, und ein Kinn, wo das Kinn modelliert wurde. Sie hätte siebenundzwanzig, aber auch dreißig sein können. Der weise Mann stellt das Alter der netten Frau nicht in Frage – er dankt einfach dem Himmel, dass sie lebt; und sie auf dem Stuhl neben dem Wäschekorb war ausgesprochen nett. Andere Frauen sagten es.

„Waren Sie vorne, Mrs. Carew?" fragte die „Herzogin".

Sie antwortete, dass sie es getan habe. „Am Ende kam ich zu mir. Es war ein sehr gutes Haus; das Geschäft läuft besser."

„Ich sollte denken", bemerkte die „Subalterne" und griff nach ihrem Rock, „Sie müssen jede Zeile des Stücks kennen, die Male, die Sie es gesehen haben! Aber natürlich haben Sie nichts anderes zu tun."

„Nein, es ist nicht lebhaft, den ganzen Abend allein in den Unterkünften zu sitzen; und im Kreis ist es bequemer als hinten. Wie ihr es schafft, euch in manchen Theatern anzuziehen, ist mir ein Rätsel; ich schaue euch von vorne an und erinnere mich wo deine Sachen angezogen wurden, und staunen. Wenn ich in diesem Beruf wäre, würde mein Gehalt mich nicht in den Kleidern halten, die ich ruiniert habe.

„Ich frage mich, ob Carew nie gewollt hat, dass Sie darauf eingehen."

Die nette Frau lachte.

„Gehen Sie in den Beruf!" Sie rief aus: „Ich? Meine Güte, was für eine Idee! Nein, Tony hat eine sehr schmeichelhafte Meinung über die Fähigkeiten seiner Frau, aber ich glaube nicht, dass nicht einmal er sich vorstellt, ich könnte schauspielern."

„Du wärst auf jeden Fall so gut wie eine bestimmte Hauptdarstellerin, die wir kennen. Niemand könnte viel schlechter sein als unsere angesehene Managerin, das schwöre ich!"

„Jeannie", sagte die „Herzogin" scharf, „streite dich nicht mit deinem Brot und Butter!"

„Bin ich nicht", sagte das Mädchen; „Ich kritisiere es – eine ganz andere Sache, mein Lieber. Ich hasse diese Amateure mit Geld, selbst wenn sie Unternehmen ausschalten und uns Profis Geschäfte überlassen. Sie queert jeden Abend die beste Zeile, die ich in dem Stück habe weil sie sich nicht zu Wort meldet und niemand weiß, worauf sie antworten soll. Der wahre Typ der „vertraulichen Schauspielerin" ist Miss Westland; es besteht keine Gefahr, dass *sie* irgendjemandem im Publikum zuhört, was sie sagt!"

„Tony glaubt, dass sie gut zurechtkommen wird", sagte Mrs. Carew, „wenn sie mehr Erfahrung hat. Das tun Sie auch, nicht wahr, Mrs. Bowman?"

Die „Herzogin" antwortete vage, dass „die Erfahrung sehr viel bewirkte". Sie hatte von sich selbst profitiert und erkundigte sich in der Zeit ihrer Karriere als „aristokratische Mutter" nicht mehr in Umkleidekabinen nach den Fähigkeiten der Mächte, die die Staatskasse bezahlten.

"Steig ein?" wiederholte Jeannie Macy und kämpfte sich in ihre Jacke, „Natürlich kommt sie zurecht; sie hat uff! Wenn es sehr viel ist, was sie hat, wirst du sie nach und nach mit einem eigenen Theater in London sehen. Geld, Einfluss oder Talent, Sie müssen einen der drei im Beruf haben, und als Abkürzung geben Sie mir einen der ersten beiden. Süße Träume, Sie beide; ich habe ein warmes Abendessen, das auf mich wartet, und ich Ich kann von hier aus riechen, wie es verdirbt!" Die Tür schlug hinter ihr zu; und Mrs. Carew wandte sich lächelnd der „Herzogin" zu.

„Du kommst doch später noch zu uns vorbei, nicht wahr?" Sie sagte.

„Ja, Carew hat den Ehemann am Morgen gefragt: Ich hoffe, er hat ein paar Kupfermünzen. Werden Sie?"

„Ich denke, Tony sollte inzwischen fertig sein. Erinnerst du dich an unsere Nummer?"

"Neun?"

„Neun; gegenüber dem Bäcker ."

Mrs. Carew summte eine kleine Melodie und ging die Treppe hinunter. Die Bühne, die sie nur flüchtig sehen konnte, war dunkel, denn die Fußlichter waren ausgeschaltet, und im T-Stück flackerte nur ein Gasstrahl blau zwischen der kahlen Fläche der Bretter und der Schwärze des leeren Zuschauerraums auf. Im Flur lief ein Mann, der aus dem Sternenzimmer eilte, beinahe gegen sie; Herr Seaton Carew trug immer noch die Kleidung, in der er das Stück beendet hatte, und er hatte sein Make-up noch nicht entfernt.

"Was!" rief sie, „Hast du dich nicht verändert? Wie ist das? Was hast du gemacht?"

„Ich habe mit Miss Westland gesprochen", erklärte er hastig. „Sie wollte mich wegen etwas sprechen. Warte nicht länger, Mary; ich muss mit ihr zu ihrer Unterkunft gehen."

Sie zögerte einen Moment überrascht.

„Ist es so wichtig?" Sie fragte.

„Ja", sagte er; „Ich erzähle dir später davon; ich möchte danach mit dir reden. Ich werde nicht lange warten."

Wann immer sie ins Theater kam, was vier- oder fünfmal pro Woche der Fall war, kehrten sie natürlich gemeinsam zurück, und sie genoss den Spaziergang an der frischen Luft „nach der Vorstellung" mit Tony. Drei Jahre Vertrautheit mit diesem Brauch hatten seinen Reiz für sie nicht zerstört. Heute Abend ging sie ein wenig untröstlich auf die Straßen von Leicester. Das Gas war bereits angezündet, als sie das Haus erreichte, und im Kamin brannte deutlich ein Feuer – denn es war März. Die Unterkunft war nicht umfangreich: ein kleines Wohnzimmer im Erdgeschoss und ein Schlafzimmer auf der Rückseite. Auf dem Kaminsims des Wohnzimmers befanden sich einige verblasste Fotos von Menschen, die dort übernachtet hatten – Mr. Delancey als Silberkönig; Miss Ida Ryan, eine Zigarette rauchend, als Sam Willoughby. Sie zog ihren Mantel aus, wandte dem Abendessentisch den Rücken zu und fragte sich, worum es bei der Besprechung mit Miss Westland ging.

Die Langeweile der Verzögerung begann sich bei ihr anzumerken. Die Wirtin hatte im Laufe des Nachmittags ihr Zeugnisbuch mitgebracht, um Mr. und Mrs. Carew um ihr Zeugnis zu bitten; und sie holte es von dort, wo es lag, und begann lustlos, die Blätter zu wenden. Diese Bücher wurden von Carew verabscheut, denn er wusste nie, was er schreiben sollte; und als sie die Kommentare in diesem Kommentar las, stimmte sie im Geiste mit ihm überein, dass es nicht einfach sei, ein Mittel zwischen Knappheit und Übertreibung zu finden. Einige erkannte sie , da sie schon vor dem Hinsehen wusste, welche Unterschriften beigefügt waren. Das Zitat „Bleib nur ein wenig, ich werde wiederkommen" hatte sie über dem gleichen Namen in einer Reihe von Unterkünften gesehen, und es gab zwei oder drei „Impromptus" in Reimform, die ihr schon einmal begegnet waren.

Diesmal war sie in Leicester sehr glücklich gewesen. Sie waren am Jahrestag von Tonys und ihrs erstem Treffen angekommen, und sie hatte die ganze Woche über zusätzliche Zärtlichkeit ihm gegenüber empfunden. Die Wirtin hatte das Glück sicherlich nicht herbeigeführt, aber ihr Mieter war durchaus bereit, ihr einen Teil davon zu überlassen. Sie tauchte den Stift in die Tinte und schrieb mit kühner, aufrechter Hand: „Die Woche, die wir in Mrs. Liddys Gemächern verbracht haben, wird für Mr. und Mrs. Seaton Carew immer eine angenehme Erinnerung sein." Dann trug sie das Datum darunter.

Sie war gerade fertig, als Mrs. Liddy mit dem Bier hereinkam. Die Irin sagte, dass sie zu Bett gehen würde, aber dass Mrs. Carew weitere Gläser im Schrank finden würde, wenn ihre Freunde kämen. Sie nahm an, dass das alles war?

Es war jetzt zwölf Uhr, und Mrs. Carew begann, mit einem gelegentlichen Blick auf das kalte Rindfleisch und die Ecke Milchreis, im Zimmer umherzugehen. Dann blieb sie stehen und lauschte. Von draußen war ein Pfiff zu ihr gekommen – der Pfiff aus acht Tönen, das ist der Ruf des Schauspielers. Sie vermutete, dass der junge Dolliver ihre Nummer vergessen hatte, wie er es in jeder Stadt tat. Sie zog die Jalousie beiseite und ließ das Licht herausscheinen. Es war der junge Dolliver.

„Ich habe die ganze Straße rauf und runter gepfiffen", sagte er gekränkt; "Was hast du gemacht?"

„Nun, das ist nicht schlecht", lachte sie. „Warum erinnern Sie sich nicht wie alle anderen an Adressen?"

„Das geht nicht", erklärte er; „Das könnte ich nie! Ich weiß nie, wo ich wohne, wenn ich es mir nicht sofort notiere, wenn ich reinkomme. Eines Montags in Jarrow musste ich drei tödliche Stunden lang überall umherwandern strömender Regen, auf der Suche nach jemandem in der Firma, der mir sagt, wo ich wohne. Hallo! Wo ist Carew?"

„Er wird sofort da sein", sagte sie. "Hinsetzen."

„Oh! Es tut mir furchtbar leid, so früh gekommen zu sein", rief er; „Warum, du hast nicht gefüttert oder so."

Er war ein Junge mit strahlendem Gesicht und fröhlichem Geplapper, und sie war froh, dass er aufgetaucht war.

„Ich erwarte jeden Moment die Bowmans", versicherte sie ihm; „Du bist nicht früh dran. Setz dich doch, du bist ein gutes Kind, und spiele nicht mit deinem Hut herum; lege ihn auf das Klavier! Hast du schon einmal ein Bankett gemacht?"

von Carews Auftritt im Great Sixpennyworth am Samstag? sein Beruf!"

„Anderthalb Zeilen“, sagte sie, „von einem Provinzkorrespondenten! Ich werde nicht zufrieden sein, bis – nun ja!“

„Ich weiß – bis Sie ihn im *Telegraph mit sechzehn Zeilen ganz für sich allein sehen*! Das wird er wohl nicht mehr tun. Er brennt auf Erfolg, ist Carew – tun Sie alles dafür. Ich auch ; das würde ich gerne tun.“ Claude spielen.

„Claude?“ rief sie aus. „Warum, du bist lustig!“

„Nicht aus freien Stücken“, erklärte er. „Miss Westland ist dafür verantwortlich, dass ich lustig bin. Als sie sagten: ‚Eine kleine Comedy-Rolle ist noch vakant‘, sagte ich, dass kleine Comedy-Rollen meine Stärke sind! Wäre ein ‚alter Mann‘ gesucht worden, hätte ich das tun sollen.“ Ich habe erklärt, dass ich zum Schwachkopf geboren bin. Aber wenn es um die Wahl geht – um die geheime Tendenz des heiligen Feuers – werde ich geführt, ich bin romantisch, ich habe zentrale Zugänge im Rampenlicht. Schauen Sie hier: „Ein tiefes Tal, ausgeschlossen.“ von Alpine – „Nein, warte mal, du machst das Langtry-Geschäft und lässt die Blumen fallen, während ich ‚das Haus streiche‘.“ Weißt du, meine private Meinung ist, dass Claude diese Stunden nur genommen hat, damit der Witwe keine Kosten für die Renovierung des Hauses entstehen. Hast du keine Blumen? Sonst noch was – wo sind die Karten?“

Er fand die Packung auf der Anrichte und drückte ihr ein paar davon in die Hand.

„Das reicht für die Blumen“, sagte er; „Befingere sie liebevoll; denke, du hältst ein gutes Nickerchen.“

„Sei nicht so lächerlich!“

„Das bin ich nicht“, sagte Dolliver würdevoll; „Ich möchte wirklich Ihre Meinung zu meiner Lektüre hören. Wo war ich – äh – äh …

„‚In der Nähe eines klaren Sees, gesäumt von goldenen Früchten und flüsternden Myrten, der den sanftesten Himmel glasiert, so wolkenlos, außer mit seltenen und rosafarbenen Schatten … wie ich dein Schicksal haben wollte.‘

„Sehen Sie, ich mache nach ‚Schatten‘ eine Pause – ich bin natürlich. Ich blicke zögernd auf die Wagen, die Ränder und ein Kind in der Grube. Dann sehe ich der schönen Pauline in die Augen und schließe mit ‚As‘ Ich will dein Schicksal haben‘ und lächelte verträumt über die Exzellenz des Vergleichs. Das ist ein neuer Punkt, nehme ich an?“

Er war ernsthaft von seinem „neuen Standpunkt“ fasziniert und redete immer noch darüber, als sie hörten, wie Carew die Haustür aufschloss.

Es war ein Mann, der ungefähr im gleichen Alter wie die Frau eintrat. Sein Gesicht war glatt rasiert, und sein Haar war etwas länger getragen als das Haar der meisten Männer. Jetzt, wo er in einem guten Licht gesehen wurde, war es offensichtlich, dass er verstört war; aber er schüttelte Dolliver die Hand, als wäre er erleichtert, ihn dort zu finden.

„Was, kein Abendessen? Du musst hungern, Mary?"

„Ich *bin* ziemlich hungrig", gab sie zu; „Bist du nicht?"

„Nun, ich habe etwas gehabt – trotzdem werde ich an den Tisch kommen." Sie hatte enttäuscht gewirkt, und er zog seinen Stuhl heran. „Dolliver?"

„Nichts für mich, danke. Oh! ein Glas Bier – dagegen habe ich nichts einzuwenden."

Trotz ihrer Behauptung machte Mary mit ihrem Abendessen keine großen Fortschritte, und Carews offensichtliche Unruhe dämpfte sogar die Geschwätzigkeit des Jungen. Erst als die Bowmans eintrafen und eine Partie Napoleon begonnen hatte, ließ die leichte Zurückhaltung, die sein Auftreten verursacht hatte, nach.

Mr. Bowman hatte sich der Anweisung seiner Frau bewusst und hatte sich mit Kupfermünzen im Wert von mehreren Schilling versorgt, und da er sich seine Voraussicht zunutze machte, begann jeder aus der Gesellschaft mit einem Rouleau Pence. Diese gelegentlichen Kartenpartys nach der Aufführung waren in der Truppe „Die Schwächen der Mode" zu einer Institution geworden, und es kam selten vor, dass jemand sie als teuer empfand. Das Kapital Marias, Kupfermünzen eingeschlossen, betrug einen halben Souverän, und einen Monat lang wäre es Gegenstand von Anspielungen gewesen, einen solchen Betrag bei einer Sitzung gewonnen oder verloren zu haben. Heute Abend war das Glück jedoch merkwürdig ungleich, und zu aller Überraschung musste Dolliver feststellen, dass er sieben Schilling verlor, bevor er eine halbe Stunde gespielt hatte. Für Dolliver wurde großes Mitgefühl zum Ausdruck gebracht.

„Macht nichts, lieber Junge. Es ist immer ein Fehler, früh am Abend zu gewinnen", sagte Carew. „Es ist genug Zeit. Ich passe!"

„Pass", sagte die „Herzogin."

Maria rief drei und machte sie.

„Wie stehen Sie, Frau Carew?" fragte Bowman.

„Mir geht es ungefähr noch genauso wie am Anfang. Tony, Mr. Bowman hat nichts zu trinken. – Oh, was für eine Schande, Dolliver! – Danke! Füllen Sie doch Ihren eigenen auf, nicht wahr ? – Er ist ein perfekter Märtyrer , dieser

Junge", fuhr sie fort; „Er hat den Tisch abgeräumt, bevor ihr zwei hereingekommen seid – nicht wahr?"

„Vier!" rief Dolliver. „Ja, ich habe es wunderbar geklärt. Versorgung ist mein Metier."

„Seit wann? Ich dachte gerade –"

„Oh, Vertraulichkeit, Mrs. Carew!" Er wurde scharlachrot. „Verraten Sie mich nicht! ... Nun, Mrs. Bowman, was soll das sein?"

Sie spielte Trümpfe und führte mit einem König.

Ein atemloser Moment, gekrönt von einem unerwarteten „Kleinen" von Dolliver. Seine „Vier" waren in Sicherheit und er lehnte sich strahlend zurück.

Die „Herzogin" bereitete sich auf den Deal vor.

„Wer hat eine Adresse für die nächste Stadt?" sie erkundigte sich.

„Hast du noch nicht geschrieben?"

„Nein, wir haben keinen Ort, an den wir schreiben können; hasserfüllt, nicht wahr? Wenn es etwas gibt, das ich verabscheue, dann ist es, nach unserer Ankunft nach Zimmern suchen zu müssen. Wir sind – pass! – immer dort geblieben Dasselbe Haus, und – jeder muss wieder in die Kasse stecken! – und jetzt ist die Frau weg, oder so. Meine Güte! Wird die Kasse nicht groß – schauen Sie sich die ganzen Sixpence darunter an. Jemand zählt sie!"

„Na dann, Carew, geh nicht schlafen!"

Carew, so beschworen, sammelte die Karten ein. Ab und zu war er fast wieder er selbst, und nur Mary war sich wirklich sicher, dass etwas nicht stimmte.

„Dort gibt es ein kleines Hotel, in dem ich übernachtet habe", sagte er. „Überhaupt nicht schlecht – man bekommt alles für fünfundzwanzig Bob die Woche; für zwei Personen gäbe es auch eine Ermäßigung. Erinnern Sie mich daran, und ich nenne Ihnen den Namen; ich habe ihn in meinem Buch. Bowman , du sollst anrufen!"

Bowman rief nichts; Alle haben erneut bestanden und die Katze wurde noch einmal vergrößert.

„Wann reisen wir am Sonntag – weiß jemand?"

„Sie können absolut sicher sein", sagte Bowman, „dass es zu einem unwirklichen Zeitpunkt passieren wird." Ich habe viele Jahre Erfahrung in diesem Beruf, aber ich war noch nie in meinem Leben in einem

Unternehmen, in dem es so viele gab Nachtfahrten wie in diesem Fall. Ich glaube, dass dieser kleine Außenseiter das mit Absicht arrangiert!"

„Er ist ein toller Schauspielmanager, nicht wahr? Ich kannte einmal einen anderen Kerl – zwei, wie ich zwei nenne – und wurde dann, am Ende der Tournee, gehängt, wenn sie uns nicht zu einer Präsentation drängten ihn!"

„ Das werden sie für diesen Kerl auch. Vorträge im Beruf sind, bei meiner Seele, die –"

„Drei", sagte die „Herzogin."

„Und wenn die Zeit gekommen ist, wird kein Mitglied der Menge den Mut haben, sich zu weigern. Sehen Sie!"

„Haben Sie jemals einen Schauspieler gekannt, der das getan hat, als man ihn fragte?"

Dolliver errötete aufgeregt.

"Nickerchen!" er rief aus.

„Oh, oh, oh! Dolliver macht ein Nickerchen!"

„Nein, meinst du das ernst? Also gut, dann schieß voraus, spiel auf!"

Es herrschte zwei Schweigeminuten, und der Junge schlug seine letzte Karte nieder und bereitete ein Lächeln auf die Niederlage vor.

„Er hat es geschafft! Mrs. Bowman, Sie haben es weggeworfen; wenn Sie stattdessen Herz gespielt hätten –"

„Nein, nein, sie konnte nicht anders. Sie musste nachziehen."

„Natürlich!" – die „Herzogin" reagierte schwach auf die Erklärung – „Ich musste nachziehen. Was für eine Beute! Meine Güte!"

„Das bringt dich wieder in Ordnung, was, lieber Junge?"

„„Ich bin wieder einmal das große Haus von Lyon!"", bemerkte Dolliver und stapelte die Pennys. „Sechs, sieben, acht! Schauen Sie sich das Silber an, toller Scott! Mrs. Carew, da sind die Neunpence, die ich Ihnen schulde."

„„Ich habe diese Frau bezahlt, und ich schulde ihr nichts"", zitierte Carew. „Dolliver, du hast mich ruiniert, du Bettler! Wo ist der Bacca?"

Etwa um drei Uhr wurde gemurmelt, es sei spät, aber die Verliererin war jetzt Mrs. Bowman, und da ihre Schilling in den Besitz von Mary gelangt waren, sagte die Wirtin, es sei wirklich gar nicht spät. Damit war die Trennungsfrage für eine halbe Stunde erledigt. Dann begann Bowman darüber zu reden, das Spiel nach ein paar Runden zu beenden. Als zwei solcher Vereinbarungen getroffen und zunichte gemacht worden waren, schlug die „Herzogin" vor, dass sie beim nächsten „Nickerchen" fertig werden sollten. „Mit dem nächsten Nickerchen Schluss machen" war ein Euphemismus für eine gute, lange Fortsetzung, und der Beschluss wurde einstimmig angenommen.

Die Uhr hatte vier geschlagen, als das Nickerchen gemacht wurde, und die Gewinnerin war Mary. Sie hatte mehr als sechs Schilling gewonnen, und die um diesen Betrag ärmere „Herzogin" lächelte schläfrig und resigniert.

„Sie hatten doch Glück, Mrs. Carew", lachte Dolliver. "Gute Nacht."

„Ja", sagte sie nachlässig; „Ich habe jedenfalls etwas zwischen mir und dem Arbeitshaus geschaffen! Gute Nacht."

Sie schlenderte im Raum umher und machte kleine, ziellose Handgriffe, während Carew das Trio zur Tür begleitete. Sie hörte, wie er die Tür hinter sich schloss, und hörte, wie ihre Schritte auf dem Bürgersteig schwächer wurden. Er kam langsam zurück, seltsam langsam. Dollivers Stimme erreichte sie, als er sich an der Ecke von den Bowmans verabschiedete, und er war immer noch nicht hereingekommen.

„Tony!" Sie hat angerufen.

Er gesellte sich fast zu ihr zurück, während sie sprach.

„Geh nicht zu Bett, Mary", sagte er heiser; „Ich habe dir etwas zu sagen."

"Was ist es?" Sie fragte.

Er zögerte einen Moment und suchte nach einem einleitenden Satz. Die Aufregung, mit der er die ganze Nacht über zu kämpfen hatte, hatte ihn überwunden.

„Meine Freilassung ist endlich gekommen", antwortete er. "Meine Frau ist tot."

"Tot?"

Sie stand da und starrte ihn mit großen Augen an, während die Farbe aus ihren Wangen wich.

„Sie war eine Zeit lang krank. Ich habe gehört, dass sie getrunken hat, das glaube ich! Jedenfalls ist sie weg; der Fehler ist vorbei. Ich habe teuer genug dafür bezahlt, Gott weiß!"

Er blieb auf halbem Weg zwischen ihr und dem Kamin stehen und ging zum Kamin. Dabei verspürte sie einen unbestimmten Schmerz. Auf seine Worte folgte eine angespannte Stille. In dem Gedanken, dass sie nicht entkommen konnte, hatte sich die Frau, die für seinen Fehler teurer bezahlt hatte, manchmal einen solchen Moment wie diesen vorgestellt – manchmal hatte sie vorausgesehen, dass er zu ihr rief, dass er frei sei. Vielleicht fehlte ihm jetzt, da der Moment gekommen war, ein wenig – ein wenig dürftiger als die Ankündigung der Freiheit, die sie sich vorgestellt hatte.

„Du wirst bestimmt den Schock spüren", sagte sie fast unhörbar. „Es ist immer ein Schock, die Nachricht vom Tod." Aber sie hatte das Gefühl, dass die Last des Redens bei ihm liegen sollte. „Hast du – hast du sie sehr gemocht? Kommt das wieder?"

„Ich war zwanzig. ‚Fond'? Ich weiß es nicht. Ich war drei Monate nicht bei ihr, als – – Sie war durch Liverpool gelaufen; ich habe sie von dem Tag an, als ich es herausfand, nie wieder gesehen. Sie wollte mich nicht; das Geld reichte ihr – um sich dessen jede Woche zu vergewissern!"

Seine Haltung blieb unverändert, seine Hände steckten tief in den Hosentaschen. Gegenüber ließen beide die Vergangenheit Revue passieren. Sie wartete darauf, dass er zu ihr kam – um sie zu berühren. Ja, die Realität war dürftiger als das Bild, das sie gesehen hatte.

"Wann war es?" sie murmelte.

„Es war vor ein paar Wochen."

"So lange?"

Verdrießlich verließ er den Kamin und begann im Zimmer auf und ab zu gehen. Die Frau rührte sich nicht. Sie erinnerte sich an den Morgen, an dem er diese Ehe gestanden hatte – an die Qual, die sie um Mitleid geweint hatte – an die Umarmung, die sie nicht loslassen wollte. Sie blickte geistesabwesend auf das Feuer; aber in ihrem Herzen sah sie jeden seiner Schritte und zählte die Wendungen, die ihn von ihrer Seite abhielten.

„Es macht einen großen Unterschied!" sagte er plötzlich.

Das Bewusstsein für den Unterschied überflutete ihre Vernunft, doch sie sagte nichts. Die Heiligung ihres Opfers sollte nicht von ihr angesprochen werden. Der Wunsch, die Erinnerung, die Wiedergutmachung, alles sollte ihm gehören! Sie nickte zustimmend.

„Ein großer Unterschied", wiederholte er heiser. Er wischte sich die Feuchtigkeit von Mund und Kinn. „Wenn – wenn mein Ruf jetzt gemacht wäre, Mary, würde ich dich bitten, meine Frau zu sein."

Und dann sprach sie nicht. Es gab einen Moment, in dem die Wand vor ihr im Dunst verschwamm und der Boden ins Wanken geriet. Im nächsten Moment stand sie immer noch vor dem Kamin; sie starrte es mit der gleichen Aufmerksamkeit an; und seine Stimme ertönte wieder, obwohl sie sie dumpf hörte:

„-während ein armer Mann sich nicht entscheiden kann! Ich würde – ich würde dich bitten, mich zu heiraten. Ich weiß, was du für mich warst – ich vergesse es nicht – ich weiß es sehr gut! Aber so wie es ist, Es wäre Wahnsinn – es würde mir einen Strick um den Hals legen. Ich möchte, dass Sie hören, wie es mir geht. Ich möchte, dass Sie sich die Umstände anhören –“

„Du wirst nicht... Wiedergutmachung leisten?“

„Ich sage dir, ich bin nicht mein eigener Herr.“

„ Sag mir das – dass wir uns trennen sollen! Wir können nicht länger zusammen bleiben, es sei denn, ich bin deine Frau.“

„Wir können überhaupt nicht länger zusammenbleiben; darauf komme ich hinaus.“ Er ging zurück zum Kaminsims, stützte die Ellbogen darauf und trat gegen die halbheißen Kohlen. „Ich werde Miss Westland heiraten!“

Er hatte es gesagt; das Echo der Äußerung klang in seinen Ohren. Hinter ihm war ihre Gestalt regungslos – es ist – die Stille machte ihm Angst. Verstärkt durch das wilde Ticken der Uhr, währenddessen sein Puls angestrengt wurde, um ein Rascheln, einen Atemzug zu lindern, wurde die Pause unerträglich.

„Um Himmels willen, warum sagst du nicht etwas?“ er rief aus. Er blickte sie ungestüm an und sie sahen einander über den Tisch hinweg an. „Mary, das ist meine Chance im Leben! Sie kümmert sich um mich, verstehst du nicht? Du hältst mich für einen Schurken – siehst du nicht, was für eine Chance das ist? Was kann ich so erreichen, wie ich bin? Mit ihr – ihr Ich werde weiterkommen, sie hat Geld – ich werde aufsteigen, ich werde Managerin, ich werde rechtzeitig nach London kommen. Mary!“

„Sie werden … Miss Westland heiraten?“

„Ich muss“, sagte er.

Eine Sekunde lang war es, als würde sie Schwierigkeiten haben, es zu verstehen. Dann streckte sie schwindelig die Hände aus und schrie.

„Das war also deine Liebe – eine Lüge, eine beschämende Lüge?“

„Das war es nicht; nein, Mary, es war echt! Ich habe mich um dich gekümmert – das habe ich; die Sache wird mir aufgezwungen!“

„‚Sorgt‘? Wenn du deine Freiheit so nutzt? Du ‚kümmerst‘ dich? Und ich habe Mitleid mit dir – du hast mir die Seele mit deiner Verzweiflung zerrissen – ich habe dir vergeben, dass du die Geschichte so lange zurückgehalten hast. Ich bin zu dir gekommen, um dein zu sein.“ Frau, und du bist auf die Knie gefallen und hast geschworen, dass du vorher nicht den Mut gehabt hättest, es mir zu sagen, aber deine Frau lebte – eine schreckliche Frau, von der du dich nicht scheiden lassen konntest. Ich habe mich dir hingegeben, ich wurde das, was du kannst Geh aus der Tür, alles nur, weil ich dich liebte, alles, weil ich an deine Liebe zu mir geglaubt habe. Sie packte ihre Kehle. „Du hast es verdient, nicht wahr? – du rechtfertigst es jetzt so edel, der Glaube, der mich zu einem –" gemacht hat

"Maria!"

„Oh, ich kann es sagen!" sie brach hysterisch aus. „ *Das bin ich* , weißt du; du hast mich zu einem gemacht – du und deine ‚Liebe'! Warum sollte ich das nicht sagen?"

„Ich habe dir die Wahrheit gesagt; wenn ich damals frei gewesen wäre –"

„Wann haben Sie die Nachricht vom Tod erfahren? Antworten Sie mir – es war nicht heute Abend?"

„Was ist der Unterschied", murmelte er, „als ich es hörte?"

"Oh!" Sie stöhnte: „Geh weg von mir, komm mir nicht zu nahe! Du Feigling!"

Sie sank auf die Sofakante und wiegte sich hin und her . Der Mann streifte ziellos umher. Ein- oder zweimal warf er ihr einen Blick zu, aber sie achtete nicht darauf. Seine Pfeife lag auf der Anrichte; er füllte es unbeholfen und zog nervös daran.

Er war der Erste, der wieder sprach.

„Ich weiß, dass ich wie ein Jagdhund aussehe, ich weiß, dass alles sehr schlimm aussieht; aber ich glaube nicht, dass es unter fünfhundert einen Mann gibt, der trotz alledem eine solche Gelegenheit ausschlagen würde. Nein, und auch nicht einer unter fünftausend! Du Ich werde es natürlich nicht unvoreingenommen sehen; aber es scheint mir – ja, das tut es, und ich kann nicht anders, als es zu sagen –, wenn Sie mich wirklich so gern hätten, wie Sie denken, wenn meine Interessen es wären „Ich liebe dich wirklich sehr, du selbst würdest mir raten, die Chance zu ergreifen, und darüber hinaus aufrichtig froh sein, dass sich mir eine Aussicht auf Erfolg in den Weg gestellt hat ... Du weißt, was es für mich bedeutet", sagte er mürrisch weiter; „Sie sind seit drei Jahren im Beruf – zumindest so gut wie im Beruf; Sie wissen, dass ich unter normalen Umständen nie höher kommen würde, als ich bin, und nie in meinem Leben in London spielen würde." Du weißt, dass ich so weit gegangen bin, wie ich es jemals erwarten kann, ohne Einfluss, der mich unterstützt, dass ich in zehn Jahren genau das sein sollte, was ich jetzt bin, ein führender Mann für zweitklassige Touren; und das in zehn Jahren Später sollte ich schwere Väter spielen, oder Gott weiß was, immer noch auf der Straße und erledigt – das Feuer, das in den Provinzen erschöpft, verschwendet und abgenutzt ist. So würde es sein; Sie haben mich es noch einmal sagen hören und wieder; und ich sollte weiterhin den Sohn von Miss Somebody und die Tochter von Mr. Somebody-else sehen, mit den Namen ihrer Eltern, um ihnen die Engagements zu verschaffen, wie sie prominente Geschäfte in Londoner Theatern spielen, bevor sie gelernt haben, über eine Bühne zu gehen. Miss Westland ist ein hübsches Mädchen und kennt viele Leute aus der Gesellschaft in der Stadt; und sie hat genug Geld, um dort ins Theater zu gehen, wenn sie ihre Amateurhaftigkeit ein wenig verloren hat. Von Anfang an werde ich auch jemand sein – ich werde ihre Angelegenheiten regeln. Ich werde eine große Anzeige schalten. in *The Era* jede Woche: „Für freie Termine wenden Sie sich an Herrn Seaton Carew!" Oh, Mary, das ist so eine Chance, so ein Aufstieg! Ich *mag* dich , das weißt du; Dein kleiner Finger ist mir wichtiger als der Körper und die Seele dieser Frau. Halten Sie mich nicht für gefühllos; Es ist verdammt, dass ich mich so benehmen muss – es kostet alles Licht, alles Glück aus der Sache, weil der Weg dorthin so schwierig ist. Ich wünschte, du könntest wissen, was ich fühle.

„Ich glaube, ich weiß es", sagte sie bitter, „vielleicht besser als du. Du erinnerst dich daran, wie leicht du das Glück hättest nehmen können, wenn deine Gebete an mich gescheitert wären. Und du bist in deinem Herzen wütend auf mich, weil." Die Scham, die du fühlst, verdirbt jetzt so viel von der Freude.

Er war gedemütigt, als er erkannte , dass dies wahr war. Ihre Worte beschrieben eine gemeine Natur und sein Groll verstärkte sich.

„Wann haben Sie es Miss Westland erzählt?" sie geriet ins Stocken.

"Sag es ihr?"

„Was ich bin. Dass ich nicht bin – Wann war es?"

„Heute Abend. Es wird dir keine Peinlichkeit bereiten; ich meine, sie wird mit keinem der anderen darüber reden. Niemand wird es erfahren für –"

„Das ganze Unternehmen weiß es vielleicht morgen!" antwortete sie und trocknete ihre Augen. „Da ich nicht mehr da bin, wissen sie es vielleicht schon morgen oder später. Oh, wie sie alle reden werden, wie sie über mich reden werden – die Bowmans und dieser Junge auch!"

„Du wirst morgen weg sein – was sagst du?"

„Glauben Sie, –"

„Maria, es gibt – ich muss einige machen – gute Himmel! Wie willst du gehen ? Schicken Sie – ich konnte es Ihnen nicht an Geld mangeln lassen, verstehen Sie?

„Ich würde keinen Penny von dir nehmen", sagte sie, „nicht den Wert eines Pennys, wenn ich sterben würde. Ich würde es nicht tun, wie Christus mich hört! Unser gemeinsames Leben ist vorbei – ich gehe weg."

Er sah sie entsetzt an.

„Jetzt", stieß er aus, „sofort? Mitten in der Nacht?"

„Jetzt sofort – mitten in der Nacht."

„Seien Sie vernünftig" – er ergriff ihre Finger und hielt sie in kläglicher Klagehaltung – „warten Sie auf jeden Fall bis zum nächsten Tag. Sie sind außer sich, es bringt Ihnen nichts. Am Morgen, wenn es sein muss – "

"Oh!" Sie würgte. „Hast du gedacht, ich würde eine Stunde später hier anhalten? Hast du – hast du das gedacht? Du Mann! Ja, ich sollte für dich nicht schlimmer sein, als für mich, die Niedrigkeit davon! Alles in einem Moment Wie niedrig es ist! Ich habe versucht, das Gefühl zu haben, dass wir verheiratet sind. Ich habe immer geglaubt, dass es Ihr Problem war, dass ich so sein musste, wie ich war. Wenn Sie es jemals gehört hätten – sobald es möglich war, dachte ich jede Minute „ „Ich wäre eine Last für dich gewesen, bis du alles wahr und richtig gemacht hättest. Jetzt mit dir aufzuhören, dem, was ich – verachtet – auf Duldung –"

Sie entzog ihm die Hand und stolperte ins Schlafzimmer. Dort war es ganz dunkel, und sie suchte zitternd nach Streichhölzern und der Kerze. Unter dem Toilettentisch befand sich eine kleine Tasche mit den Initialen „Mary Brettan ", ihrem eigenen Namen. Sie zog es heraus, kniete sich vor dem Koffer nieder, in dem sich ihre Kleider befanden, und schob hastig ein wenig von dem obersten Leinen hinein. Dabei fiel ihr Blick auf den Ehering, den sie trug. Es war zu jeder Zeit schmerzhaft, aber jetzt war der Anblick schrecklich. Sie unterdrückte ein Schluchzen, hob den Kerzenständer und spähte dumm umher. Durch das Gitter im Wohnzimmer konnte sie hören, wie Tony seine Pfeife an den Gitterstäben ausklopfte. Über dem Waschtisch stand ein holländischer „Ordner", in dem ihre Pinsel aufbewahrt wurden; sie rollte es zusammen und stopfte das Bündel zwischen die Wäsche. Während sie die Tasche zuschnürte , zögerte sie und blickte unschlüssig auf den Koffer. Als sie hinüberging, hielt sie noch einmal inne – ließ es stehen; darauf zurückgekehrt. Plötzlich tauchte sie ihren Arm in die Tiefe und steckte das besprochene Ding in ihre Tasche, als würde es sie verbrennen. Über der Adresse des Fotografen stand: „Mit freundlichen Grüßen, Tony." Ihre Vorbereitungen, ihn zu verlassen, hatten keine zehn Minuten in Anspruch genommen. Dann ging sie zurück.

Ihr Mantel und ihr Hut lagen neben dem Klavier, wo sie sie hingeworfen hatte, als sie aus dem Theater kam. Der Mann sah zu, wie sie sie anzog.

„Hier ist dein Ring!" Sie sagte.

Die Tränen liefen ihr über die Wangen; Sie tupfte sie mit einem Taschentuch ab, während sie sprach. Die Gemeinheit des Ganzen fraß sich in ihn hinein. Obwohl die Glut seiner früheren Leidenschaft verschwunden war und seine Zuneigungsbekundungen Beleidigungen gewesen waren, dienten ihr Verlust und ihre Abneigung dazu, das Anwachsen einer gewissen Zuneigung zu ihr zu zeigen, von der ihr Besitz und ihre Beständigkeit ihn nichts wussten. Zweimal erhob sich die Bitte an sie, zu bleiben, und zweimal war seine Zunge schwer vor Eigennutz und Scham. Er folgte ihr instinktiv in den Flur; seine Glieder zitterten und seine Seele war eingeschüchtert. Sie hatte bereits die Tür geöffnet und ihren Fuß auf die Stufe gesetzt.

"Maria!" Er hat tief eingeatmet.

Es begann gerade hell zu werden. Unter dem schwach verblassenden Himmel schimmerten die Bürgersteige kalt und grau und waren in der Dunkelheit verloren zu erkennen.

„Mary, geh nicht!"

Ein kühler Luftzug wehte aus der Stille und sträubte ihr die Haare aus der Stirn. Der Mantel fiel in dicken Falten locker um sie herab. Er streckte seine nervösen Hände aus, um sie zu berühren, und nichts außer diesen Falten schien angreifbar; Sie umhüllten sie und verweigerten sie ihm.

„Geh nicht", stammelte er; „Bleib – vergiss, was ich getan habe!"

Sie erkannte, dass der Impuls seinen Wert hatte, war aber dankbar dafür, dass er geschah. Sie wusste, dass er es bereuen würde, wenn sie zuhörte, wusste, dass er wusste, dass er es bereuen würde. Und doch, obwohl sie es wusste und verachtete, war die Freude und Dankbarkeit da, die er gesprochen hatte.

„Ich konnte nicht", sagte sie – ihre Stimme war sanfter; „Es kann nie mehr etwas zwischen dir und mir geben . Auf Wiedersehen, Tony."

Sie ging entschlossen von ihm weg. Die sich entfernende Gestalt war deutlich – unsicher – verschmolzen mit Düsternis. Er starrte ihm nach, bis es verschwunden war –

KAPITEL II

Die Stadt lag verlassen um sie herum. Ihre Schritte trafen die elende Straße und hallten in der Einsamkeit wider. Ein kalter Wind wehte in unregelmäßigen Böen und schnitt ihr in die Wangen und Hände. Auf dem unbestimmten Marktplatz ragte die vergoldete Statue, deren Glanz verdunkelt war, formlos auf, als sie vorbeiging. Sie hörte das Knattern und Knarren eines Wagens, der außer Sichtweite verschwand; das Zittern eines Hahnenschreis, dann ein schrilleres und längeres; zwei oder drei dünne Schreie in schneller Folge aus einem entfernten Zug. Sie wusste eher, dass sie nach London gehen würde, als dass sie sich dazu entschloss, obwohl es in all den Meilen von Häusern kein bekanntes Gesicht geben würde, das sie begrüßte, und keine Tür unter den unzähligen Türen, die einen Freund verraten würde. Sie würde dorthin gehen, weil sie sich in England nicht mehr wohl fühlte und „England" eine Mischung aus ebenso erbärmlichen Namen bedeutete und London irgendwie der natürliche Ort schien, an dem man buchen konnte.

Der Ruin einiger Menschen lässt sie sofort in Ruhe; Der Absturz bringt im Allgemeinen einige Freunde hervor, die sich unter dem Schock der Katastrophe als loyal erweisen und erst danach unter der Ermüdung der Sorgen aufgeben. Es ist die Situation, in der nur wenige aus den Trümmern eines Zuhauses herauskommen, ohne dass eine Persönlichkeit ihr Bewusstsein als Berater dominiert, an den sie sich um Hilfe wenden müssen. Aber es war die Situation von Mary Brettan , keine Seele in der Welt zu haben, an die sie sich wenden konnte; und kurz war es so passiert.

Ihr Vater war ein Landarzt gewesen und hatte eine große Praxis für Patienten, die sich das Geld nicht leisten konnten. Aus menschlicher Sicht war sein Verhalten bewundernswert; Vom heimischen Herd aus betrachtet war es vielleicht etwas weniger. Der Praktiker, der die Frau des Bürgermeisters vernachlässigte , um sich um einen Dorfbewohner zu kümmern, weil der Zustand des Dorfbewohners kritischer war, bot ein kleines Versprechen an, für sein Kind zu sorgen, und bevor Mary sechzehn war, waren die Probleme mit der Miete und dem Metzgerbuch ebenso vertraut für sie wie die Operation selbst. Der vorbildliche Arzt und unpraktische Elternteil kämpfte sich mehr oder weniger gelassen durch die Überwachung des Mädchens. Hätte er sie überlebt, lässt sich schwer sagen, was aus ihm geworden wäre; aber da er zuerst starb, hatte er bis zum Ende ihren Schutz. Nach der Beerdigung hatte sie einen Haufen Rechnungen, einige schäbige Möbel und die Notwendigkeit, ihren Lebensunterhalt zu verdienen. Die Möbel und die Rechnungen ließen sich problemlos entsorgen; Sie stellten eine Divisionssumme ohne Überschuss dar. Das Problem war:

Wozu war sie geeignet? Sie kannte nichts von den Dingen, die man früher „Errungenschaften" nannte und die heute Elemente der Bildung sind. Ihr Französisch war das Französisch von „Le Petit Précepteur "; Auf Deutsch war sie immer noch verwirrt über den Artikel. Und ein noch schwerwiegenderer Nachteil, da der Verkaufspreis der Bildung eine Unverschämtheit gegenüber ihren Kosten darstellt – sie war zu keinem Beruf erzogen worden. Tatsächlich gehörte sie, und die Umstände hatten sie dazu gebracht, es zu entdecken, zu den Reihen der raffinierten Inkompetenz: der Inkompetenz, die nicht von geringfügiger Arbeit leben will , weil sie verfeinert ist; die Verfeinerung, die sich nicht durch Gehirnarbeit ernähren kann, weil sie inkompetent ist. Es wurde vorgeschlagen, dass sie möglicherweise das Krankenhaus einer Nachbarstadt aufsuchen und versuchen könnte, eine Ausbildung als Krankenschwester zu absolvieren. Sie sagte: „Sehr gut." Nach und nach wurde ihr gesagt, dass sie ins Krankenhaus eingeliefert werden könne und dass ihre Probleme damit ein Ende hätten, wenn sie sich als fähig erweisen würde. Sie sagte noch einmal „Sehr gut" – und dieses Mal „Danke."

Sie hatte eine gute Konstitution und war sich darüber im Klaren, dass sie, wenn sie hier scheiterte , in aller Ruhe verhungern würde, bevor weitere Anstrengungen für sie unternommen würden; So gab sie ihrer Probezeit Genugtuung und wurde schließlich eine Krankenschwester wie die anderen, gelassen und zuverlässig. Als dieses Stadium kam, gab sie zu, nach einer frühen Erfahrung im Operationssaal ohnmächtig geworden zu sein und dies verdrängt zu haben; Ihr Ruf war begründet, und das spielte jetzt keine Rolle mehr. Der Chirurg lächelte.

Miss Brettan war mehrere Jahre lang Krankenschwester Brettan gewesen , als ein Schauspieler, der einen Unfall erlitten hatte, ins Krankenhaus eingeliefert wurde. Das Missgeschick hatte ihn seine Verlobung gekostet und er beklagte sein Schicksal vor jedem, der ihm zuhörte. Die Person, die am meisten zuhörte, war sie, da sie es war , die am meisten für ihn zu tun hatte, und sie empfand zunächst Mitgefühl. Er war ein zahlender Patient, sonst hätte er viel früher davonhumpeln müssen; So wie es war, dauerte es viele Wochen, bis sich herausstellte, dass es ihm gut genug ging, um zu gehen. Und während dieser Wochen erinnerte sie sich an etwas, was sie in all den Jahren der Routine vergessen hatte – dass sie eine Frau war, die zur Liebe fähig war.

Eines Abends erfuhr sie, dass der Mann sich wirklich um sie kümmerte; Er fragte sie ihn zu heiraten. Sie bückte sich, und auf der anderen Seite des Tabletts küssten sie sich. Dann ging sie nach oben und weinte vor Freude, und es gab keine glücklichere Frau in oder aus einem Krankenhaus der Christenheit.

Danach redete er mehr denn je mit ihr über sich selbst und unterdrückte nur die eine Tatsache, dass ihm der Mut fehlte, es zuzugeben. Und als er schließlich wegging, wurde ihre Verlobung öffentlich gemacht, und es wurde beschlossen, dass sie sich ihm nach London anschließen sollte, sobald er in der Lage war, für ihre Ankunft zu schreiben.

An dem Sommermorgen, als sie sich vom Yaughton Hospital verabschiedete, wurde Schwester Brettan mit vielen Zeichen des Wohlwollens überhäuft ; Ein gemeinsames Hochzeitsgeschenk der anderen Krankenschwestern wurde überreicht, und alle schüttelten ihr die Hand und wünschten ihr ein glückliches Leben, denn sie war beliebt. Carew traf sie in Euston. Er hatte geschrieben, dass er in eine gute Lage geraten sei, ohne dass sie bald gemeinsam auf Tournee gehen würden, sie aber inzwischen in der Stadt heiraten würden. Es war das erste Mal, dass sie in London war. Er brachte sie zu einer Unterkunft in der Guilford Street, und hier ereignete sich ihre große Szene.

Er gestand, dass er als Junge eine wilde Ehe geschlossen hatte; Er hatte die Frau nicht mehr gesehen, seit er ihre Vergangenheit entdeckt hatte, aber das Gesetz würde seinen Fehler nicht annullieren. Er war an eine Hure gebunden und liebte Maria. Würde sie seine Täuschung verzeihen und in allem seine Frau sein, außer in der Zeremonie, die nicht durchgeführt werden konnte?

Es war wirklich eine sehr schreckliche Szene. Lange Zeit glaubte er, sie hätte ihn verloren; Sie konnte nur mit Gewalt dazu gebracht werden, seinen Bitten Gehör zu schenken, und er machte sich Vorwürfe, weil er seine Position zunächst nicht offengelegt hatte. Er hatte seine Feigheit damit entschuldigt, dass er es „Zweckmäßigkeit" nannte, aber um ihm gerecht zu werden, wurde er sich selbst nicht gerecht. Die Verzögerung war weit weniger auf sein Gefühl für die Zweckmäßigkeit als vielmehr auf das Zittern seiner Feigheit zurückzuführen. Jetzt litt er kaum weniger als sie.

Hätte sich sein Plädoyer auf irgendetwas anderes als auf das unüberwindliche Hindernis gestützt, das es war, wäre es mit Sicherheit gescheitert; aber seine Hilflosigkeit gab der Sophistik beider volles Spiel . Er beharrte auf der „Großartigkeit des Opfers", das sie für ihn bringen würde, und dieser Satz durchdrang ihr Elend. Er schrie ihr zu, dass es ein Heldentum wäre, und sie fragte sich dumpf, ob das wirklich so wäre. Sie fragte, ob es tatsächlich eine höhere Pflicht als Verleugnung gäbe – ob ihre Tugend nur in getarntem Egoismus bestehe. Sein Beharren auf dem Adel der Zustimmung ging ihr sehr weit; Es schien eine schöne Sache zu sein, auf Kosten ihrer eigenen Übertretung Sonnenschein in das Leben ihres Geliebten zu lassen. Und dann, im Hintergrund, brannte eine heiße Schande bei dem Gedanken, befragt und bemitleidet zu werden, als sie mit einem Antrag auf Wiedereingliederung ins Krankenhaus zurückkehrte. Die Argumente beider waren sehr altbacken, und sie ignorierten gleichermaßen die Tatsache, dass der praktische Nutzen der Ehe darin besteht, die Frau vor der angeborenen Wankelmütigkeit des Mannes zu schützen. Er fragte, warum aus rationaler Sicht die Kameradschaft zweier Personen heiliger sein sollte, weil eine dritte Person im Chorhemd dies behauptete; und sie, während er sie umarmte, begann sich einzureden, dass er ein Märtyrer sei, der sich das Bein gebrochen habe, damit sie seinen Weg kreuzen und ihm Trost spenden könne. Letztendlich triumphierte er; und vierzehn Tage später brach sie in heftiges Schluchzen aus – als ihr plötzlich klar wurde, wie glücklich sie war.

Er stellte sie allen als seine Frau vor; Ihre „Flitterwochen" verbrachten sie in der für sie ungewohnten Atmosphäre einer Theatertournee. Einer der ersten Orte, die die Gruppe besuchte, war West Hartlepool , und er und sie hatten eine Unterkunft außerhalb der Stadt in einem kleinen, vom Meer umspülten Dorf namens Seaton Carew – einem Sandstreifen und ein oder zwei Gassen mit ein paar Hütten , von dem er, wie er ihr erzählte, seinen Berufsnamen entlehnt hatte. Sie sagte: „Lieber Seaton Carew!" und in einer dummen Minute spürte sie, dass sie sich danach sehnte, die sonnige Aussicht gegen ihr Herz zu drücken.

Im Morgengrauen schlug die Uhr fünf, und sie stand verlassen auf der Straße.

Die unzähligen Uhren von Leicester nahmen die Last auf, und ihr Lärm erfüllte die Luft. Der Weg zum Bahnhof schien endlos; die Höfe wurden unnatürlich verlängert; und immer weiter voranschreitend, doch immer mit einer einsamen Aussicht, die es zu bewältigen galt, begann der Spaziergang mit der Unterdrückung eines Albtraums erfüllt zu werden, in dem sie einem grenzenlosen Weg folgte und ein Ziel suchte, das verschwunden war.

Schließlich tauchte das Gebäude schwerfällig und still vor ihr auf, und sie ging über die Pflastersteine hinein. Es gab keine Hinweise auf Leben an diesem Ort; Das Buchungsbüro war schnell geschlossen, und zwischen den schwach brennenden Lampen lag das leere Schienengleis blau. Soweit sie das Gegenteil wusste, würde sie einige Stunden warten müssen.

Doch nach und nach tauchte ein schläfriger Gepäckträger auf, und sie erfuhr, dass in ein paar Minuten ein Zug kommen würde. Kurz nach seiner Ankunft gelang es ihr, sich eine Fahrkarte zu besorgen – eine Fahrkarte der dritten Klasse, die den kleinen Betrag, den sie besaß, um acht Schilling und einen halben Penny verringerte; Als sie sich wieder ihrer Tasche widmete, wartete sie kläglich, bis die Reihe der Kutschen in ihr Blickfeld donnerte.

Es war eine erbärmliche Reise – ein grässlicher Schrecken von einer Reise – , aber sie schien nicht besonders lang zu sein; Da es nichts gab, worauf sie sich freuen konnte, hatte sie keinen Grund, ungeduldig zu sein. Zeitweise döste sie ein und erwachte erschrocken, als der Zug abrupt zum Stehen kam und der Name eines Bahnhofs gebrüllt wurde. Als sie St. Pancras erreichte, waren ihre Glieder verkrampft, als sie zwischen den Gruppen trostloser Passagiere hinabstieg, und die Last auf ihrem Geist lastete wie ein physisches Gewicht. Sie hatte sich seit dem Abend zuvor nicht gewaschen und machte sich auf den Weg ins Wartezimmer, wo ein niedergeschlagener Wärter ihr zwei Pence in Rechnung stellte . Dann, nachdem sie zwei Pence mehr bezahlt hatte , um die Tasche zurückzulassen, machte sie sich auf die Suche nach einem Zimmer.

Eine Kaffeebar mit einer Menge altbackenem Gebäck im Fenster erinnerte sie daran, dass sie ein Frühstück brauchte. Ein Mann mit blauen Hemdsärmeln, die über roten Armen hochgekrempelt waren, brachte ihr an einem schlampigen Tisch Tee und Brot und Butter. Das Mahl war zwar kein Genuss, diente ihr aber als Erfrischung und war die vier Pence wert, die sie sich kaum leisten konnte. Ein Teil der Ohnmacht verging; als sie wieder an der frischen Luft stand, war ihr Kopf klarer; die Unbestimmtheit, mit der sie gedacht und gesprochen hatte, war verschwunden.

Es war noch nicht ganz fünf Minuten vor acht; sie wünschte, sie hätte sich im Wartezimmer ausgeruht. Um fünf Minuten vor acht eine Unterkunft zu suchen, würde seltsam aussehen. Dennoch konnte sie sich nicht mit der Rückkehr abfinden; Außerdem wollte sie so schnell wie möglich ein Zuhause finden und sehnte sich danach, mit geschlossener Tür und einem Kissen allein zu sein.

Sie bog in die Judd Street ein und ließ den Blick einsam über das Elend an der Kreuzung schweifen. Die Mietshäuser um sie herum waren nicht attraktiv. Auf dem Boden des Salons verbargen schlaffe Chintzvorhänge die Innenräume, aber die Stufen und Bereiche und hier und da ein pelziger Kopf und Arm, der für eine Milchkanne herausragte , ließen deutlich auf ein schlampiges Unbehagen schließen. Am Brunswick Square wirkte es fröhlicher, aber die Zimmer hier waren offensichtlich über ihren Verhältnissen. Sie ging weiter und gelangte unerwartet in die Guilford Street, fast gegenüber dem Haus, in dem sie sich Tony hingegeben hatte. Der plötzliche Anblick war nicht der Schock, den sie sich vorgestellt hatte; tatsächlich verspürte sie ein dumpfes Erstaunen über das Fehlen jeglicher Empfindung. Ohne die Veranda und die Konfirmationsnummer hätte das Äußere für sie keine Bedeutung gehabt; Und doch war es in diesem Haus gewesen – Was für ein Meilenstein in der Geschichte ihres Lebens war dieses Haus!' Welche Emotionen hatten ihre Seele hinter der starren Fassade durchflutet, an der sie fast vorbeigegangen wäre, ohne es zu merken ; Wie hatte sie geweint und gelitten und gebetet und sich gefreut innerhalb der Mauern, die für sie ohne eine Veranda keine Bedeutung gehabt hätten, und wie viele, die verkündeten, dass es so sei! Die Gedanken waren bewusst; Die Vergangenheit wurde ihr nicht vor Augen geführt , sie erinnerte sich mitten in ihrer Not halb zärtlich daran. Dennoch war ihr der Gedanke, auf der Stelle ihr Quartier zu beziehen, äußerst abstoßend, und sie bog mehrere Ecken ab, bevor sie sich erlaubte, zu klingeln.

Ihre Aufforderung wurde von einer aufgeregten Dienstmagd beantwortet, die, als sie hörte, dass sie eine Unterkunft wünschte, hilflos inkonsistent wurde – wie es bei Dienstmädchen üblich ist, wo Unterkünfte vermietet werden – und in den Keller flüchtete und „Missis" rief.

Mary betrachtete den Hutständer, bis die „Missis" durch den Gang auf sie zukam. Missis hatte etwas von einem verlassenen Frühstück an sich, eine Aura der Unterbrechung; Und als sie bemerkte, dass es sich bei dem Fremden auf der Schwelle um eine junge Frau handelte, und zwar um eine bezaubernde Frau, und zwar um eine alleinstehende Frau, begann sich mit ihr die Aura der Unterbrechung zu verbinden, die sie auf dem ganzen Weg die Küchentreppe hinauf zu verbergen versucht hatte ein Ausdruck defensiver Tugend.

„Ich suche ein Zimmer", sagte Mary.

„Ja", sagte der Hausbesitzer und musterte sie schief.

„Sie haben, glaube ich, einen zu vermieten, laut Karte?"

„Ja, da ist ein Zimmer."

Sie machte jedoch keine Anstalten, es zu zeigen; Sie stand auf der Matte und pflegte ihre Ellbogen.

„Können Sie es mir zeigen – wenn es nicht so früh unpraktisch ist?"

„Oh, das nehme ich an", sagte die Wirtin. Sie ging vor ihr in die oberste Etage, aber ohne Eifer. „Das ist es", sagte sie.

Es war ein hinterer Dachboden im regulären Stil: braune Drogerie, gelbe Stühle und ein Bett mit einfarbiger Kleidung. Dennoch schien es sauber zu sein und Mary war bereit, alles zu nehmen.

„Wie hoch ist die Miete?" fragte sie müde.

„Haben Sie gesagt, dass Ihr Mann zu Ihnen kommen würde?"

„Mein Mann? Nein, ich bin Witwe."

Es gab einen Blick auf ihre Hand. Sie trug Handschuhe, erkannte aber, dass es klüger gewesen wäre, die Wahrheit zu sagen und sagte: „Ich bin unverheiratet."

„Als Einzelzimmer beträgt die Miete sieben Schilling. Du könntest mir natürlich Referenzen geben?"

„Ich fürchte, das könnte ich nicht", sagte sie nicht wenig überrascht. „Ich bin gerade erst angekommen, mein Gepäck ist am Bahnhof."

"An was arbeitest du?"

"Wirklich!" sie rief aus; „Ich suche ein Zimmer. Sie möchten Referenzen; ich bezahle Sie im Voraus!"

„Ich nehme keine alleinstehenden Damen", antwortete die Frau unverblümt.

Mary sah sie verwirrt an; sie meinte, sie hätte sich nicht verständlich gemacht.

„Ich wäre durchaus bereit, im Voraus zu zahlen", wiederholte sie. „Ich bin ein Fremder in London, daher kann ich Sie hier an niemanden verweisen; aber ich werde jetzt die erste Woche bezahlen, wenn Sie möchten?"

„Ich nehme keine Damen an. Ich muss Sie bitten, sich bitte woanders umzusehen."

Sie gingen schweigend hinunter. Virtue drehte mit steifem Rückgrat die Klinke, und Mary wurde ohnmächtig und sagte leise „Guten Tag". Ihr prickelte das Blut unter der unerklärlichen Unverschämtheit der Behandlung, die sie erhalten hatte, und sie musste noch lernen, dass es für eine unbegleitete Frau möglich ist, eine Unterkunft zu suchen, bis sie erschöpft auf dem Bürgersteig liegt; Die unbegleitete Frau ist für die Londoner Vermieterin eine unangemessene Person – unzulässig, nicht weil sie unangemessen ist, sondern weil ihre Unangemessenheit vermutlich nicht monopolisiert ist .

In der nächsten Stunde folgte eine Abstoßung nach der anderen. Manchmal wurde ihr mit der knappen Bemerkung, dass sie keine Damen akzeptierten, die Tür vor der Nase zugeschlagen; häufig wurde sie in ein Zimmer geführt, nur um dort ins Kreuzverhör genommen und abgelehnt zu werden, wie bei ihrem ersten Unterfangen, gerade als sie gerade dabei war, sich darauf einzulassen. Manchmal wurde ein Raum gleichgültig dargestellt und es wurden überhaupt keine Fragen gestellt, aber in diesen Fällen waren die gestellten Begriffe so exorbitant, dass sie verblüfft herauskam und die Natur des Hauses nicht erkannte .

Es kam ihr in den Sinn, die Orte auszuprobieren, an denen sie bekannt sein würde – nicht die in der Guilford Street, die Assoziationen daran wären unerträglich –, sondern einige der Wohnungen, die Carew und sie bewohnt hatten, als sie zwischen den Touren in die Stadt gekommen waren. Keine dieser Adressen befand sich jedoch in der Nachbarschaft , und die Idee war zu abstoßend, als dass man sie nur aus einem Impuls heraus übernehmen konnte.

Sie biss die Zähne zusammen und zog eine Glocke nach der anderen. Sie schlenderte die Southampton Row entlang, über den Cosmo Place zum Queen Square, während der Tag immer heller wurde; die Devonshire Street hinunter in die Theobald's Road, vorbei am Rathaus von Holborn. Inmitten dieser wiederholten Forderungen nach Referenzen erfasste sie plötzlich Angst; Sie erinnerte sich daran, dass sie die Bescheinigung brauchte, die sie hatte, als sie das Krankenhaus verließ. Seitdem hatte sie nie mehr darüber nachgedacht. Möglicherweise lag es zerquetscht in einer Ecke des Koffers, den sie in Leicester zurückgelassen hatte; es könnte schon vor langer Zeit zerstört worden sein – sie wusste es nicht. Es war ihr nie in den Sinn gekommen, dass die Wiederaufnahme ihrer früheren Berufung eines Tages ihre natürliche Ressource sein würde. Unter normalen Umständen wäre der Verlust eine Kleinigkeit gewesen; Sie hielt es jedoch für unmöglich, sich direkt an die Matrone zu wenden, da dies zur Offenlegung dessen führen würde, was in der Zwischenzeit geschehen war. Das Fehlen einer Bescheinigung bedeutete daher, dass jeglicher Nachweis darüber fehlte, dass sie eine qualifizierte Krankenschwester war. Als ihr die Hilflosigkeit ihrer Lage bewusst wurde, zitterte sie. Wie lange durfte sie nicht damit rechnen, auf eine Anstellung zu warten, wenn sie nichts hatte, was für sie sprechen könnte? Eine Rückkehr zur Krankenpflege würde schwieriger sein, als ihren Lebensunterhalt in einer Tätigkeit zu verdienen, die sie nie in Betracht gezogen hatte. Und sie konnte so kurze Zeit auf alles warten, so schrecklich kurze Zeit! Sie würde verhungern, wenn sie nicht bald etwas fände!

Busse joggten an ihr vorbei, beladen mit Männern und Frauen mit nüchternem Gesicht, auf dem Weg zu den Berufen, die den weißen Elefanten des Lebens am Leben hielten. Geschäfte gaben bereits Hinweise auf Handel, und Kinder mit unbedeckten Köpfen liefen mit einem „ Ha'porth of Milk" oder geheimnisvollen, in Zeitungsfetzen gefalteten Frühstücken über den Straßenrand. Jedes Atom des erwachenden Treibens ging an ihr vorbei, vertieft in seine eigene Existenz, gesteuert von seinen eigenen Interessen, kreisend in seiner individuellen Welt. Für sie war London eine Stadt ohne Gnade und Impuls, bis zum Rand bevölkert und überfließend. Jeder Spalt und jede Spalte schien mit seinen Bewohnern gefüllt zu sein, und die Hoffnung, hier Brot zu finden, das niemand in der Hand hielt, schien eine Anmaßung zu sein.

Es hatte elf Uhr geschlagen – das heißt, sie war schon mehr als drei Stunden unterwegs –, als sie eine Karte mit der Aufschrift „Möbliertes Zimmer zu vermieten" an einer Jalousie hängen sah, und ihre Bemühungen, Schutz zu finden, hatten endlich Erfolg. Es war ein unprätentiöses kleines Haus in einer unprätentiösen Wendung; und ein Schild an der Tür wies darauf hin, dass es sich um die Residenz von „J. Shuttleworth, Maurer" handelte.

Das entmutigte Klopfen rief den Eindruck einer Frau mit harten Gesichtszügen wach. Als sie einen potenziellen Mieter sah, der wie eine Dame gekleidet war, fügte sie achtzehn Pence zu der Miete hinzu, die sie normalerweise verlangte. Sie verlangte fünf Schilling pro Woche, und der Antragsteller stimmte dem zu und war dankbar.

„Zu Ihren Mahlzeiten, Miss?" sagte Mrs. Shuttleworth, als Mary auf dem aufrechten Holzstuhl am Kopfende des Rollbetts gesunken war. „Abendessen kann ich nicht für dich erledigen , aber was das Frühstück und eine Tasse Tee am Abend angeht, kannst du dir ein bisschen etwas mitbringen lassen , wenn wir alleine sind. Ich nehme an, das geht." passt doch zu dir, nicht wahr?"

„Eine Tasse Tee und etwas Brot und Butter", antwortete Mary, „vormittags und nachmittags, wenn du es schaffst, reicht das sehr gut, danke." Sie stellte sich auf die Erfordernisse des Anlasses ein. "Wie viel wird das sein?"

„Na ja, wir werden dich nicht kaputt machen ! Du bezahlst jetzt die erste Woche?"

Die Miete stand bevor, und ein weiterer Überfluss in der Hektik des Daseins, der vom Unglück eines anderen profitierte: fröhlich zum Waschzuber zurückkehren.

Oben blieb der Mieter regungslos; Sie war so müde, dass es ein Luxus war, still zu sitzen, und eine Zeit lang empfand sie mehr die körperliche Erleichterung als die geistige Belastung. Es war Nachmittag, als sie mit der Notwendigkeit konfrontiert wurde, nach St. Pancras zurückzukehren, um ihre Tasche zu holen. Sie schob das wackelige Fenster hoch, um während ihrer Abwesenheit etwas Luft hereinzulassen, und begab sich dann in den Keller, um den nächsten Weg zu ermitteln.

Sie erfuhr, dass sie dem Bahnhof viel näher war, als sie angenommen hatte, und nach kurzer Zeit hatte sie ihr Eigentum wieder in ihrem Besitz. Ihr Kopf fühlte sich seltsam leicht an und sie war verwirrt über das Schwindelgefühl, bis ihr einfiel, dass sie seit acht Uhr nichts mehr gegessen hatte. Der Gedanke an Essen war jedoch widerlich; und erst um fünf Uhr, als der Tee serviert wurde, mit einem Stück Brot und einem Klecks Butter in der Mitte eines Tellers, versuchte sie, ihr Fasten zu brechen.

Und nun folgten trostlose Stunden, ein schrecklicher, zielloser Abend, von dem jede Minute voller Verzweiflung war. Glücklicherweise war das Wetter nicht sehr kalt, so dass das Fehlen eines Feuers weniger eine Belastung als vielmehr ein Mangel an Gesellschaft war; Aber die Müdigkeit, die als teilweises Opiat gegen ihre Beschwerden gewirkt hatte, ließ allmählich nach, und ihr Gehirn schmerzte unter der Folter des Nachdenkens. Sie hatte nichts anderes zu tun als nachzudenken, saß auf dem aufrechten Stuhl, starrte auf das leere Gitter und stellte sich Tony während der vertrauten Wartezeiten im Theater vor. Auf dem Tisch brannte verzweifelt eine übelriechende Lampe; Draußen war die Straße voller Kinderschreie. Es war unmöglich zu erkennen , dass der Schlag sie erst heute Morgen getroffen hatte; Zwischen dem engen Dachboden und ihrem Abschied schien eine Zeitspanne von mehreren Tagen zu vergehen; das Unglück schien schon alt zu sein. „Oh, Tony!" sie murmelte. Sie hat sein Ebenbild herausgefunden. „Für immer" – der Hohn daran! Sie hasste ihn nicht, sie sagte sich nicht einmal, dass sie es tat; Sie betrachtete das verblasste Foto ganz sanft und hielt es lange vor sich. Es war in Manchester aufgenommen worden, und sie erinnerte sich an den Nachmittag, an dem es gemacht wurde. Allerlei Kleinigkeiten, die damit in Zusammenhang standen, kamen ihr immer wieder in den Sinn. Er trug eine Rasenkrawatte, und sie erinnerte sich, dass es die letzte saubere Krawatte gewesen war und verloren gegangen war. Ihre Suche danach und die komische Verzweiflung über den Verlust kamen ihr ganz deutlich vor Augen. „Oh, Tony!" Ihre Fantasien projizierten sich in seine Zukunft, und sie sah ihn in Dutzenden verschiedener Szenen, aber immer berühmt, und in seiner Größe, während ihm die Erinnerung an sie durch den Kopf huschte. Dann fragte sie sich, was sie getan hätte, wenn sie ihm ein Kind geboren hätte – ob das Kind bei ihr in der Dachstube gewesen wäre. Aber nein, wenn er Vater gewesen wäre, wäre das nicht passiert! er war immer kinderlieb; Ihm ein eigenes Kind geschenkt zu haben, hätte seine Liebe zu ihr zum Leuchten gebracht.

Alsbald wurde für Ablenkung gesorgt , als Mr. Shuttle würdig nach Hause kam, offensichtlich betrunken, und seine Frau mit unzusammenhängender Gewalt beschimpfte. Als nächstes erklang die Stimme der Frau, die Vorwürfe schrie, und das Babel verstummte zwischen Staccato-Passagen, die abwechselnd schroff und schrill waren.

Die Störung neigte dazu, die praktische Seite ihres Dilemmas zu verdrängen, und die Wichtigkeit, schnell irgendeine Arbeit zu bekommen, egal welcher Art, entsetzte sie. Der Tag war Mittwoch, und am darauffolgenden Mittwoch musste sie, sofern sie nicht obdachlos wurde, wieder für die Unterkunft aufkommen und in der Zwischenzeit für Frühstück und Tee sorgen. Sie müsste auch draußen Geld ausgeben; Sie musste essen, wie dürftig sie auch sein mochte, und es gab Briefmarken und vielleicht auch Zugfahrkarten, die berücksichtigt werden mussten: Einige der Werbetreibenden, bei denen sie sich bewarb, wohnten möglicherweise nicht mehr zu Fuß erreichbar. Insgesamt benötigte sie auf jeden Fall ein Pfund. Und sie hatte dafür – mit sinkendem Herzen leerte sie allerdings ihre Handtasche – genau zwei und neun Pence.

KAPITEL III

Am nächsten Morgen begannen ihre Bemühungen. Es regnete und sie begann zu verstehen, was es für Arbeitslose bedeutet, durch eine Stadt zu streifen, in der zwei von vier Tagen nass sind.

Papiere zu kaufen und sie zu Hause zu prüfen, kam nicht in Frage; Aber sie wusste, dass es Nachrichtenredaktionen gab, in denen sie für einen Penny alle sehen konnte. Als sie von einem gesprenkelten Jungen, der durch seinen Hut und seine Ohren auffiel, zu einer solchen Anstalt geführt wurde, fand sie mehrere niedergeschlagen aussehende Frauen vor, die an einem Tisch einen Stapel Zeitschriften umblätterten. Die „Tageszeitungen" waren auf Ständern an den Wänden ausgebreitet, und auf einem kleineren Tisch unter dem Fenster lagen eine Reihe von Zetteln mit Stiften und Tinte für Kunden, die sich Notizen über die freien Stellen machen wollten. Sie ging zuerst zur „Times", weil diese am nächstgelegenen Stand lag, und blätterte von einer Zeitung zur nächsten, bis sie einen Rundgang durch das Gelände gemacht hatte.

Die „Gesucht"-Spalten hatten die übliche Reihenfolge; Die Bedürftigen versuchten, die Bedürftigen mit fadenscheinigen Phrasen zu übertölpeln , und die Alteingesessenen bereiteten sich darauf vor, sie unverhohlen ins Schwitzen zu bringen. In einem Tuchmacherbetrieb war eine junge Frau zu besetzen, die „auf Wunsch schicke Fenster schmücken und bei Bedarf Hüte usw. beschneiden konnte" – Gehalt fünfzehn Pfund. Es gab eine Person, die einen Generaldiener suchte, der bereit war, zwanzig Pfund pro Jahr für das Privileg zu zahlen, die Arbeit zu erledigen. Die Überschrift dieser Anzeige lautete: „Ein Haus wird einer Dame angeboten", und es dauerte ein paar Sekunden, um die ungeheure Unverschämtheit darin zu begreifen. Ein Schreibwarenhändler in einer Seitenstraße war auf der Suche nach einer Verkäuferin und bewarb sich um einen „Lehrling zu moderatem Preis"; und der übliche Prozentsatz der Firmen in der Stadt ließ den verfallenden Köder „Eine Gelegenheit, das Handwerk zu erlernen" baumeln. Ihr Wissen um die Flut erfahrener Schauspielerinnen ermöglichte es ihr, über die falschen Theatermanager zu lächeln, die „sofort bezahlte Verpflichtungen hatten, die auf Amateure mit gutem Aussehen warteten"; Doch einige der „Heimarbeitsbetrügereien" machten ihr auf die Nerven, und da sie nichts Besseres herausfand, notierte sie sich diese Adressen.

Von der Nachrichtenredaktion aus ging sie zu einer Molkerei und aß dort ein Glas Milch und ein Brötchen. Und nach einer unvermeidlichen Ausgabe von Briefmarken und Briefpapier kehrte sie einen Schilling ärmer in die Unterkunft zurück, als sie ausgegangen war.

Da sie mit den Listungen der Betrüger, denen sie antwortete, nicht vertraut war, gab ihr der Gedanke an ihre Bewerbungen einigermaßen Auftrieb. es schien ihr, dass von den verschiedenen Möglichkeiten zumindest eine praktikabel sein sollte. Sie versäumte es nicht, die Berechnung anzustellen, die die meisten Novizen unter solchen Umständen anstellen; Sie reduzierte den versprochenen Verdienst um die Hälfte und glaubte, die Aussicht in einem nüchternen Licht zu sehen, was, wenn überhaupt falsch, auf der Seite des Pessimismus lag.

Die Umschläge, die sie beigelegt hatte, kamen am späten Nachmittag zurück; und die Rundschreiben unterschieden sich hauptsächlich in der Farbe und in den Preisen der zum Verkauf angebotenen Materialien. In allen Einzelheiten, die notwendig waren, um zu beweisen, dass es sich um Betrügereien handelte, waren sie für alle außer den bemitleidenswerten Narren, die es geben muss, um die Langlebigkeit der Werbung zu erklären, dieselben.

Mit dem Erlöschen der Hoffnung verstärkte sich die Dunkelheit ihrer Einstellung, und fortan wich sie den Angeboten „liberaler Einkommen" aus und beschränkte ihre Aufmerksamkeit auf die illiberalen Löhne. Tag für Tag suchte sie die Nachrichtenredaktion auf – ein weiterer Streuner, den der Besitzer regelmäßig sah – und beschloss, den Zugang zu den Zeitungen nicht aufzugeben, solange ihr noch eine Münze blieb, um den Eintritt zu bezahlen. Sie schrieb viele Briefe und verbrachte ihre Abende damit, vergeblich auf das Klopfen des Postboten zu lauschen. Sie führte ihre wiederholten Misserfolge darauf zurück, dass in ihren Antworten keine Referenzen erwähnt wurden; Sie waren so prägnant und gut geschrieben, dass sie sicher war, dass sie aus keinem anderen Grund gescheitert sein konnten. Wahrscheinlich wurden ihre schön geschriebenen Notizen nie gelesen: Sie wurden lediglich zusammen mit Dutzenden anderer, alle ungeöffnet, in den Papierkorb geworfen, nachdem eine Auswahl aus den ersten dreißig getroffen worden war. Dies ist das Schicksal der meisten schön geschriebenen Notizen, die als Antwort auf Anzeigen in den Zeitungen eingehen; Nur die Leute, die sie verfassen und mit kleinen Gebeten veröffentlichen, ahnen es glücklicherweise nicht. Wenn sie es ahnen würden, würden sie den Trost verlieren, vierundzwanzig Stunden lang eine falsche Hoffnung an ihre Seele zu klammern; und eine Oase der Hoffnung kann zum Preis einer Briefmarke eine wünschenswerte Sache sein.

Eines Abends kam tatsächlich eine Antwort, und zwar eine Antwort im Zusammenhang mit einem wirklich schönen „Gesucht". Als man es ihr überreichte, wagte sie kaum zu hoffen, dass es überhaupt etwas mit dieser besonderen Situation zu tun hatte. Die Anzeige lautete:

„Sekretärin wird von einer literarischen Dame benötigt. Muss kontaktfreudig sein und keine Einwände gegen Reisen auf dem Kontinent haben. Bewerben

Sie sich handschriftlich bei CB, kümmern Sie sich um die Herren Furnival "
usw.

Die Unterschrift lautete jedoch nicht „CB's". Die Mitteilung kam von der
Firma Furnival . Sie schrieben, dass sie aufgrund der Bewerbung von Miss
Brettan davon ausgingen , dass sie zu ihrem Mandanten passen würde; und
dass sie nach Erhalt einer halben Krone – ihrer üblichen Buchungsgebühr –
die Adresse der Dame weiterleiten würden.

Wenn sie eine halbe Krone hätte schicken können, hätte sie sie vielleicht
schicken können; Anstatt den Betrag an das Büro der Herren Furnival zu
überweisen , rief sie dort an.

Es stellte sich heraus, dass es sich um ein sehr kleines und sehr dunkles
Hinterzimmer im Erdgeschoss handelte, und die Herren Furnival wurden
von einem beleibten Herrn mit schäbiger Kleidung und wohlschmeckendem
Auftreten vertreten. Mary sagte zunächst, dass sie die Bewerberin sei, die
seinen Brief über die Werbung von „CB" erhalten habe; aber da diese
Ankündigung nicht eindeutig genug erschien, um es dem beleibten Herrn zu
ermöglichen, sich fließend und frei über das Thema zu unterhalten, fügte sie
hinzu, dass „CB" eine literarische Dame sei, die eine Sekretärin brauche.

Daraufhin wurde er wirklich sehr lebhaft. Er sagte ihr, dass ihre Chancen,
den Posten zu bekommen, ausgezeichnet seien. Nein, es war keine
Gewissheit, wie sie offenbar verstanden hatte, aber er glaubte nicht, dass sie
Anlass zu Bedenken hatte; Ihre Stenografiegeschwindigkeit übertraf die von
ihrem Kunden geforderte Geschwindigkeit.

Sie sagte: „Nun, ich habe ausdrücklich gesagt, dass ich ihr nicht nützen
würde, wenn sie jemanden wollte, der sich mit der Stenographie auskennt!"

Er sagte: „Das haben Sie! Ich wollte damit sagen, Ihre
Schreibmaschinenschrift war Ihre Empfehlung."

„Mr. Furnival ", rief sie aus, „ich schrieb: ‚Ich kenne keine Stenografie und
bin keine Schreibkraft'! Sie verwechseln mich bestimmt mit jemand anderem.
Vielleicht haben Sie auch schon auf eine andere Bewerbung geantwortet?"

Vielleicht hatte er das.

„Sie sind meine erste Erfahrung mit einem Bewerber für eine Stelle als
Sekretär, der weder Stenografie noch Maschinenschreiben gelernt hat", sagte
er verletzt. „Natürlich, wenn du es auch nicht wüsstest, wärst du überhaupt
nicht gut – kein bisschen."

„Warum hast du mich dann gebeten, dir eine halbe Krone zu schicken?",
sagte sie.

Bevor er Zeit hatte, ihr den Grund für sein Vorgehen zu erklären, wurden sie von einem Bengel unterbrochen, der einen Arm voll Briefe auf den Tisch legte. Der Herr schien erfreut zu sein, sie zu sehen, und fragte sich, wie viele der Frauen, von denen die Herren Furnival „einschätzten, dass sie zu ihrem Kunden passen würden", Postanweisungen beigefügt hatten, um die „Gebühr" zu bezahlen.

Völlig erfolglos besuchte sie einige seriöse Agenturen, und als sie einmal zu Fuß nach Battersea ging, erfuhr sie gerade noch, dass der Liegeplatz, der das Ziel ihrer Reise war, gerade besetzt war. Selbst wenn man nach Battersea geht und für zwei Pence zu Abend isst , ist das Durchhaltevermögen von zwei und neun Pence sehr begrenzt; und als der gefürchtete Termin für die Rechnung nahte, war ihr Kapital erschöpft.

Unter ihren spärlichen Besitztümern war der einzige Gegenstand, den sie in Geld umwandeln konnte, eine silberne Uhr, die sie an einem Wächter befestigt trug. Es hatte ihr als Mädchen gehört; sie hatte es als Krankenschwester getragen; es war während ihres Lebens mit Carew mit ihr auf Tournee gewesen. Was ein Pfandleiher ihr dafür leihen würde, wusste sie nicht, aber sie vermutete einen Souverän. Wäre es ihr besser gegangen, hätte sie zwei Sovereigns angenommen, denn sie kannte dessen Wert ebenso wenig wie die Methode, ihn zu verpfänden; aber da sie mittellos war, schien ihr ein Pfund eine sehr beträchtliche Summe zu sein. Sie ging schwerfällig auf die Straße. Sie spürte, dass ihr Auftrag ins Gesicht geschrieben stand, und als sie unter dem Schild mit den drei Bällen stehen blieb, schienen alle Passanten sie zu beobachten.

Das Fenster bot einen Vorwand zum Zögern. Sie stand da und begutachtete die Sammlung hinter der Glasscheibe; Vielleicht könnte sich jeder, der sie hineingehen sah, vorstellen, dass sie etwas kaufen wollte! Sie war gerade dabei, sich auf die nötige Höhe zu bringen, als sie einen letzten Blick über die Schulter warf und sah, dass ein Umstehender sie fest ansah. Ihr Mut nahm zu, und sie schlenderte weiter und beschloss, in einer abgelegeneren Lage nach einem Geschäft zu suchen.

Obwohl sie sich für ihren Rückzug schämte, war die Atempause für sie eine Erleichterung. Erst als sie zu drei weiteren Bällen kam, wurde ihr klar, dass es ihr umso schlechter gehen würde, je länger sie zögerte. Sie ging eilig hinein. Es gab eine Reihe schmaler Türen, die sich durch einen Flur erstreckten, und als sie eine aufzog, fand sie das winzige Abteil, in dem sich eine Frau und ein Bündel befanden. Sie machte sich von hinten auf den Weg zum nächsten Abschnitt, der sich jedoch als leer erwies. Sie entfernte sich von der Theke und wartete darauf, dass jemand zu ihr kam, damit ihr Profil nicht von ihrem Nachbarn in Not entdeckt werden konnte.

Da sie niemand bemerkte, klopfte sie, um Aufmerksamkeit zu erregen. Ein junger Mann saß da und sie legte die Uhr ab.

"Wie viel?" er sagte.

"Ein Pfund."

Er fing es auf und zog sich zurück, wobei er den Eindruck vermittelte, dass er sehr wenig darüber nachdachte. Sie selbst dachte kaum darüber nach, als es in seiner Hand lag. Seine Hand war ein Meisterwerk des Ausdrucks, während seine Stimme nie von zwei Tönen schwankte.

„Zehn Schilling", sagte er, als er wieder auftauchte.

„Zehn Schilling sind sehr wenig", murmelte sie. „Sicherlich ist es mehr wert?"

„Wirst du es nehmen?"

Er schob ihr die Uhr hinüber.

„Danke", sagte sie; "Ja."

Als sie zugestimmt hatte, überkamen sie Zweifel, ob es ausreichen würde, und sie wünschte, sie hätte das Angebot abgelehnt. Ihn jedoch zurückzurufen, war ihr ein Rätsel; und als er zurückkam, war es mit dem Ticket.

"Name und Adresse?"

Da sie mit den Anforderungen eines Pfandleihers noch nicht vertraut war, stammelte sie das Richtige, überzeugt davon, dass die Frau mit dem Bündel es belauschen und sich daran erinnern würde. Selbst dann war sie bestürzt, als sie feststellte, dass die Transaktion nicht abgeschlossen wurde; Er bat sie um einen halben Penny, und mit dem Blut im Gesicht bedeutete sie, dass sie kein Wechselgeld hatte. Schließlich konnte sie jedoch mit einer Handvoll Silber- und Kupfermünzen gehen; Als der Laden weit hinterherhinkte, steckte sie das Geld schuldbewusst in ihre Handtasche und kehrte zur Routine zurück.

Es schlug fünf Uhr, als sie auf den Dachboden stieg, und sie sah, dass Mrs. Shuttleworth mit der Pünktlichkeit, die billigen Vermietern eigen ist, wenn der Mieter nicht da ist, das Tablett bereits gebracht hatte. Auf dem Teller lag ihre Rechnung; Sie schnappte ängstlich danach und war erleichtert, als sie sah, dass es so lautete:

S. D.

Gezüchtet   1   2

Butter....		10
Milch		3 1/2
Tee		6
Öl		2
Schuger		2 1/2
Zimmer bis zum nächsten Mittwoch	5	0
	8	2

Bislang war sie also allen Notfällen gewachsen, und ihr war eine Unterkunft für eine weitere Woche gesichert. Die Mansarde wirkte beinahe behaglich, verfeinert durch ihre Angst, sie zu verlieren. Als sie darüber nachdachte, dass die Woche sie vom tatsächlichen Hungertod getrennt hatte, weinte sie, sie müsse etwas finden, was sie tun könne – sie müsse! Dann wurde ihr klar , dass sie es nicht leichter finden konnte, weil es sich um ein „Muss" handelte, als wenn es einfach zweckmäßig gewesen wäre und die Sinnlosigkeit des weiblichen „Musses", wenn sie bereits alles tat, was sie tun konnte, dazu beigetragen hätte betonen ihre Hilflosigkeit. Sie betete leidenschaftlich, ohne großes Vertrauen in die Wirksamkeit des Gebets zu entwickeln, und sagte sich, dass sie es nicht verdiente, dass Gott ihr zuhörte, weil sie schuldig, sündig und schlecht war. Sie suchte keinen Trost darin, zu wiederholen, dass es vor Tagesanbruch immer am dunkelsten sei, und bemühte sich auch nicht, sich mit anderen Aphorismen zu stärken, die zum Vokabular der Trauer um andere Menschen gehörten. Da es sich um ihre eigene Position handelte, sah sie ihr direkt in die Augen und gab zu, dass die Chancen gut standen, dass sie in Kürze kein Bett mehr haben würde, auf dem sie liegen konnte.

Jede Nacht kam sie dem Ende ein paar Pence näher; Jede Nacht saß sie nun da, starrte aus dem Fenster und stellte sich die Gefühle vor, die es mit sich brachte, obdachlos umherzuwandern. Und schließlich brach der Tag an – ein sonnenloser und kühler Tag –, als sie aufstand und im Besitz eines Pennys hinausging, ohne die Möglichkeit, ihn aufzubessern. Dieser Penny könnte reserviert werden, um den Hunger zu lindern, der sie bald überkommen würde, oder sie könnte sich eine letzte Chance bei den Zeitungen geben. Nach dem Frühstück entschied sie sich für die letzte Chance.

Als sie die Seiten umblätterte, zitterten ihre Hände, und für eine Sekunde schwammen die Absätze ineinander. Im nächsten Augenblick sah sie, deutlich aus dem Meer der Drucke hervortretend, eine Anzeige wie das Lächeln einer Freundin:

„Nützliche Begleiterin für ältere Dame gesucht; jemand mit etwas Erfahrung im Umgang mit Invaliden bevorzugt. Bewerben Sie sich persönlich, zwischen 3 und 5, , Trebartha ', N. Finchley ."

Wenn es für sie gerahmt gewesen wäre, hätte es kaum besser zu ihr passen können. Der Wunsch nach persönlicher Bewerbung war an sich schon ein Vorteil, denn im Gespräch ließe sich die Hürde, keine Referenzen zu haben, ihrer Meinung nach weitaus einfacher überwinden als per Brief. Eine Reihe freimütiger Anspielungen auf die Schwierigkeit, ein Dutzend einfacher Sätze, sprangen ihr in den Sinn, so dass sie sich vorstellte, das Gespräch sei bereits im Gange und würde mit angenehmen Worten in der Oase der Verlobung enden.

Sie suchte nicht weiter, und erst als sie ging, erinnerte sie sich an die Meilen, die sie zurücklegen musste. Es wäre jedoch sinnlos, so früh anzufangen, und so beschloss sie nach kurzer Überlegung, den Morgen dort zu verbringen, wo sie war.

Sie war überrascht, als sie feststellte, dass sie bei dieser Entscheidung keine Einzelperson war, und sie fragte sich, ob überhaupt; Die Kunden, die so lange blieben, konnten woanders hingehen. Viele von ihnen drehten nie ein Blatt um, sondern saßen verträumt am Tisch und blätterten in einem Tagebuch. als hätten sie vergessen, dass es da war. Sie; beobachtete die hereinkommenden Leute, bemerkte die Einmütigkeit, mit der sie zuerst zu den Anzeigenblättern gingen, und spekulierte über die Art der Arbeit, die sie suchten.

Da war eine schwarz gekleidete Frau, niedergeschlagen und präzise; Sie war offensichtlich eine Gouvernante. Einst, als sie jung und frech vor jugendlichem Mut gewesen war, hätte sie sich über ein Porträt lustig gemacht, das so aussah wie jetzt; An diesem Morgen war kaum noch Spott in ihr zu finden. Sie gab die „Tageszeitungen" unbelohnt auf und ging zum Tisch, ihren schmallippigen Mund etwas fester als zuvor. Ein Mädchen mit magentafarbenen Federn auf dem Hut sprang herein, zeichnete mit schwerem Zeigefinger die Säulen entlang und ging lässig mit einer verwischten Liste davon. Mary verstand, dass es sich um eine Hausangestellte handelte. Ein schäbiger Mann mit finsterem Gesichtsausdruck deckte einen Bereich voller Möglichkeiten ab: vielleicht ein kaputter Nachhilfelehrer, ein berufstätiger Mann, dem es schlecht ging. Er sah in der Souffleur-Kleidung aus wie Mephistopheles, dachte sie und betrachtete ihn mit träger Neugier. Die Überlegungen huschten über den zentralen Gedanken, während sie nervös dasaß und darauf wartete, dass die Stunden vergingen, und als sie dachte, es sei endlich Zeit, fragte sie den Zeitungshändler, in welcher Richtung Finchley liege. Sie vergaß zu erwähnen, dass sie dorthin laufen musste, erhielt aber genügend Informationen über eine Straßenbahnlinie, die sie nach Hampstead Heath führte, wo sie sich natürlich noch einmal erkundigen konnte.

Die Sonne schien nicht zu scheinen, und ein eisiger Wind, der den Müll aus den Dachrinnen in kleine Strudel wirbelte, machte den Fußgängerverkehr äußerst unangenehm. Sie war bestürzt, als sie feststellte, wie lange die Reise dauern würde; Sie kam bereits müde an der Straßenbahnhaltestelle an und erfuhr dann, dass sie noch nicht auf halbem Weg nach Finchley war . Für sie war es nichts weiter als ein Name, und während sie stetig einen Weg entlang stapfte, der sich ewig vor ihr ausdehnte, begann sie zu fürchten, dass sie ihr Ziel überhaupt nie erreichen würde. Um das Unbehagen noch zu verstärken, schneite es jetzt leicht und sie wurde mit jedem hundert Meter weniger zuversichtlich. Die Vision der lächelnden Dame, die Lebendigkeit ihrer eigenen glatten Sätze verschwanden in ihr, und der Gedanke an die völlige Erbärmlichkeit, die eine Ablehnung mit sich bringen würde, ließ die Erlösung durch Akzeptanz viel zu wunderbar erscheinen, als dass sie geschehen könnte.

Als sie dort ankam, stellte sich heraus, dass „ Trebartha “ eine verkümmerte Villa aus rotem Backstein war. Es gehörte zu einer Reihe, und jede der anderen verkümmerten Villen war ebenfalls mit einem passenden Namen, einer Domäne, ausgestattet; und die Spannung, die durch die belanglosesten Details entmutigt wurde, sank Marys Herz, als das Hausmädchen den schlecht beleuchteten Flur enthüllte.

Sie wurde ins Wohnzimmer geführt; und die Frau, die gleich eintrat, war dadurch angeregt worden. Sie schien die natürliche Ergänzung zu den hageren Drucken, den vier unhandlichen Stühlen in einer Reihe an der Wand und der Familienbibel auf der gehäkelten Tischdecke zu sein . Sie trug Seide, dunkel und kurz – schlicht, bis auf drei schmale Samtbänder am Saum. Sie trug eine goldene Uhrkette um den Hals und war mit einem Kranz über ihren beleibten Busen geschmückt. Sie sagte, sie sei die verheiratete Tochter der behinderten Dame, und ihr Tonfall deutete an, dass sie sich der höheren Verdienste bewusst sei, die die Frau, deren Vater sie bequem verlassen hat, gegenüber der Frau empfindet, deren Vater dies nicht getan hat.

„Sie haben wegen der Anzeige meiner Mutter für eine Begleitperson angerufen?“ Sie sagte.

„Ja, ich habe eine lange Erfahrung in der Krankenpflege. Ich denke, ich sollte in der Lage sein, alles zu tun, was Sie brauchen.“

„Haben Sie jemals als Begleiter gelebt?“

„Nein“, sagte Mary, „das habe ich noch nie gemacht, aber – aber ich denke, ich bin gesellig; ich glaube nicht, dass es schwierig ist, mit mir auszukommen.“

„Was war Ihr – wollen Sie sich nicht setzen ? – wo war Ihr letzter Platz?"

Mary befeuchtete ihre Lippen.

„Ich bin", sagte sie, „in einer ziemlich misslichen Lage. Ich kann Ihnen genauso gut gleich sagen, dass ich hier ein Fremder bin, und – wissen Sie – ich finde, dass das ein großes Hindernis für meine Anstellung ist? Nicht sein." Ich weiß, ich habe natürlich keine Freunde, an die ich Leute verweisen könnte, und – nun ja, die Leute scheinen immer zu denken, dass die Tatsache, ein Fremder in einer Stadt zu sein, eine eher diskreditierende Sache ist. Das habe ich herausgefunden! Das tun sie." Sie suchte nach einem Schimmer einer Reaktion in dem starren Gesicht, aber es war ebenso ausdruckslos wie die Möbel. „Wie gesagt, ich habe eine lange Erfahrung als Krankenpflegerin; ich – es klingt eingebildet – aber ich sollte überaus nützlich sein. Dafür bin ich genau richtig."

Die verheiratete Tochter fragte: „Du warst Krankenschwester, sagst du? Aber nicht hier?"

„Nicht hier", sagte Mary, „nein. Natürlich tut das keinen Abbruch –"

„Oh, durchaus. Wir hatten heute schon mehrere junge Frauen hier. Verstehe ich das so, dass es überhaupt niemanden gibt, den du als Referenz nennen könntest?"

„Ja, das ist leider so. Ich hoffe, Sie halten es nicht für eine unüberwindbare Schwierigkeit? Sie wissen, dass Sie manchmal Diener ohne „Charakter" nehmen, wenn –"

„Ich nehme *nie* einen Diener ohne ‚Charakter'." So etwas habe ich noch nie in meinem Leben getan.

„Ich meinte nicht dich persönlich", sagte Mary mit hastiger Missbilligung; "Ich sprach--"

„Ich bin in diesem Punkt sehr wählerisch; meine Mutter ist auch sehr wählerisch."

„Im Allgemeinen. Ich meinte, dass Leute hin und wieder Diener ohne „Charakter" nehmen, wenn es ihnen schwerfällt."

„Unsere eigenen Bediensteten wünschen sich nur allzu sehr, bei uns zu bleiben. Meine Mutter hat ihren jetzigen Koch seit acht Jahren, und die letzte wurde nur dazu bewegt, zu gehen, weil ein junger Mann – ein junger Mann mit recht gutem Geschäftssinn – sie dazu verpflichtet hat ein Heiratsangebot. Sie war schon länger als acht Jahre hier – zwölf, glaube ich, oder dreizehn. Damals glaubte man, dass das, was die Aufmerksamkeit des jungen Mannes zuerst auf sie lenkte, die vielen Jahre waren, in denen meine Mutter sie behalten hatte in unserem Haushalt. Ich bin sicher, es gibt keine Umstände, unter denen meine Mutter zustimmen würde, einen jungen Menschen aufzunehmen, der keinen Beweis für ihre Vertrauenswürdigkeit und ihr gutes Benehmen erbringen könnte."

„Meinst du, dass du mich nicht engagieren kannst? Es – es ist eine Frage von Leben und Tod für mich", rief Mary aus; „Bitte, lass mich die Dame sehen!"

„Ihr Verhalten", sagte die verheiratete Tochter, „ist seltsam. Für Ihre Position ziemlich maßgebend!" Sie erhob sich. „Sie werden es hilfreich finden, weniger hochmütig und weniger eigensinnig zu sprechen , wenn Sie sprechen. Ihr Verhalten ist sehr gegen Sie. Oh, mein Wort! Keine Gewalt, bitte, Miss!"

"Gewalt?" keuchte Mary; „Ich bin nicht gewalttätig. Es war meine letzte Hoffnung, das ist alles, und es ist vorbei. Ich wünsche dir einen guten Tag."

In wenigen Minuten war so viel passiert – drinnen und draußen –, dass die Straßen immer weißer wurden und sich das Schneetreiben zu einem stetigen Fallen entwickelt hatte. Anfangs war ihr das kaum bewusst ; Der Zorn in ihrem Herzen hielt die Kälte draußen und trieb sie in halber Eile voran. Die Worte brachen atemlos aus ihr hervor. Sie hatte das Gefühl, von einem hohen Stand gefallen zu sein; dass die Unabhängigkeit ihres Lebens mit Carew eine Zeit der Würde und Macht gewesen sei; dass sie einst den dummen Spießer hätte beeindrucken können, der sie gedemütigt hatte. „Die hasserfüllte Frau! Oh, der Elende! Eine solche Kreatur verklagen zu müssen!" Nun, sie würde jetzt verhungern, vermutete sie, und ihre Aufregung ließ nach. Sie würde verhungern, wie Figuren in Romanen oder die Menschen, von denen man in den Zeitungen liest; die Zeitungen nannten es „Enthüllung", aber es war dasselbe; „Entblößung" klang für die anderen Leute, die darüber lasen, weniger beleidigend, das war alles. Die Kraft der Erziehung ist so stark, dass sie, so sehr sie auch auf einen solchen Tod beharrte und ihm so nahe gekommen war, es nicht realisieren konnte es passiert ihr. Sie sagte sich, dass es so sein muss; Die Welt war plötzlich schrecklich weit und leer; Aber dass Mary Brettan tatsächlich auf diese Weise gestorben ist, hatte immer noch einen Hauch von Übertreibung. Sie drängte sich vorwärts, dachte darüber nach und kam der Tatsache nahe; das Gefühl der Erweiterung der Welt um sie herum wurde stärker. Sie fühlte sich allein inmitten des grenzenlosen Raums. Um sie herum schien nichts zu sein, nichts Greifbares, nichts, woran man sich fassen konnte. Oh Gott! wie müde sie war! sie konnte nicht mehr viel weitermachen.

Der Schnee wirbelte in Windböen gegen sie, klebte an ihren Haaren und füllte ihre Augen und Nasenlöcher. Die Erschöpfung überwältigte sie. Und noch wie viele Meilen? Jede der Bänke, an denen sie vorbeikam, war eine neue Versuchung; und schließlich ließ sie sich auf eines fallen, zu müde zum Stehen, nass und zitternd und ihr Gesicht vor dem Sturm schützend.

Sie ließ sich darauf fallen wie jeder Landstreicher oder Streuner. Nachdem sie bis zum Äußersten durchgehalten hatte, wusste sie nicht, ob sie jemals wieder aufstehen würde – sie dachte nicht darüber nach und es war ihr egal. Ihre Glieder sehnten sich nach Erleichterung, und sie ergriff sie auf der Landstraße, weil Erleichterung auf der Landstraße die einzig erreichbare Art war.

Und während sie dort kauerte, erschien in der Dämmerung eine andere Gestalt, die Gestalt eines großen alten Mannes, der eine schwarze Tasche trug. Er kam geschickt einen Fußweg entlang und blickte nach rechts und links, als ob etwas auf ihn warten sollte. Als er es nicht sah, pfiff er und Mary blickte auf. Von der Straßenecke wurde eine Falle aufgestellt. Dann starrte der Mann mit der Tasche sie an und nach einem Moment des Zögerns sprach er.

„Das ist eine schmutzige Sache ", sagte er, „weil du da sitzen bleibst . Ich denke, du bist nicht gut ? "

„Nicht sehr", sagte sie.

Er musterte sie unschlüssig.

„ Und wenn du nicht aufstehst , wirst du deinen Tod ertragen, das ist ganz sicher. Hurra! Du zitterst noch vor Kälte ! Warte einen Moment, dann werde ich dir etwas Wärme spenden , junger Leddy .

Ohne weitere Umschweife stellte er die Tasche neben ihr ab und öffnete sie. Und erstaunlicherweise befand sich in der schwarzen Tasche eine Reihe kleiner Fläschchen, von denen er eine mit einem Glas herausnahm.

„Ist es Medizin?" sie fragte verwundert.

"Medizin?" er wiederholte; „Nein, es ist keine Medizin; es ist ‚Four Diamonds SOP‘, das ich euch gebe . Es ist eine tolle Probe von Pilchers SOP, meine Kleine; nichts Feineres in der Branche, zu Ehren von Macpheerson ! Nein , ihr trinkt Dieser Doon; es ist Speerit , und es wird euch führen .

Sie folgte seinem Rat und trank den Schnaps, während er sie anerkennend beobachtete. Seine Kraft breitete sich in Hitzewellen durch sie aus, steigerte ihren Mut und brachte sie dennoch seltsamerweise zum Weinen.

Mr. Macpherson betrachtete das Fläschchen feierlich und schüttelte dabei den Kopf mit etwas, das wie ein Seufzer klang.

„ Und was darfst du denn machen ? " fragte er und legte den Korken wieder zurück.

„Ich gehe in die Stadt", antwortete sie. „Ich ging nach Hause, nur der Sturm
—"

„Tae toon? Willst du mich und den Jungen mitnehmen? Ich fahre dich nach
toon . "

„Müssen Sie dorthin gehen?" fragte sie überglücklich.

„ Da wäre der Teufel Ich muss bezahlen, wenn ich weg bleibe . Ja, das habe
ich tae gang dorthin, und so schnell die Stute traben kann. Darf ich dir
hineinhelfen?"

„Ja", sagte sie; "Vielen Dank."

Er hob sie hoch. Und sie und ihr seltsamer Begleiter, begleitet von einem
Bengel, der nie ein Wort sagte, machten sich zügig auf den Weg.

„Ich bin Ihnen so sehr zu Dank verpflichtet", murmelte sie voller Freude;
„Du weißt es nicht!"

„Es gibt keinen Anruf für jemanden Oblegation ; Herzlich willkommen. Ich
denke , die Probe hat euch sehr geholfen , oder?"

„Das hat es tatsächlich getan; es hat mir das Gefühl gegeben, eine andere
Frau zu sein."

„Eh, aber es ist ein Gran' Speerit !" sagte der alte Herr mit wiederbelebender
Begeisterung . „Es besteht kein Grund, dafür zu sprechen, und das ist eine
Tatsache; eure Zunge besingt euch ihre Vollkommenheit, während ihr es ißt.
Ihr könnt euch vielleicht billiger bedienen lassen, das bestreite ich nicht , aber
das ist es Diejenigen, die den guten Artikel platzieren können, gibt es in
keinem Haus wie Pilcher's. Und Pilchers Bestes kann im Handel nicht
geschlagen werden. Ich habe kein Interesse daran , euch zu belügen , weißt
du, und ich könnte euch auch nicht mit den Weinen und Speerits begeistern
Hätte ich das gewollt. Da ist der Vorteil bei den Weinen und Speerits ; man
kann nicht täuschen! Du hast die Probe, und „Du hast die Zahl – werde ich
die Bestellung aufgeben oder nicht?"

„Dann ist es Ihre Sache, Herr...?"

„Wirst du meine Karte nicht annehmen ?" sagte er und holte ein großes
hervor; „Da, leg es weg . Solltest du jemals in Not sein, mein Mädchen, melde
dich bei Macpheerson , kümmere dich um die Firma –"

"Wie nett von dir!" rief sie aus.

„Nein", sagte er; „Sie können nie sagen, was passieren wird, und ob es für
Sie selbst ist , ob Sie es brauchen, oder für eine Empfehlung, Sie werden
wissen, dass Sie zum Großhandelspreis kaufen."

Sie warf ihm einen überraschten Blick zu und schaute dann wieder weg. Und sie fuhren mehrere Minuten lang schweigend.

„Vielleicht kennen Sie jemanden aus der Familie , bei dem ich wahrscheinlich eine Bestellung aufgeben würde ?" bemerkte Mr. Macpherson beiläufig. „Sherry? Weißt du nicht, dass eine Familie Sherry braucht ? Ich kann ihnen Sherry zu einem Preis geben , der ihnen den Atem raubt . Du kannst den Profit nicht ahnen – die Woche ungerechtfertigter Gewinn – für den der Sherry verkauft wird; Mit drei Zitaten wird die Marke oft erwähnt , und zwar ein erfundener Wein! Nein , ich könnte die deiner Freunde liefern wi ' 'Crossbones' – das Beste der Branche, zu Ehren von Macpheerson – falls Sie zufällig dabei sind ha'e Nur wer——"

„Ich habe nicht", sagte sie, „zufällig welche."

„Da ist die Familie, an der ihr arbeitet , sagen wir mal; eine große Familie vielleicht, mit Keller. Denn eine große Familie muss zum Großhandelspreis versorgt werden –"

„Es tut mir leid, aber ich arbeite nicht."

„Du arbeitest nicht, und hast du keine Freunde ?" Er blickte sie neugierig an. „Dann, meine liebe junge Frau , wirst du mich nicht für unverschämt halten, wenn ich dir sage, wie zum Teufel du lebst ?"

Der verrückte Gedanke schoss ihr durch den Kopf, dass er ihr vielleicht etwas in den Weg stellen könnte – irgendwo – irgendwie!

„Ich bin eine Fremde in London", antwortete sie, „auf der Suche nach Arbeit – ganz allein."

„Eh", sagte Mr. Macpherson, „das ist schlimm, das ist verdammt schlecht!"

Er trieb das Pferd an, und nach dem kurzen Kommentar verfiel er in Träumerei. Sie nannte sich wegen ihrer Mühen eine Narrin und starrte stumm über die melancholischen Felder hinweg.

„ Whauraboots , bleibst du ?" fragte er, nachdem sie am Swiss Cottage vorbeigekommen waren.

Sie sagte ihm. „Bitte lass mich dich nicht aus dem Weg räumen", fügte sie hinzu.

„Du bist nicht weit weg von meinem Haus ", erklärte er. „Du kommst am besten warm , bevor du dich auf den Weg machst . Du hast es nicht eilig, nehme ich an?"

"Nein, aber--"

„Oh, die Herrin wird sich nicht darum kümmern. Du kommst einfach mit mir rein!"

Ihr Gespräch verlief stoßweise, bis er seinen Wohnsitz erreichte. Mr. Macpherson überließ die Falle der Obhut des Jungen, der stumm gewesen wäre, wenn er ihm das Gegenteil angedeutet hätte, und führte sie in einen Salon , wo auf dem Herd einladend ein Wasserkocher dampfte.

Er wurde von einer kleinen Frau begrüßt, offenbar von der Frau, von der er sprach; und ein rosiger Sprössling, angeredet als Charlotte, brachte ihrem Erzeuger ein Paar Hausschuhe. Seine Einführung von Maria in seinen Familienkreis war kurz.

„Das ist ein junger Kerl ", sagte er, „ich habe ihn mitgenommen. Aber ich kenne deinen Namen nicht ?"

„Mein Name ist Brettan ", antwortete sie. Dann wandte er sich an die Frau: „Ihr Mann war so freundlich, mich davor zu bewahren, von Finchley nach Hause zu gehen , und jetzt hat er mich dazu gebracht, mitzukommen."

„Es war eine Schlägerei „ Nicht für einen Spaziergang", meinte Macpherson.

„Ich bin sicher, ich freue mich, Sie zu sehen, Miss", antwortete die Frau im fröhlichen Cockney. „Komm ans Feuer und trockne dich ein bisschen ab!"

Die anfängliche Unbeholfenheit war sehr gering, da Marias Erfahrungen in Böhmen hier von Nutzen waren. Auch die Menschen meinten es gut, und da ihnen keine Peinlichkeiten auffielen, die ihre Herzlichkeit beeinträchtigten, fühlten sie sich rasch wohler. Es erinnerte den Gast an einige ihrer Ankunft auf Tour; eines ganz besonderen, als die Gesellschaft der Vorwoche noch nicht abgereist war und sie und Tony halb Oldham auf der Suche nach Zimmern durchquert hatten und sich schließlich mit ihrem Konservenbrot bei Brot und Käse in ihrer Küche niederließen! Es war abscheulich, wie Tony immer wieder auf sie zurückkam, und das immer dann, wenn er fröhlich und liebevoll gewesen war!

„Ihr Mann hat mir erzählt, dass er im Weingeschäft tätig ist", bemerkte sie am Teetisch.

„Das ist er, Fräulein; und heiraten Sie niemals einen Mann, der in dieser Linie reist", erwiderte die Frau, „sonst werden Sie den besten Teil Ihres Lebens nicht um Rechte wissen, ob Sie verheiratet sind oder nicht!"

„Er ist viel weg, meinst du?"

„Abwesend? Er ist nur etwa zwei Monate im Jahr zu Hause – jeweils zwei Wochen, das ist er! Der Rest wandert von Ort zu Ort wie ein wandernder Zigeuner. Charlotte sagt immer wieder: „Mama, schon." Ich habe einen Papa, oder nicht wahr ? – nicht wahr , Charlotte?"

„Pa ist schrecklich!" sagte Charlotte mit dem Mund voller Brot und Marmelade. „Macht nichts, Papa, du kannst nicht anders!"

„Eh, es ist eine traurige Verfolgung!" kehrte düster zu ihrem Vater zurück. Im Schein seines eigenen Kamins stellte Mary überrascht fest, dass seine Begeisterung für „seine Weine und Speerits " verschwunden war. „Awa von deiner Frau und deinem kleinen Kind , das nachgiebig ist th ' abscheuliche Wege, die die unsterbliche Seele ruinieren! Jedes Herz kennt seine Bitterkeit , junger Leddy ; und die Vorsehung in ihrer geheimnisvollen Weisheit hat mich nie für den Wein- und Speerithandel vorgesehen ."

„Oh Gott", sagte Charlotte, „Mama hat es geschafft!"

„Es war nicht Ihre Mither ", sagte Mr. Macpherson; „Es ist mein Gewissen , das weißt du! Da ich nicht sehe, dass die Reisenden selbst ihm erliegen . " Der gefluchte Tag , an dem man schlürfte und probierte Morgens bis abends ? Es gab Burbage, glaube ich , und da war Broun; Beide führen Männer – es gibt keine besseren Männer auf der Straße! Was ist Burbage noo – was ist Broun?"

„Flieg weg, Peter, flieg weg, Paul!" interpolierte Charlotte.

"Gegangen!" fuhr Mr. Macpherson fort und antwortete mit krankhafter Salbung auf seine eigene Frage. „Tat! Der Herr sei gepriesen, ich habe den richtigen Sinn , der Hölle zu widerstehen ." tipplin ' masel '. Mony ist die Zeit, in der ich mit einem Mann über das Geschäft rede , weißt du, ich drehe das verdammte Glas auf den Kopf, wenn er na ist Blick in '. Aber da sind die Leute, die ich verkaufe , und die Anderen; Was ist mit ihnen? Es ist ein Beruf, das Böse zu preisen – tae Bring es in die Welt und verbreite es, um die Menschheit zu vernichten . Äh, über meine Verantwortung muss man wirklich nachdenken .

„Ich bin sicher, James, du meinst die erste Klasse", sagte die kleine Frau schwach. „Komm, zünde jetzt gemütlich deine Pfeife an und mach dir keine Sorgen , das ist ein guter Mann!"

Der Reisende wedelte mit der Pfeife beiseite.

„Da ist eine immer noch leise Stimme", sagte er, „ mit Bacca kann man sie nicht zum Schweigen bringen ; mit Kräutern kann man sie nicht zum Schweigen bringen, auch nicht mit feinem Leinen. Es ist mit mir , keine Frage . Da heißt es: „ Macpheerson , Wie rechtfertigst du dein Verhalten ? Warum verherrlichst du die Propheten der Luft über deine spirituelle Erlösung , mein Mann ? Weil du nicht weißt, dass Waisen durch deine Beredsamkeit kein Abendessen mehr haben und Witwen mit Flüchen verschwenderisch sind ein' deine Muster und deine Wege?' Ich kann nicht antworten. Es gibt keine

Zeiten, in denen die Stimme mich nicht schlafen lässt, das weißt du sehr wohl; es gibt keine –"

„Es gibt Nächte, in denen du es am meisten versuchst, James, ich weiß."

„Frau, es ist die warnende Stimme, die einen Sünder in seiner Übertretung trifft ! Gibt es keine Besuche ?" eno ' über mich, ein ' dae I no' turn ma een frae sie; Mein Herz verhärten und mein Lob für Pilcher mit einer düstereren Zunge verfolgen ? Es war ein Montag im Peacock – ein Mon in Ma Ain unzüchtige Zeile – und er trank seine Flasche Sherry, rief nach seinem Whisky und Wasser und stand nach dem kommerziellen Abendessen auf, um eine Rede zu halten. „Die Königin, meine Herren!" er weint und hebt sein Glas; und damit , dass er seine Tat fallen ließ, mit dem Namen des königlichen Leddy auf seinen Lippen! Er war ein großer roter Kerl – er hätte zwei aus mir gemacht."

Er schien den Umfang des Verstorbenen zusätzlich bedrohlich zu finden. Seine Arme waren als Zeichen dafür ausgestreckt und er schwenkte sie in die Höhe, als wollte er andeuten, dass Charlotte Nemesis in der Nähe entdecken könnte, die sich auf einen Sturzflug vorbereitet.

„Du nimmst die Sache zu ernst", sagte Mary. „Neun von zehn Menschen müssen sein, was sie können, wissen Sie; nur der Zehnte kann sein, was er will."

Die kleine Frau fragte, was ihre eigene Berufung sei.

„Es tut mir sehr leid, sagen zu müssen, dass ich keine habe", antwortete sie. "Ich mache nichts."

Für einen Moment herrschte Zwang.

„ Leider kenne ich hier niemanden", fuhr sie fort; „Es ist sehr schwer, etwas zu bekommen, wenn niemand da ist, der für einen spricht."

„Das muss es sein! Aber Herr! Du musst durchhalten. Es ist eine lange Straße, auf der es kein Abbiegen gibt, wie man sagt."

„Nur ist nicht abzusehen, wohin die Abzweigung führen wird; ein Feldweg ist besser als ein Moor."

„Würde sie nicht für Pattenden's reichen?" schlug die Frau nachdenklich vor.

"Für wen?" rief Maria aus. „Glaubst du, ich kann etwas bekommen? Wer sind sie?"

"James?"

„Pattendens?" er wiederholte. „Und was? Würde sie bei Pattenden vorbeikommen ?"

„Seien Sie auf jeden Fall ein Agent – genauso wie Sie!"

Mary blickte von einem zum anderen; Angst.

„ Nun , nein , das ist gar keine schlechte Idee", sagte Mr. Macpherson nachdenklich; „ Glaubst du, du könntest Bücher verkaufen, junger Leddy , gegen Provision – einen Hauf -Sovereign, sagen wir, für jede Bestellung, die du angenommen hast? Ich denke , eine junge Frau ist das Dae ein wirklich fairer Handel.

„Oh ja", antwortete sie; „Das könnte ich sicher. Einen halben Sovereign für jeden? Wohin soll ich gehen? Werden sie mich mitnehmen?"

„Das weiß ich nicht Gehen Sie davon aus , dass Sie viel Unfähigkeit finden werden Wenn sie euch mitnehmen , riskieren sie damit nichts ! Ich gebe dir die Adresse. Sie sind Verleger, und wenn Sie dorthin gehen, achten Sie einfach auf ihren Mr. Collins. Sagen Sie ihm, dass Sie den Wunsch haben , sie bei einer ihrer Veröffentlichungen zu vertreten . Wenn Sie möchten, schreibe ich Ihren Namen auf eine der vielen Karten . und ihr könnt es ihm schicken .

„Oh, tun Sie es!" Sie sagte.

„Sie dürfen sich nicht vorstellen, dass Sie damit ein Vermögen machen werden " , bemerkte er; „ Bei den Weinen und Speisen ist es anders , wie Sie wissen : Bei Pilcher ist es ein festes Gehalt, und Pilcher zahlt meine Spesen. "

„Pilcher zahlt *unsere* Kosten!" bestätigte Charlotte die Nachdenkliche.

„Sie dae ", stimmte der Reisende zu ; „ Für einen sparsamen Elternteil gibt es eine Menge zu sparen , 20 Schilling am Tag . Aber bei Pattenden ist es prekär; die Woche ist schlecht , und eine weitere Woche ist schlecht."

„Ich habe keine Angst", sagte Mary kühn; „Was auch immer ich tue, es ist besser als nichts! Ich werde morgen als erstes dorthin gehen. Vielen Dank und auch Ihnen, Mrs. Macpherson, dass Sie darüber nachgedacht haben."

„Ich bin sicher froh, dass ich es getan habe. Man kann nicht sagen, was Sie nach einer Weile gut machen werden. Es ist auf jeden Fall ein Anfang für Sie "

„Das ist es! Aber warum können die Verleger nicht das gleiche Gehalt zahlen wie die Firma Ihres Mannes?"

„Ah! Das tun sie nicht; jedenfalls nicht am Anfang. Außerdem ist James jetzt schon seit zehn Jahren bei Pilcher, er hat nicht so viel verdient, als er bei ihnen anfing."

„ Ein Grund dafür ist, dass bei so einem Haufen mehr Leute Spirituosen als Bücher kaufen!" sagte Charlotte. „Pa!"

„Äh, mein Mädchen?"

„Die Dame wird eine Agentin –"

„ Na ?"

„Dann, Papa", sagte Charlotte, „wollen wir nicht alle auf das Glück der Dame bei einer Probe anstoßen?"

„Du gemeiner Zwerg", rief ihr Vater zornig, „schämst du dich nicht dafür ? Machen Sie mir einen Vorschlag ? Du wirst keine Probe trinken, oder, junger Leddy ?"

„Das werde ich tatsächlich nicht!" antwortete Maria.

„Nein, aber gern geschehen."

„Danke", sagte sie; „Das werde ich wirklich nicht."

„Eh, aber das werdet ihr doch tun", rief er aus; „Eine kleine Probe, Frau Macpheerson ! Was ist meine Tasche?"

Trotz ihrer Proteste holte er eine Flasche heraus, und die Gastgeberin holte ein paar Gläser aus dem Schrank.

"Hafen!" er sagte. „Die Spirituosen des Teufels sind einige davon; aber wenn es einen Unterschied gibt , verdient vielleicht ein kleiner Drappie der ‚Four Grape Balance' Mons Verurteilung am wenigsten." Seine widersprüchlichen Gefühle verzögerten den Toast um einige Zeit. „Die Liköre des Teufels !" Er stöhnte erneut und fingerte unentschlossen an der Flasche herum. „Äh, aber es ist die ‚Vier-Trauben-Balance'", murmelte er mit widerwilliger Bewunderung und betrachtete die Probe im Licht. „Da! Ihr dürft es vielleicht trinken, verdammt! Aber ich würde keinen Schluck trinken . Und was euch betrifft, du kleines Cockney -Kind , wenn ich dich dabei erwische , wie du in deinen Tagen etwas Stärkeres als Tee probierst , oder wenn du den Geschmack des verderblichen Zeugs kennst , ist es die Pflicht deines traurigen Vaters, die ahnungslosen Geister damit zu locken – die Gebrechlichen in ihren ewigen Untergang zu verführen und dem Teufel zu dienen , wenn er sich auf den Herrn richtet – ich Werde euch ledern!"

Charlotte kicherte nervös – Figaro-mäßig, damit sie nicht zum Weinen gezwungen war; und Mrs. Macpherson hob das Glas an ihre Lippen und sagte: „Glück!"

"Glück!" sie alle wiederholten.

Und Mary, die wusste, dass ihre Karriere keine Heldenkarriere sein würde,
war sich auch bewusst, dass sie keine Heldin war. „Ich bin", sagte sie sich,
„nur eine wirklich unglückliche Frau in einer sehr verzweifelten Lage. Also
lass mich tun, was immer sich ergibt, und zutiefst dankbar sein, dass
überhaupt etwas getan werden kann."

KAPITEL IV

Der Reichtum der Herren Pattenden and Sons, der beträchtlich war, zeigte sich nicht in der Einrichtung ihrer Londoner Niederlassung. Eine schmale Treppe, nicht allzu sauber, führte zu zwei Türen mit der Aufschrift „Lager" und „Privat"; und nachdem sie die überflüssige Zeremonie des Anklopfens durchgeführt hatte, befand sich Mary vor einer groben Theke, hinter der zwei oder drei junge Männer eifrig damit beschäftigt waren, Bücher zu stapeln. Es gab Bücher in Hülle und Fülle, Bücher in Jungfräulichkeit, Bücher, die verlockend und entzückend anzusehen waren. Band um Band, frisch in der Hülle und glänzend an der Kante, lagen sie auf dem Tisch gestapelt und auf dem Boden gehäuft; und die jungen Männer gingen mit ihnen so sorglos um, als wären sie Lebensmittelgeschäfte. Das ist die Kraft der Sitte.

Als Antwort auf ihre Anfrage wurden ihr Name und die Karte von einem Miniaturjungen an Mr. Collins geschickt , der mit einem Blick ausgestattet war, der drohte, ihm den Kopf abzuheben, und bis zum Interview versuchte sie, ihre Nervosität zu zügeln.

Ein Mann mit einer Tasche kam hereingeeilt und verwies hastig auf „Vol. zwei des *Dic*". und „Der vierte der *Ency*". Am Fenster zählte ein Buchhalter mit frischer Gesichtsfarbe und melancholischer Miene Kolumnen zusammen.

Als sie sah, dass alle – der melancholische Buchhalter nicht ausgenommen – ihr einen zufriedenen Blick zuwarfen , kam sie zu dem Schluss, dass Frauen hier selten beschäftigt waren, und zitterte vor Angst, dass ihre Bewerbung abgelehnt werden könnte. Sie versicherte sich, dass der Schotte niemals so selbstbewusst von einer günstigen Angelegenheit gesprochen hätte, wenn es nicht vernünftig gewesen wäre, damit zu rechnen, doch als ihr Zweifel in den Sinn kam, war es schwierig, ihn zu zerstreuen. Ihr kam der Gedanke, dass sie den Buchhalter in Erstaunen versetzen könnte, indem sie ihm sagte, dass sie am Rande der Armut stehe. Die schwitzenden jungen Packer, die sich bald ihres Abendessens sicher waren, erwarteten von ihren Mitmenschen Glückwünsche zu ihrem Wohlstand, und so glücklos sie auch waren, ist es eine Tatsache, dass das Schicksal eines Menschen selten so arm ist, das eines anderen noch schlimmer Off kann gefunden werden, um es zu beneiden. Der Buchhalter, der in der Firma mit ein paar Pfund pro Woche abgemagert ist, wird von dem Angestellten beneidet, der von achtzehn Schilling lebt, und der Kerl, der täglich das Büro fegt, denkt darüber nach, wie glücklich er an seiner Stelle wäre Sachbearbeiter. Der Bengel, der im Regen Streichhölzer feilbietet, beneidet den behüteten Bürojungen, und der Obdachlose, der kein Geld zum Anlegen hat, beneidet den Streichholzverkäufer. Die Grade des Elends sind so zahllos und der Instinkt des Neids so tief verwurzelt, dass, wenn zwei Landstreicher, die unter einer Brücke kauern, ihren Gürtel enger schnallen, um ihren Hunger zu stillen , einer von ihnen etwas findet, auf das er neidisch sein kann Lumpen der Ausgestoßenen, die an seiner Seite leiden.

Der Junge der Herren Pattenden tauchte wieder auf und sagte mit einem so heftigen Gähnen, dass es seine vorherigen Bemühungen in den Schatten stellte:

„Fräulein Brettan !“

Mr. Collins saß in einem Abteil, das gerade groß genug war, um einen Schreibtisch und zwei Stühle aufzunehmen. Er winkte Mary zu der freien Stelle und warf ihr einen anerkennenden Blick zu. Als Mann, der zum Leiter der Reiseabteilung einer Firma aufgestiegen war, die den Abonnementplan veröffentlichte, war er so etwas wie ein temperamentvoller Leser; Er war ein Mann, der schon in jungen Jahren in einfachen Schritten zu dieser Position aufgestiegen war. Er war freundlich und hatte seine Großzügigkeit auch unterwegs nicht verloren.

„Guten Morgen“, sagte er; "Was kann ich für Dich tun?"

„Ich möchte Sie mit einer Ihrer Veröffentlichungen vertreten“, antwortete sie. „Mr. Macpherson war so freundlich, mir die Vorstellung anzubieten, und er dachte, Sie könnten sich mit mir arrangieren.“ Die Nervosität war kaum sichtbar. Sie war gut eingetreten und sprach ohne zu zögern mit melodischer Stimme. All diese Dinge hat Herr Collins bemerkt. Bevor sie ihren Wunsch geäußert hatte, hatte er sich gewünscht, dass sie es bekommen würde. Es gibt viele Arten von Buchagenten, und geschickte Werbung, die auf edle Einkünfte hindeutete, ohne explizit auf die Art der Tätigkeit einzugehen, hatte immer wieder geizige, berufstätige Männer und minderwertige, vornehme Damen auf diesen Stuhl gebracht. Aber diese Bewerber waren im Allgemeinen sichtlich abgekühlt, als ihnen die Anforderungen des Berufes unterbreitet wurden; Und hier war eine, so gebildet wie alle anderen, die kam und begriff, dass sie Werbung machen musste, und die sich darauf vorbereitete! Mr. Collins rieb sich fast die Hände.

„Welche Erfahrungen haben Sie gemacht?“

„In – als Agent? Keine. Aber ich nehme an, dass das bei einer angemessenen Menge an Intelligenz keine große Rolle spielt?“

"Gar nicht." Diesmal war er fast ratlos. In der Regel war er es, der den Versuch befürwortete, und der Neuling auf dem Lehrstuhl zögerte.

„Ich gehe davon aus“, sagte Miss Brettan und verbarg ihr Entzücken, „dass die Kunst des Geschäfts darin besteht, Bücher an Leute zu verkaufen, die sie nicht kaufen wollen?“

„Nur so; Taktgefühl und die Fähigkeit, über Ihr Exemplar zu sprechen, sind gefragt. Achten Sie immer auf das Gesicht der Person, der Sie es zeigen, und schauen Sie nicht auf das Exemplar selbst. Das müssen Sie auswendig wissen.“

"Oh!"

„Angenommen, Sie zeigen eine Enzyklopädie! Wenn Sie die Platten umdrehen, sollten Sie an seinen Augen erkennen können, wann Sie zu einer Enzyklopädie gelangt sind, die ein Thema illustriert, an dem er interessiert ist. Sprechen Sie dann über das Thema – wie ausführlich es ist wird behandelt. Sehen Sie?“

"Ich verstehe."

„Wenn Sie denken, dass er wie ein verheirateter Mann aussieht und alt genug ist, um eine Familie zu gründen, sagen Sie, wie nützlich eine Enzyklopädie als allgemeine Referenz in einem Haushalt ist – wie wertvoll sie für Kinder ist, wenn sie Aufsätze und andere Dinge schreiben.“

„Wirst du mich für eine Enzyklopädie engagieren?“

Er lächelte.

„Sie haben es eilig, Fräulein –“

„ Brettan . Habe ich es zu eilig?“

„Nun, Sie müssen mit möglichen Abonnenten Geduld haben. Wenn *Sie* sich beeilen, werden *sie* es auch tun, und die einfachste Antwort, die Sie in Eile geben können, ist „Nein.“ Ich bin mir nicht sicher, ob ich Sie mit der *Ency* rausschicken soll. Nach einer Weile vielleicht!

„Wäre es besser?“

„Ja, es gibt weniger zu lernen, und Sie müssen keine Angst haben, zu hören: ‚Oh, ich habe schon eines!‘“

„Daran habe ich nicht gedacht. Was ist los, Mr. Collins?“

Albums mitzubringen .

„Vier halbe Bände zu je zwölf und sechs Pence“, sagte er und wandte sich an sie, „ *Das Album der Erfindungen* . Es enthält die Geschichte aller wichtigsten Erfindungen mit einer kurzen Biografie der Erfinder. Sie möchten wissen, wer das erfunden hat.“ Uhr – schlagen Sie unter W nach; das Telefon – wenden Sie sich an T. Es ist eine Geschichte des Fortschritts von Wissenschaft und Zivilisation . „Der Ursprung der Erfindungen und die Lücken, die sie füllen“, das ist die Idee. Ah, hier ist sie! Schauen Sie sich das jetzt an und sagen Sie mir, ob Sie denken, dass Sie damit etwas Gutes bewirken könnten.

Sie nahm ein schmales, purpurrot gebundenes Buch aus der Hülle und blätterte darin.

„Oh, ich glaube auf jeden Fall, dass ich es könnte", sagte sie; „Ich möchte es auf jeden Fall versuchen."

Album für uns recherchiert ."

„Und wie wäre es mit den Bedingungen?" sie fragte.

„Die Konditionen, Miss Brettan , sollten in Kürze bei etwa fünf oder sechs Pfund pro Woche für Sie liegen. Sie können mehr tun; wir haben Reisende bei uns, die ihre zwanzig verdienen. Aber für den Anfang sagen wir mal fünf oder sechs." "

„Du meinst, das wäre mein Einstiegsgehalt?" fragte sie ruhig.

„Nein, nicht als Gehalt", sagte er, ebenfalls nachlässig. „Ich meine, Ihre Provision würde so hoch sein." Seinem Ton nach zu urteilen, hätte man annehmen können, dass ihn die Formalität dazu verpflichtete, zwischen diesen Einkommensquellen zu unterscheiden, aber dass es sich praktisch um eine Unterscheidung ohne Unterschied handelte. „Auf jede Bestellung, die Sie uns für das Album bringen, gewähren wir Ihnen eine halbe Guinee. Samstags brauchen Sie nicht auszugehen – das ist ein schlechter Tag, vor allem, um Berufstätige zu treffen Bei jedem Dutzend Anrufen buchen Sie zwei Bestellungen, und so regelmäßig wie am Schnürchen erhalten Sie Ihre fünf Guineen pro Woche! Ich sage Ihnen, was ich tun werde: Geben Sie mir einfach eine Quittung für das Exemplar und gehen Sie heute Morgen nach Hause und studieren Sie es . Kommen Sie morgen um zehn Uhr wieder zu mir. Und jeden Tag werde ich für Sie eine kurze Liste von Leuten erstellen, die bereits für die eine oder andere Arbeit bei uns Abonnenten waren – Adressen dazu kann ich heraussuchen dicht beieinander liegen; und dann haben Sie den Vorteil, dass Sie wissen, dass Sie auf Käufer warten und keine Zeit verschwenden."

„Vielen Dank", sagte sie.

„Hier ist das Auftragsbuch. Sie sehen, sie müssen ein Formular ausfüllen. Jeder, den Sie ausgefüllt mitbringen, bedeutet für Sie eine halbe Guinea. Sie haben keine weiteren Probleme – ein Zusteller nimmt die Bände mit und kassiert das Geld. Holen Sie sich einfach Sie haben den Auftrag unterschrieben und Ihre Verantwortung ist beendet. Ist das in Ordnung?"

"Das ist in Ordnung."

Er stand auf und schüttelte ihr die Hand.

„Um zehn Uhr", wiederholte er. "So lange!"

Aufgeregt stieg sie die schmutzige Treppe hinunter. Der Anblick der Welt hatte sich für sie in einer Viertelstunde verändert. Und wenn man bedenkt, dass sie nie auf die Idee gekommen wäre, es bei Pattenden zu versuchen – hätte sie nie von der Besetzung gehört –, wenn sie nicht Mr. Macpherson getroffen hätte, nicht nach Finchley gegangen wäre und nicht so müde gewesen wäre, nachdem sie sich von ihrem letzten Penny getrennt hatte Nachrichtenredaktion——

Die Erinnerung an ihr gegenwärtiges Elend kam ihr wieder in Erinnerung. Da sie direkt fünf Guineen pro Woche einnahm, hatte sie in der Zwischenzeit kein Geld mehr, mit dem sie weitermachen konnte. Den ganzen Tag durch die Straßen zu laufen, ohne auch nur einen Keks zwischen den spärlichen Mahlzeiten zu Hause zu essen, wäre unmöglich. Sie fragte sich verzweifelt, was sie noch zu verpfänden hatte – was sie tun sollte. Als sie ihr Zimmer erreichte, beäugte sie verzweifelt ihre kleine Wäschetasche. Sie glaubte nicht, dass sie sich etwas über Artikel wie diese ausleihen könnte, sie konnte auch keinen davon entbehren oder den Mut aufbringen, sie auf eine Theke zu legen. Plötzlich kam ihr die Idee, dass da die Tasche selbst war. Und in der Abenddämmerung ging sie damit hinaus. Diesmal versäumte es der Pfandleiher, nachzufragen, ob sie einen halben Penny hatte; Er zog die Kosten für das Ticket vom Darlehensbetrag ab. Sie packte den Stier bei den Hörnern, suchte als nächstes die Wirtin auf und sagte, dass sie die bevorstehende Rechnung nicht bezahlen könne, wenn sie käme, aber dass sie diese und die nächste zusammen bezahlen würde.

„Ich habe Arbeit gefunden", sagte sie und fühlte sich wie ein Hausmädchen. „Wenn es Ihnen nichts ausmachen würde, es stehen zu lassen –"

Mrs. Shuttleworth trocknete ihre Finger an ihrer Schürze und stimmte weniger zögernd zu, als ihr Untermieter befürchtet hatte.

Überzeugt davon, dass ihr Exemplar gemeistert war – sie hatte zwei oder drei kleine Lobreden geprobt, von denen sie glaubte, dass sie spontan klingen würden – überlegte Mary nun, die Macphersons aufzusuchen, um ihnen das Ergebnis ihres Vorschlags mitzuteilen. Da sie sich nicht einmischen wollte, hatte sie sich schon fast dazu entschlossen, zu schreiben, aber mit ihren begrenzten Mitteln war die Briefmarke ein Gegenstand, und außerdem war sie sich über die Nummer nicht im Klaren. Sie entschied sich für den Besuch.

Charlotte öffnete die Tür, und Mary erklärte ihr hastig den Grund für den Anruf und folgte ihr hinein. Sie fand den Salon in einem Zustand der Verwirrung vor und erfuhr aus dem Trio mit einem Atemzug, dass das Schicksal in Gestalt von Pilcher angeordnet hatte, dass Mr. Macpherson eine Woche früher als erwartet von seiner Familie getrennt werden sollte.

„Er fährt morgen nach Leeds", rief die kleine Frau zerstreut, bedrückt von einem Arm voller Hemden, die ihr beim Gehen eines nach dem anderen von den Schultern fielen; „Und erst heute Nachmittag hörten wir ein Wort darüber. Oh je! Oh je! Wie viele sind das, James?"

„Es sind dreiunddreißig", sagte der Reisende , „und, wie Sie wissen , sollten es dreißig Saxofone sein! Ich kann mir nicht vorstellen, dass ein Körper Hemden mit dreißig Saxophonen nützt, wenn sie nie gefunden werden können." "

„Ich fürchte, ich bin im Weg", murmelte Mary; „Ich habe gerade reingeschaut, um zu sagen, dass alles zufriedenstellend ist, und um Ihnen zu sagen, wie sehr ich Ihnen dafür dankbar bin. Ich werde nicht aufhören."

„Du bist überhaupt nicht im Weg. Du hast eins an, James: Das sind vierunddreißig! Meine Liebe, würde es dir etwas ausmachen, diese Hemden für mich zu zählen? Ich erkläre, dass mir der Kopf dreht!"

Sie hielt Mary schwach das Bündel hin, ließ sich auf die Kiste des Reisenden fallen und beobachtete sie mit gequälten Augen.

„Pa hat drei Dutzend davon " , sagte Charlotte stolz, „weil er so viel Mühe hat, sie zu waschen, wenn er so viel unterwegs ist. Ich glaube aber, dass man sie unterwegs verliert, Papa."

„Das ist ein dummer Gedanke, der dir ähnelt", erwiderte ihr Elternteil kurz. „Junger Junge , was machst du daraus ?"

„Hier sind es nur dreiunddreißig", antwortete Mary und kämpfte mit einem Lachen, „und – und einer ist vierunddreißig!"

„Dreiunddreißig", rief Mr. Macpherson, „und sind vierunddreißig! Zwei Hemden fehlen , zwei Hemden um fünf und Saxpence pro Stück sind verschwendet – verloren durch verwerfliche Nachlässigkeit!" Er setzte sich neben seine Frau auf die Kiste und betrachtete sie eindringlich. „ Aweel ", sagte er schließlich, trotz aller Schwierigkeiten gesellig, „ und Collins war angenehm, sagst du mir?"

„Er war wirklich sehr nett."

„Hoh!" Er seufzte: „Das wirst du, nein. " Verdiene einen Penny damit. Aber die Verfolgung könnte euch beschäftigen!"

„Keinen Penny damit verdienen?" sie ejakulierte.

„Kümmern Sie sich nicht um ihn", sagte sein Partner; „Er hat den Verstand, das ist es, was mit ihm los ist!"

„Es könnte Ihnen dienen , Ihre Gedanken zu beschäftigen", wiederholte Mr. Macpherson traurig; „Bei dem schönen Wetter ist es angenehm zu Fuß zu gehen . Und nun beachtet, Oman , ich gehe nicht ohne meine Twa- Hemden weg. Ich kann sie nicht aus meiner Erinnerung verbannen.“

„Segne und rette uns, James, habe ich nicht jede Schublade im Laden durchwühlt?“

„Ich werde die Dreißig Saxofone immer wieder auffüllen, und sie werden für immer knapp“, beklagte er sich; „Wirst du nicht in den Keetchen schauen ?“

Sie war einige Zeit auf der Suche abwesend und Charlotte befragte Mary zu den Einzelheiten ihres Interviews bei den Herren Pattenden. Sie sagte, sie wisse, dass „Pa seit mehreren Jahren bei ihnen war“, daher könne das Geschäft nicht so unrentabel sein, wie er gerade behauptet hatte. Als sie jedoch um Unterstützung gebeten wurde, seufzte ihr Vater erneut, und es war offensichtlich, dass er zu einer ungewöhnlich pessimistischen Sicht auf alles in dieser Nacht gezwungen war. Ein kurzer Hinweis auf einen „Senk der Ungleichheit “ wurde als Kommentar zum „Wein-und- Speerit “-Handel akzeptiert, aber auch über Bücher hatte er nichts Erfreuliches zu sagen; und als der Besucher erkannte , dass der Versuch eines anmutigen Rückzugs sinnlos war, stand er abrupt auf und wünschte ihnen „Auf Wiedersehen“. Mrs. Macpherson gesellte sich ohne Hemden zu ihr in den Flur.

„Gute Nacht, Fräulein“, murmelte sie; „Sei nicht deprimiert. Hab viel Frechheit, dann kommst du zurecht wie ein brennendes Haus! Was mich betrifft, ich gehe zurück in die Küche und möchte dort aufhören.“

Beim dritten Schritt rief Maria ihr zu, sie solle zurückkommen.

„Niemals“, fügte sie hinzu, „gehen Sie mit einem Reisenden zusammen . Sie werden ihn wahrscheinlich abholen , aber tun Sie es nicht!“ Sie deutete mit dem Kopf in Richtung Salon . „Ein guter Mann, mein Lieber, aber seine Hemden waren mein Kreuz seit unserem Hochzeitstag!“

Mary versicherte ihr, dass die Warnung beachtet werden sollte, und ließ die kleine Person zurück, die sich die Stirn wischte. Die Bemerkung über das Heiraten, so müßig sie auch war, beunruhigte sie. Auch letzte Nacht war die Möglichkeit erwähnt worden, und da sie wusste, dass sie niemals die Frau eines Mannes sein könnte, erschütterte sie dieser Vorschlag schmerzlich. Wie sehr sie ihr Leben ruiniert hatte, dachte sie, und das für einen Mann, der sich nicht um sie gekümmert hatte!

Die Behauptung, dass er sich nicht um sie kümmerte, war für sie bitterer als die Erkenntnis, dass sie ihr Leben ruiniert hatte. Die Verachtung einer Liebe ist für eine Frau immer eine schlimmere Qual als für einen Mann; denn eine Frau gibt sich weniger leicht hin, denkt umso mehr an das, was sie schenkt, und zählt immer wieder die Schätze, die ihr zur Verfügung stehen – letztlich nur, um sich an dem Wissen darüber zu erfreuen, wie viel sie geben wird.

Wenn eine der Perlen, die sie ihrem Herrn so ehrfurchtsvoll zu Füßen gelegt hat, dort liegen bleibt, entlastet sie ihn und klagt sich selbst an. Aber seine Liebkosungen füllen die unerwartete Wunde nie ganz. Wenn er sie alle vernachlässigt, fragt sich die bettelnde und undankbare Frau , warum die Sonne scheint und wie die Menschen lachen können. Manche Frauen können eine fehlgeleitete Liebe zurücknehmen, die Überschrift löschen und sie noch einmal ansprechen. Andere können das nicht. Maria konnte es nicht. Sie hatte in Seatons Armen gelegen und ihn geküsst; Der Stolz verlangte von ihr, sich der Erinnerung zu schämen; Ihr Herz fand darin Nahrung. Es war alles vorbei, alles schrecklich, alles etwas, worüber sie schaudern und empören sollte. Aber die Tiefe ihrer Hingabe war durch das Ausmaß ihrer Sünde bewiesen worden, und weil das Opfer falsch eingeschätzt worden war, war sie nicht in der Lage zu sagen: „Deshalb wird es in allem, außer in meinem Elend, so sein, als hätte ich es nie getan." Es."

Sie schaffte es nicht, die Zärtlichkeit aus ihrem Wesen zu reißen, sich an ihre Schuld zu erinnern und deren Beweggrund zu vergessen, solange sie das Fieber von sich abnahm. Die Sünde ihres Lebens war durch ihre Liebe verursacht worden, und eine Liebe, die für so etwas verantwortlich gewesen war, war kein Gefühl, das man herausreißen und zerstören konnte, wenn man es ihm diktierte des gesunden Menschenverstandes. Es war nichts, was Carew mit Gemeinheit töten konnte. Sie hätte ihm ins Gesicht sehen und schwören können, dass sie ihn hasste; Sie hatte das Gefühl, dass sie, obwohl das vielleicht nicht ganz stimmte, nie wieder seine Hand berühren oder mit ihm in einem Raum sitzen könnte. Aber weder ihre Verachtung für ihn noch für ihre eigene Schwäche konnte die Erinnerung an die Stunden der Leidenschaft, die Jahre der Kommunion auslöschen, als einer von ihnen gesagt hatte: „Ich möchte", und der andere geantwortet hatte: „Sagen wir, wir sollten es tun . " !"

Es war gut für sie, dass die Erfordernisse ihrer Situation Ängste hervorriefen, die ihre Gedanken weitgehend in gesündere Grenzen drängten. Am nächsten Morgen bestand ihr Hauptgedanke darin, sich auf ihrer vorbereitenden Expedition hervorzuheben. Herr Collins hatte sein Versprechen gehalten und eine Liste für sie vorbereitet. Die Häuser befanden sich alle in der Nähe der Abtei und die meisten, wie er ihr mitteilte, waren die Büros von Bauingenieuren. Er sagte, Bauingenieure seien eine „wahrscheinliche Klasse", wobei der Haupteinwand gegen sie darin bestand, dass sie „so widerlich unregelmäßig in ihren Bewegungen" seien. Sobald sie „in Westminster gearbeitet" hatte, fügte er hinzu, würde er sie bei Anwälten und Geistlichen einsetzen.

„Kommen Sie herein, wenn Sie fertig sind, und erzählen Sie mir, wie es Ihnen ergangen ist", sagte er freundlich. „Ich nehme an, Sie haben keine Tasche, die groß genug ist, um Ihr Exemplar aufzunehmen? Macht nichts! Halten Sie es so weit wie möglich außer Sichtweite, wenn Sie nach Leuten fragen; und fragen Sie nach ihnen, als ob Sie ihnen einen Auftrag geben würden Eine Brücke bauen."

Sie lächelte selbstbewusst; und indem sie die Bedenken des Hausierens mit dem Balsam des künftigen Reichtums beschwichtigte, mit dem sie sich um eine andere Anstellung bewerben konnte, sollte sich dies als sehr unangenehm erweisen, begab sie sich in das mit „1" gekennzeichnete Büro.

Es befand sich in der Victoria Street, und der Name des Herrn, den sie stören sollte, war unter einer Reihe anderer Namen auf eine schwarze Tafel am Eingang gemalt. Sie hielt inne und untersuchte die Tafel länger als nötig, so lange, dass ein Träger in Livree sie fragte, wen sie wollte? Sie sagte zu ihm: „Mr. Gregory Hatch"; Darauf antwortete er: „Dritter Stock", offenbar in der Annahme, dass sie den Aufzug benutzen würde. Sie profitierte von seiner Vermutung und kam sich von Anfang an wie eine Betrügerin vor. Der Name „Gregory Hatch" mit den Initialen dahinter, die für sie keine Bedeutung hatten, stand ihr an einer Tür gegenüber, als der Aufzug anhielt; und mit noch nachlassender Begeisterung ging sie schnell hinein.

Hinter einem Stück Mahagoni standen mehrere angesehene junge Männer, die als Angestellte fungierten, und als eines dieser herrschaftlichen Wesen sie bemerkte, schlenderte es vorwärts und stieg von seinem hohen Anwesen hinab, um zu fragen: „Was kann ich für Sie tun ?" Sein gelangweilter und hochmütiger Blick musterte das Exemplar.

„Ist Mr. Hatch da?"

„Ich werde sehen", sagte der Junge gedehnt; Er betrachtete das Exemplar jetzt misstrauisch und es wurde ihm langsam unhandlich.

„Ähm, welcher Name?"

„Fräulein Brettan ."

Er schlenderte in die Wohnung mit der Aufschrift „Privat", und die ekelerregende Gewissheit, dass, wenn man ihr Zutritt verschaffte, der junge Mann unmittelbar danach aufgefordert werden würde, sie hinauszuwerfen, weckte in ihr den Wunsch, vor seinem Wiederauftauchen zu fliehen. Sie überlegte gerade, welche Entschuldigung sie für ihre überstürzte Abreise anbieten könnte, als die Tür wieder geöffnet wurde und er sie aufforderte, „bitte einzutreten".

Ein alter Herr von gedankenverlorener Miene war an einem Schreibtisch beschäftigt; er und sie waren allein im Zimmer.

„Miss – Brettan ?" sagte er fragend. „Nehmen Sie Platz, meine Dame."

Er legte seine Papiere nieder und wartete, davon war sie überzeugt, auf seinen Auftrag für eine Brücke. Sie nahm den von ihm angegebenen Platz ein, weil es ihr zu peinlich war, ihn abzulehnen, und sie spürte sofort, dass dies als zusätzliche Unverschämtheit angesehen werden würde.

„Ich habe angerufen", stammelte sie – bei ihren Proben hatte sie noch nie eine Einführungsrede geübt , und sie verabscheute sich für die Unterlassung – „Ich habe angerufen, Herr –" sein Name war plötzlich von ihr verschwunden – „mit Hochachtung." zu einem Buch, das ich Ihnen von den Herren Pattenden zeigen wollte. Wenn Sie mir erlauben –"

Sie nahm das Exemplar aus dem Koffer und legte es vor ihm auf den Schreibtisch.

Sie war erleichtert, dass er viel weniger erstaunt war, als sie erwartet hatte. Er befingerte das Ding sogar vorsichtig, und sie begann, ihren Verstand zu sammeln. Es war ihr jedoch ein Rätsel, es in die Hand zu nehmen und Blatt für Blatt auf seine Vorzüge einzugehen. Sie beruhigte ihr Gewissen, indem sie bemerkte, dass es wirklich ein sehr schönes Buch sei.

„Es scheint so", sagte der alte Herr. „ *Das Album der Erfindungen* , mein Lieber! Ein neues Werk?"

„Oh ja", sagte sie, „neu. Es ist ziemlich neu, es ist ein ziemlich neues Werk." Es kam ihr idiotisch vor, ständig zu wiederholen, wie neu es sei, aber ihr fiel nichts anderes ein, was sie sagen könnte.

"Liebe mich!" sagte der alte Herr noch einmal. Die Untersuchung schien sein Interesse zu steigern, und es schien im Bereich der Möglichkeit zu liegen, dass er einen Befehl erteilen würde. Bis zu diesem Moment hatte sie nur das Ziel gehabt, wieder auf der Straße zu sein, ohne misshandelt worden zu sein.

„Das Schöne an der Arbeit ist", sagte sie, „ähm – dass sie so prägnant ist. Man möchte so oft etwas wissen, das man vergessen hat: Wer hat daran gedacht und wie die anderen Leute es vor ihm geschafft haben." Ich bin sicher, Herr Pattenden, wenn Sie –"

„Hatch, Madam – mein Name ist Hatch!"

„Ich bitte um Verzeihung", sagte sie, „ich wollte eigentlich ‚Mr. Hatch' sagen." Ich wollte sagen, dass es sehr günstig ist, wenn Sie eine Kopie davon nehmen möchten.

„Und wie hoch darf der Preis sein?" er hat gefragt.

„Es besteht aus vier Bänden zu zwölf und sechs Pence", sagte Mary melodisch.

"Die Vier?"

„Oh nein – jedes einzelne! Das sind dicke Bände. Glaubst du, dass es teuer ist?"

„Nein", sagte er; „Oh nein! – ein sehr wertvolles Buch, daran habe ich keinen Zweifel."

„Dann geben Sie mir vielleicht einen Auftrag dafür?" erkundigte sie sich und konnte ihre Hochstimmung kaum zurückhalten.

„Nein", sagte er und las noch immer einen Artikel, „ich werde es nicht bestellen; ich habe so viele Bücher."

Sie starrte ihn voller Enttäuschung an, während er ruhig bis zum Ende einer Seite las.

„Da", sagte er wohlwollend; „Ein großartiges Werk! Es verdient einen großen Verkauf; die Verleger sollten darauf hoffen. Die Tafeln sind fett gedruckt, und die Sache scheint mir von höchster Qualität zu sein. Der Fehler, den ich normalerweise an solchen Illustrationen verurteile, ist der Fehler, den sie gemacht haben." „Bilder" von ihnen, auf Kosten ihrer Nützlichkeit; Klarheit ist immer das große Erfordernis bei der Illustration einer mechanischen Erfindung. Damit wurde der übliche Fehler vermieden; beim Durchsehen des Exemplars habe ich kaum einen Fall entdeckt, wo Ich würde eine Änderung vorschlagen. Und obwohl ich es nicht versprechen würde" – er lachte gut gelaunt – „aber bei genauerem Hinsehen könnte ich gezwungen sein, Lob mit Tadel abzumildern, dazu neige ich im Großen und Ganzen." Ich gebe dem Buch mein herzliches Lob."

„Aber wirst du es kaufen?" forderte Miss Brettan .

„Nein", sagte der alte Herr, „danke; ich kaufe nie Bücher – ich habe so viele. Kein Problem; ich bin sehr froh, sie gesehen zu haben. Erlauben Sie mir!"

Er verabschiedete sie mit freundlicher Zeremonie und schien den Eindruck zu haben, dass er ihr einen Gefallen erwiesen hatte .

Der nächste Herr, den sie sehen wollte, war tot. Nummer 3 war auf Probefahrt gegangen; und zwei andere Herren waren nicht in der Stadt. Nummer 6 erwies sich laut ihrer Arbeit als „Mr. Crespigny ". Sein Vorzimmer ähnelte stark dem von Mr. Hatch, und hinter einem Tresen waren überheblichere junge Männer beschäftigt.

Sie wartete, während ihm ihr Name mitgeteilt wurde. Nach Mr. Collins' Theorie müsste ihr dieses sechste Unterfangen eine halbe Guinee einbringen. Sie hatte inzwischen eine kleine Ouvertüre arrangiert und war bereit, sich in zusammenhängenden Worten vorzustellen. Anstatt sie jedoch in den Innenraum einzulassen, kam Mr. Crespigny im Gefolge seines Angestellten heraus, und es oblag ihr, ihr Geschäft öffentlich zu erklären. Es war ein großer Mann mit spitzem Bart, der in fragendem Schweigen auf sie zuging und eine Zigarette schnippte. Ihr Herz klopfte.

„Guten Morgen", sagte sie; „Die Herren Pattenden, die Verleger, haben mich gebeten, mit einem Exemplar eines neuen Werkes auf Sie zu warten, das –"

Herr Crespigny drehte sich absichtlich um und ging wortlos zur Schwelle des Privatbüros. Als er es zurückholte, sprach er mit dem unglücklichen Angestellten.

"Pah!" rief er aus: „Erkennen Sie einen Buchagenten noch nicht, wenn Sie einen sehen?"

Er schlug die Tür hinter sich zu, und sie eilte davon, mit dem Gefühl, als hätte sie eine Ohrfeige erhalten. Ihre Wangen waren heiß; Selbst als sie auf dem Bürgersteig stand, fiel ihr keine Erwiderung ein. Sie *war* eine Buchagentin, eine Plage, deren Eindringen je nach Neigung der bedrängten Person stets lächerlich gemacht oder verärgert werden konnte. Oh, wie abscheulich war es, arm zu sein – „arm" im wahrsten Sinne des Wortes; gezwungen zu sein, vor Schmähungen zurückzuschrecken, Beleidigungen hinzunehmen und es „Weisheit" zu nennen, dass man keinen Mut zeigte! Es verging eine Stunde, bis sie sich zu einem weiteren Versuch zusammenreißen konnte; Mr. Crespigny hatte ihr allen Mut genommen. Und als sie zu Pattenden ging, war ihr Bericht eine Chronik der Misserfolge.

Die genauen Antworten, die sie erhalten hatte, hatte sie in vielen Fällen vergessen, und Mr. Collins riet ihr, in Zukunft kurze Memoranden über die Interviews aufzuschreiben, damit er ihr vielleicht aufzeigen könne, wo ihr Verhalten fehlerhaft gewesen sei.

„Nun, Ihre festgelegte Rede war ein Fehler", sagte er. „Was Sie zu Beginn tun möchten, ist, die Aufmerksamkeit des Mannes zu erregen – ihn zu überraschen und ihm zuzuhören. Vielleicht hat er bereits ein halbes Dutzend Reisender belästigt, die alle versuchten, eine Bestellung für das eine oder andere zu bekommen, und alle auf die gleiche Weise begannen . Gehen Sie munter hinein. Lassen Sie ihn nicht wissen, was Sie tun, bis Sie die Probe vor seiner Nase geöffnet haben. Rufen Sie: „Nun, Herr So-und-So, hier ist es, endlich raus!" Sagen Sie alles, was Ihnen in den Sinn kommt, aber erschrecken Sie ihn am Anfang. Er denkt vielleicht, dass Sie verrückt sind, aber er wird voller Erstaunen zuhören, und wenn Sie ihn geweckt haben, können Sie ihm zeigen, dass Sie es nicht sind."

„Es ist so schrecklich", sagte sie niedergeschlagen.

"Schrecklich?" rief Herr Collins aus. „Wissen Sie, dass der große Napoleon ein Bücheragent war? Wissen Sie, dass er, als er Leutnant ohne roten Cent war , mit einem Werk namens „*L'Histoire de la Révolution*" reiste ? Meine liebe junge Dame, wenn Sie nach Paris gehen, Sie kann seine Werbeausrüstung unter einer Glasvitrine im Louvre sehen und die Liste der Aufträge, die er erbeuten konnte!"

„Ich glaube nicht, dass es ihm gefallen hat."

„Das Geld, das er einbrachte, gefiel ihm, und Ihres wird Ihnen sofort gefallen. Glauben Sie nicht, dass ich von Ihnen gleich etwas Gutes erwartet habe? Ich wäre sehr überrascht gewesen, wenn Sie heute Nachmittag mit einem anderen Konto hereingekommen wären , das kann ich dir sagen! Nein, nein, du darfst nicht entmutigt sein, weil du am Anfang kein Glück hast; und was ist mit diesem Burschen aus der Victoria Street, der schlechte Laune hatte? Er muss seinen Lebensunterhalt verdienen , und Sie müssen Ihren eigenen machen; denken Sie daran, dass Sie genauso gute Rechte haben wie der Mann, mit dem Sie sprechen, wenn Sie irgendwo anrufen."

„Sehr gut", sagte Mary; „Wenn Sie zufrieden sind, bin *ich* es. Ich tue nicht so, als würden meine Dienste in Anspruch genommen . Sie können sicher sein, dass ich mit der Sache gut zurechtkommen möchte. Wenn ich meinen Stolz in die Tasche stecke, kann ich dort ein Einkommen erzielen." Ich bin auch bereit, es zu tun.

Bei ihrem Nachmittagsbesuch beim Verlag wurde es für Mr. Collins zu einem regelmäßigen Bestandteil, sie mit Glücksprophezeiungen zu ermutigen; und ihre Besorgnis wurde häufig durch seine Rücksichtnahme gemildert. Bei den ersten paar Gelegenheiten, als sie mit ihren Notizen zurückkam: „Raus; Raus; Braucht es nicht; Liest nie; Zu beschäftigt, um hinzusehen" usw., fürchtete sie den zusätzlichen Kummer, wegen Inkompetenz zurechtgewiesen zu werden; Aber Mr. Collins war immer gefällig und versicherte ihr ständig, dass sie nur die Enttäuschungen ertragen müsse, die für einen Anfänger unvermeidlich seien. Innerlich begann er an ihrer Eignung für den Beruf zu zweifeln, aber er mochte sie, und da er wusste, dass sich einige Aufträge, wie es in der Fachsprache heißt, „von selbst erledigten", war er bereit, ihr die Chance zu geben, eine Kleinigkeit zu verdienen, solange sie blieb sie wollte davon Gebrauch machen. Für Mary Brettan waren es schreckliche Tage , die ergebnislos vergingen, während ihr erbärmlicher Bargeldvorrat immer weniger wurde; Und da jeder Tag so schrecklich lang war, war es erstaunlich, dass eine Woche so schnell verging. Dies ist eine Anomalie, die vor allem Mietern auffällt, und als ihre Rechnung erneut fällig war , sah sie ihre Vermieterin voller Verzweiflung an.

„Mrs. Shuttle wert", sagte sie, „ich habe nichts getan; ich hatte gehofft, Sie zu bezahlen, und ich kann es nicht. Ich bin kein Betrüger, auch wenn es so aussieht; ich bin Agent einer Verlagsfirma, und ich habe keine einzige Provision verdient." Mrs. Shuttleworth musterte sie grimmig und hielt den Atem an. Man könnte ihr befehlen zu gehen, und da die Fahrt mit dem

Omnibus nun ein Posten ihrer Ausgaben war, blieb von der Summe, die sie für die Handtasche gesammelt hatte, nur noch ein Schilling übrig. "Was sagen Sie?" sie geriet ins Stocken.

„Nun", sagte der andere, „es ist so: Ich bin nicht ' ard und ich sage auch nicht, dass ich Lust hätte, ein anständiges Mädchen auf die Straße zu schicken, denn ich weiß, was ich tun würde." . Aber ich kann es mir nicht leisten, für Ihr Frühstück und Ihren Tee Geld auszugeben, ohne dass ich einen Pfennig dafür zurückbekomme. Behalten Sie das Zimmer ein wenig, und die Miete kann warten; aber ich muss Sie bitten, alle Ihre Mahlzeiten bis dahin draußen zu servieren wir sind wieder hetero."

Ein Untermieter auf Duldung; Da sie nichts zum Verpfänden hatte und über einen Schilling verfügte, um ihr Leben zu finanzieren, bis sie einen Auftrag für *das Album der Erfindungen erhielt*, mühte sich Mary mit dem Exemplar die Treppen hinauf. Die Einsparung der restlichen Pfunde kann mit Raffinesse gemeistert werden; Mit dem letzten Silber sparsam umzugehen ist mit Anstand möglich; aber auf die Tiefe von Pence reduziert zu werden, bedeutet einen teuflischen Hunger, dessen Verlangen nicht länger als eine Stunde am Stück gestillt werden kann, und eine Schwäche, die von den Gliedmaßen bis zum Gehirn steigt, bis sich die Kehle zusammenzieht und die Augäpfel vor Erschöpfung schmerzen. So ermüdet ihre fruchtlosen Unternehmungen sie jetzt auch gemacht haben mochten, sie ging zu Fuß zum Verlag zurück, missbilligte jeden halben Penny und verwaltete die magere Summe mit der Hartnäckigkeit tödlicher Angst. Die Schaufenster der ausländischen Restaurants mit verführerisch präsentierten und geschmackvoll garnierten Speisen, die Schaufenster der englischen Garküchen, in die das Fleisch geworfen wurde, verzauberten ihr Auge, wie sie nie geglaubt hätte, dass Essen die Macht dazu haben könnte. Sie verstand, was Hunger war; begann zu verstehen, wie Menschen dadurch zum Dieb verleitet werden konnten, und entschuldigte sie dafür. Ohne dass ihre Kleidung plötzlich schäbig wurde, verschwand das Erscheinungsbild der Frau aus ihrem inneren Bewusstsein. Sie trat weniger selbstbewusst auf; Sie verlor die undefinierbare Aura, die die Fracht vom Treibgut auf dem Meer des Lebens unterscheidet. Kleine Dinge verdeutlichten ihr die Tatsache. Die Fahrer hörten auf, den fragenden Zeigefinger zu heben, als sie an einem Taxistand vorbeikam, und einmal, als sich herausstellte, dass es sich bei einer Adresse auf ihrer Liste um ein Privathaus handelte, fragte der Diener sie: „Aus wem?" statt „Welcher Name?"

Zentimeter für Zentimeter kämpfte sie um den Boden, der unter ihr rutschte, tat so, als wäre sie fröhlich, als das Exemplar ausgestellt wurde, und verbarg ihre Verzweiflung, als sie es, ein Misserfolg, wieder in seinen Schrank stellte. Der Anblick der Victoria Street und ihrer Nachbarschaft empfand sie als abscheulich. Oft führten ihre Anweisungen sie Tag für Tag in verschiedene

Stockwerke desselben Gebäudes; und da sie sich einbildete, dass die Portiers erraten hätten, warum sie so oft wieder auftauchte, trat sie mit der Befürchtung ein, dass man ihr den Aufstieg verbieten könnte.

Es war für sie kein Schock, endlich als Bettlerin aus der Unterkunft zu kommen. Sie hatte schon so lange gespürt, dass die Situation unvermeidlich war, dass sie ihr Kommen fast apathisch hinnahm. Sie sah sich dem gewohnten Tag gegenüber, stieg die Treppen hinauf und ließ sich wieder hinunterfallen, ein wenig schwächer durch das Fehlen des erbärmlichen Frühstücks. Erst um ein Uhr wurde die Hoffnungslosigkeit der Routine eingestanden. Dann war die Aussicht auf die Reise zu ihrem Zimmer schon einschüchternd genug; sie kehrte nicht einmal zu Pattenden zurück; Sie ging langsam zurück und legte sich auf das Bett, wobei sie es schaffte, in kurzen Schlafpausen ihren Hunger zu vergessen.

Gegen Abend ließen die Schmerzen ganz nach. Doch ohne jede Willensanstrengung kamen ihr Vorkommnisse von vor Jahren wieder in den Sinn und zwangen sie, bei der Erinnerung an eine unfreundliche Antwort, die sie einmal gegeben hatte, und bei dem verletzten Ausdruck, den sie wieder auf dem Gesicht ihres Vaters sah, schwach zu weinen. In der Nacht spiegelten sich ihre Sorgen in ihren Träumen wider, und am Morgen erwachte sie mit hohlen Augen.

Es war für sie mühsam , sich anzuziehen. Aber sie verspürte keinen Hunger, sie fühlte sich nur benommen. Sie trank ein Glas Wasser aus der Flasche auf dem Waschtisch und machte sich, von der Notwendigkeit zur Anstrengung getrieben, auf den Weg zum Verleger, wobei sie sich träge durch die Menge bewegte und sich ihrer Umgebung nicht wirklich bewusst war.

Herr Collins rief bei ihrem Erscheinen aus und riet ihr dringend, nach Hause zu gehen und sich auszuruhen.

„Du siehst überhaupt nicht so aus“, sagte er mit aufrichtiger Besorgnis. „Bleiben Sie heute drinnen; es wird Ihnen nichts nützen, wenn es Ihnen nicht gut geht.“

Sie lächelte wehmütig über seine Idee, dass es die Sache verbessern würde, drinnen zu bleiben.

„Es wird mir nicht besser gehen, wenn ich nicht ausgehe“, sagte sie. „Ja, geben Sie mir die Liste. Erwarten Sie nur nicht, dass ich hereinkomme und Bericht erstatte; dazu werde ich keine große Lust haben.“

Er schrieb ein paar Namen für sie.

„Ich werde dir heute nicht viele geben“, sagte er. „Hier sind ein halbes Dutzend; probieren Sie diese aus!“

„Danke“, sagte Mary; „Das werde ich ausprobieren.“ Sie ging hinunter und noch einmal auf die Straße. Das Rauschen des Verkehrs dröhnte in ihren Ohren; Der Stau und das Gedränge auf dem Bürgersteig verwirrten sie. Sie fühlte sich wie ein Kind, das von Riesen geschlagen wurde, und hätte ihre Arme heben und Gott anflehen können, dass er jetzt das Ende möge – dass er sie schnell, ruhig und ohne große Schmerzen sterben lasse.

KAPITEL V

Im dritten Stock eines Hauses in der Delahay Street gab es einst einen Raum, der zugleich Wohnzimmer und „Werkstatt" war. Ein blauer Teller hier und dort über dem Spiegel, der schäbige Sessel am Kamin und eine bescheidene Büchersammlung an der Wand verliehen dem Ganzen eine Atmosphäre von Zuhause. Der lange weiße Tisch vor dem Fenster, übersät mit Plänen und Farben, und ein Theodolit in der Ecke zeigten, dass er auch als Büro diente.

Ein Mann, der mit diesem Inneren vertraut war, hatte gerade den Flur betreten, und als er die Treppe hinaufstieg, milderte ein Lächeln des erwartungsvollen Willkommens die Starrheit seines Gesichts. Er war ein großer, locker gebauter Mann, dem im Allgemeinen fünf Jahre mehr zugeschrieben wurden als die zweiunddreißig, die er tatsächlich gesehen hatte; Ein Mann, der, wie ein Physiognomiker behauptet hätte, nur wenige Freundschaften geschlossen hatte und ein treuer Freund war. Möglicherweise war es die hagere Gesichtsausdruckskraft, die ihn älter erscheinen ließ, als er war, möglicherweise auch seine Ernsthaftigkeit. Er sah nicht so aus, als würde er leicht lachen, als hätte er im Leben viel zu lachen. Er wirkte weder impulsiv noch emotional, noch wie ein Mann, von dem man sich vorstellen konnte, dass er ein Lied sang. Er könnte sich mit größerer Leichtigkeit als die einzige coole Figur in einer Panikszene vorstellen, als an der Begeisterung auf einer Tribüne teilzunehmen. Nicht, dass Sie seine Erscheinung heroisch fanden, aber Sie konnten sich ihn nicht aufgeregt vorstellen.

Als er an die Tür klopfte, drehte er die Klinke und betrat den Raum, ohne eine Antwort abzuwarten. Der Insasse ließ sein T-Quadrat klappernd fallen und stieß ein kurzes „Hallo" aus :

„Philip! Lieber alter Kerl!"

Dr. Kincaid ergriff die ausgestreckte Hand.

"Wie geht es dir?" er sagte.

Walter Corri schob ihn in den schäbigen Stuhl, lehnte sich gegen den Kaminsims und lächelte auf ihn herab.

"Wie geht es dir?" wiederholte Dr. Kincaid.

„In Ordnung. Wann bist du hergekommen?"

"Gestern Nachmittag."

„Wirst du lange bleiben?"

„Nur ein oder zwei Tage."

"Rohr?"

„Habe eine Zigarre; probier mal eine!“

"Danke."

Corri zog sich einen Stuhl heraus. „Nun, was gibt es Neues?“ er sagte.

„Nichts Besonderes; irgendetwas Frisches bei dir?“

„Nein. Wie geht es deiner Mutter?“

„Erträglich gut; sie ist auf mich gekommen.“

„Hat sie! Wo bist du?“

„Irgendein kleines Hotel. Mir werden viele Nachrichten auferlegt –“

„Dass du dich nicht erinnerst!“

„Ich erinnere mich an eine davon: Du sollst vorbeikommen und sie sehen.“

„Danke, das werde ich tun.“

„Kommen Sie heute Abend zum Essen, wenn Sie nichts zu essen haben. Wir haben ein Zimmer für uns allein und – –“

„Das würde ich gerne. Was wirst du tagsüber machen?“

„Es gibt zwei oder drei Dinge, die nicht lange dauern werden, aber ich musste kommen. Was machst *du* ?“

„Ich habe um zwölf draußen einen Termin; in etwa einer Stunde bin ich zurück, und dann könnte ich einen Zettel an die Tür kleben, ohne eine Unabhängigkeit zu riskieren.“

„Können Sie mit mir umhergehen?“

„Wenn du wartest.“

„Gut! Wo bewahren Sie Ihre Streichhölzer auf?“

„Streichhölzer sind Luxus. Tear up *The Times* !“

„ Corris Wirtschaft! Dann werfen Sie mir *die Times zu!*“

Kincaid zündete sich zu seiner Zufriedenheit seine Zigarre an und streckte seine langen Beine vor dem Feuer aus. Beide Männer schnauften friedlich.

„Na ja“, sagte Corri , „und wie ist das Krankenhaus? Wie gefällt es dir?“

„Meine Mutter mag es nicht; sie fühlt sich zu Hause so einsam. Ich dachte, sie würde sich in ein paar Monaten daran gewöhnen – ich gehe so oft ich kann zu ihr –, aber sie beschwert sich genauso sehr wie am Anfang. Sie hat die ursprüngliche Idee wieder aufgegriffen, und natürlich ist es langweilig für sie. Und stark ist sie auch nicht."

"Nein ich weiß."

„ Sag ihr, dass ich nach und nach ein erfolgreicher Mann sein werde, Wally, und muntere sie auf. Es belebt sie, das zu glauben."

"Mache ich immer."

„Ich weiß, dass du das tust. Wann immer sie dich gesehen hat, schaut sie mich eine Woche lang stolz an und erzählt mir, was für ein ‚charmanter junger Mann' Mr. Corri ist – ‚wie klug!' Der einzige Fehler, den sie an dir findet, ist, dass du nicht geheiratet hast.

„Sagen Sie ihr, dass ich das habe, was die Romanautoren ein ‚Ideal' nennen."

„Wann hast du es gefangen?"

„Letztes Jahr. Ein Mann, den ich kenne, hat das ‚Baby' geheiratet – eine liebevolle Tochter, die ihre ganze Familie für einzigartig hielt."

"Und--?"

„Mein Ideal ist der Segen, der mit achtundzwanzig noch ungeeignet ist. Bis dahin wird sie herausgefunden haben, dass ihre Mutter nicht unfehlbar ist; dass ihre Brüder nicht die ersten lebenden Experten in Sachen Wein, schöne Künste, Pferdefleisch usw. sind die Wissenschaften; und dass das „glückliche Zuhause" nicht unfähig ist, verbessert zu werden. Tatsächlich wird sie es ein wenig satt haben."

„Du hast die Weisheit eines erleichterten Witwers."

„Das habe ich gesehen", sagte Corri weithin. „Der Kerl, wissen Sie! Verheiratete Kerle sind eine furchtbar ‚liberale Erziehung'. Dieser wurde in eine Krankenschwester verwandelt – eine der vielen Strafen seiner Auswahl. Der Schatz tanzt für immer auf nassen Gehwegen in dünnen Schuhen und klemmt Dummheiten zwischen Erkältungen auf der Brust. Er schwört, dass man den Himalaya früher bewegen könnte, als einem beizubringen Ich muss ein zwanzigjähriges Mädchen auf sich selbst aufpassen. Er sagte es mir mit Tränen in den Augen. Ich möchte älter sein als meine Frau, und sie muss achtundzwanzig sein, also muss ich ein paar Jahre warten. Das kann sein bis dahin auch in der Lage sein, sie zu unterstützen; das ist ein weiteres Argument, das für eine Verzögerung spricht.

„Bei nächster Gelegenheit werde ich die Sache für Sie ins rechte Licht rücken."

„Tun Sie es; es ist außergewöhnlich, dass jede Frau die Ehe für jeden Mann befürwortet, mit Ausnahme ihres eigenen Sohnes."

„Sie gleicht das durch ihren Einsatz für ihre eigene Tochter aus.“

„Ist das aus Erfahrung?“

„Nicht in dem Sinne, den du meinst; ich selbst bin kein Fang, den man verfolgen kann; aber ich habe genug gesehen, dass dir schlecht wird. Die Freunde sehen die Zeremonien – ich sehe die Fortsetzungen.“

„‚Es gibt schlimmere Berufe auf dieser Welt, als den Puls einer Frau zu fühlen.‘ Aber Yorick war ein Amateur! Ich würde sagen, in gewisser Weise ein schrecklicher Beruf; er darf keinen Funken Illusion hinterlassen. Was ist ein Teint für einen Mann, der alles weiß, was darunter vor sich geht? Ich nehme an, wenn ein Mädchen dich erröten lässt Sehen Sie sich eine Art Diagramm ihrer Muskeln an und merken Sie sich, was sie erzeugt.

„Ich kannte einen Arzt, der immer sagte, er habe sich nie um eine Frau gekümmert, die nicht an einer tödlichen Krankheit leide“, antwortete Kincaid; „Wie passt das zu Ihrer Theorie? Sie war im Allgemeinen schwindsüchtig, glaube ich.“

"Verstehst du es?"

„Schade, wage ich zu sagen. Ärzte sind Männer.“

„Ja, das nehme ich an, aber irgendwie denkt man nicht so über sie. Zwischen dem Studenten und dem Arzt gibt es eine so große Kluft. Es ist eine dumme Idee, aber man hat das Gefühl, dass ein Arzt heiratet, wenn er in die Kirche geht.“ am Sonntag – weil die Leistung respektabel ist und erwartet wird. Manche Berufe machen für den Mann selbst keinen Unterschied; man kann sich einen Ingenieur nicht anders vorstellen als alle anderen; aber in der Medizin –“

„Es ist wahr“, sagte Kincaid, „dass kaum jemand außer einem Arzt erkennen kann , wie sich ein Arzt fühlt; seine Freunde wissen es nicht. Der einzige Schriftsteller, der jemals eines gezeichnet hat, war George Eliot.“

„Wenn Sie ein typischer –“ sind

„Oh, ich habe nicht über mich selbst gesprochen; versteh mich nicht! Wenn die Gedanken eines Menschen Sorgen bedeuten, gewöhnt er sich sehr bald an, sie für sich zu behalten; das heißt, wenn er kein Narr ist. Das ist nicht der Fall. „Es ist nicht darauf ausgelegt, ihn beliebt zu machen, aber es verhindert, dass er langweilig wird.“

„Da kommt dein alter Schreckgespenst raus! Kannst du dir nicht vorstellen, dass die Freunde eines Mannes sich seine Sorgen anhören können, ohne sich zu langweilen?“

"Wie oft?"

„Oh, verdammt, wann immer sie da sind!"

„Nein", sagte Kincaid nachdenklich, „das ist es nicht. Sie würden die Langeweile natürlich verbergen, aber er sollte die Sorgen verbergen. Lassen Sie einen Mann in Selbstgesprächen fluchen und grinsen, wenn es sich um ein Gespräch handelt."

„Wäre es angebracht, genau zu erwähnen, woran Sie glauben können?"

„In der Arbeit, im Mut und bei Walter Corri . Indem Sie in dem Beruf, den Sie gewählt haben, Ihr Bestes geben, um des Berufs willen, nicht in der Hoffnung, was er für Sie tun wird. Sie können nicht ganz ..." Das ist der Teufel daran! Ihre eigenen privaten Ambitionen *drängen* sich manchmal auf, aber letztendlich sind sie nur Eitelkeit – nur als Treibstoff gedacht. Was bewirkt der Erfolg von neun von zehn Männern für irgendjemanden außer den neun Männern? Abgesehen von den großen Wahrheiten, den Entdeckungen, die der Menschheit für alle Zeiten zugute kommen, stellt sich die Frage, was ein Mensch durch seinen Erfolg mehr Gutes bewirken kann als durch seine Dunkelheit? Wer will schon, dass er Erfolg hat, außer vielleicht seiner Mutter, die vor ihm tot ist? Tut es das? Wer ist der Bessere für seinen Erfolg? Wer glaubt seiner Meinung nach, wird dadurch besser dran sein? Niemand außer Nr. 1! Dann, wann immer die Eitelkeit wund ist und in die falsche Richtung gerieben wird, würde man ihn zu seinen Freunden gehen lassen und Nimm es aus ihnen heraus. Was für ein egoistisches Biest!"

„Bosh!" sagte Corri . „Oh, ich weiß, es ist kein Streit, sondern ‚Bosh!'"

"Mein Lieber Gefährte--"

„Mein lieber Freund, du hattest selbst viele Jahre lang eine schwere Zeit und –"

„Und sie haben ihre Spuren hinterlassen. Ganz natürlich! Was dann?"

Form bringen willst, die *dir* aufgezwungen wurde . Du weißt, dass jeder Schmerz das Recht hat zu schreien, außer mentaler Schmerz. Du würdest die ganze Nacht wach sitzen und Mitleid mit dem Wimmern eines Kindes mit einem gesplitterten Finger haben." , aber wenn ein Mann stöhnte, weil sein Herz gebrochen war, würde man ihn ein „egoistisches Biest" nennen!"

Kincaid stieß einen Rauchkranz aus und sah zu, wie er davonsegelte, bevor er antwortete.

„„Schwach"', sagte er, „ich denke, ich sollte das ‚schwach' nennen." Es war allerdings ein sehr guter Satz, wenn auch nicht ganz zutreffend. Das erinnert mich an alte Zeiten; ich muss zehn Jahre in die Vergangenheit zurückversetzen, um in deinem Zimmer zu sitzen und mich von dir schikanieren zu lassen. Da ist etwas dran, Corri ; die Umstände sind dafür verantwortlich Zwei von vielen, und wir sind alle Unfälle. Ich bin ein schlimmer Fall, sagen Sie mir; ich wage zu behaupten, dass es wahr ist. Sie sind ein guter Kerl, der sich mit mir abfinden kann."

„Sei kein Narr", sagte Corri .

Der „Narr" starrte in die Kohlen und streichelte sein großes Knie. Er schien über die Anschuldigungen seines Kumpels nachzudenken.

„Als ich sechzehn war", sagte er, während er immer noch sein Knie berührte und ins Feuer blickte, „war ich erwachsen. Rückblickend sehe ich nie einen Übergang von der Kindheit zur Reife. Ich war ein Kind, und dann war ich ein Mann." . Ich war ein Mann, als ich zur Schule ging; ich hatte nie Spaß außerhalb der Arbeitszeit; ich ging dorthin mit dem Wissen, dass ich geschickt wurde, um so viel und so schnell wie möglich zu lernen. Dann wurde ich nach der Schule in ein Büro versetzt und dort untergebracht ein Mann, der seine Gefühle bereits verbergen musste; meine Leute wussten, dass ich dies zu meinem Beruf machen wollte, und sie konnten es sich nicht leisten. Wenn ich den armen alten Gouverneur sehen ließ – nun, er sah es nicht; ich wirkte Zufriedenheit, ich sagte, ein Referendariat sei „ziemlich lustig"! Mein Gott! Ich sagte, es sei „lustig"! Was für eine Erniedrigung es ist! Die kleine heuchlerische Verärgerung, die es aus dir macht, dieses Leben, in dem ein starrer Blick als Zeichen von Faulheit angesehen wird und Sie sind gezwungen, das Selbstverständliche hinter einem Geschäftsbuch oder dem Deckel Ihres Schreibtisches zu verstecken; wenn das Wissen, dass Sie Ihren Stift nicht fünf Minuten lang nicht vor den Augen Ihres Chefs niederlegen dürfen, Sie dazu bringt, Ihre Muße zu schleichen, wenn er sich umdreht ihm den Rücken zu kehren und seine ununterbrochene Fleißigkeit beim Klang seiner Rückkehr vorzutäuschen. Mit dem Humbug und dem ‚Ja, meine Herren' und dem ‚Nein, meine Herren' ist man als Angestellter wieder ein Schuljunge, nur dass man in einem Büro bezahlt wird."

„Mein Angestellter muss noch kommen!" sagte Corri und verzog das Gesicht.

„Ja, er wird woanders demoralisiert . Wie ich Gott eines Nachts dankte, als mein Vater mir sagte, wenn ich meinem Wunsch nicht entwachsen wäre, könnte er es schaffen, ihn zu befriedigen! Die Worte holten mich aus der Hölle. Aber als ich dann doch Student wurde Ich konnte nicht anders, als mir bewusst zu sein, dass das Studieren eine Extravaganz war. Das Wissen begleitete mich die ganze Zeit und erinnerte mich an meine Verantwortung – obwohl mir erst nach dem Tod des Gouverneurs klar wurde, wie groß die Extravaganz gewesen sein musste Er. Und ich habe mich als Student nie mehr mit den Kameraden herumgetrieben , als ich mich mit den Jungs auf dem Spielplatz vergnügt hatte. Im Großen und Ganzen habe ich nicht ausgelassen, Corri . Die Jugend, die ich hatte, wurde zwischen den Schwierigkeiten geschnappt."

„Armer alter Bettler!"

Kincaid lächelte schnell.

„Da ist mehr Gefühl in , du armer alter Bettler!' als in einem mit Beileidsbekundungen gestapelten Brief. Es sind harte Zeilen, man kann nicht jedem Bekannten, der einen Trauerfall hat, „armer alter Bettler" schreiben. Die Leidenschaft, die sich in seine starke Stimme eingeschlichen hatte, als er mit der einzigen Person auf der Welt, zu der er sich dazu durchringen konnte, über sein früheres Leben sprach, war unterdrückt worden; sein Ton war wieder der teilnahmslose Ton, der für ihn selbstverständlich war.

„Glauben Sie mir", sagte er und erinnerte sich nach einer Pause, „diese Vorstellung von der Ärzteschaft, Ihre ,respektable und erwartete' Vorstellung ist völlig falsch. Oh, das ist nicht nur Sie allein, es ist weit verbreitet? Genug; Jeder kleine komische Paragrafen hält sich für berechtigt, im Laufe des Jahres eine Reihe unwissender Witze auf Kosten seines Berufsstandes zu produzieren; jeder Two-Penny -Half-Penny-Karikaturist muss uns für eine Reihe seiner Abendessen danken. Es ist nichts Schlimmes gemeint, und niemand hat etwas dagegen; Aber Leute, die tatsächlich etwas über das Thema wissen, mit dem diese lustigen Männer so ständig zu tun haben, können Ihnen sagen, dass es im medizinischen Beruf mehr Adel und Selbstaufopferung gibt als in jedem anderen Beruf der Welt, die Kirche nicht ausgenommen. Ja, und auch mehr Nöte ! Der Plausch über das Wetter und das Honorar für die Bemerkung, es sei ein schöner Tag, ist nicht das Leben eines jeden Mediziners; die Schwierigkeit besteht darin, das Honorar als Gegenleistung für treue Anwesenheit zu erhalten. Niemand wird in Zeiten der Krankheit so verehrt wie der Hausarzt. In den Tagen Während der Genesung ihres Kindes lieben die Eltern den Arzt fast genauso inbrünstig wie das Kind; Aber der Eifer ist erkaltet, wenn Weihnachten kommt und die Dankbarkeit vergessen ist. Und sie wissen, dass ein Arzt sie nicht mahnen kann; Also muss er auf sein Konto warten und so tun, als hätte das Geld keine Bedeutung, wenn er sich vor ihnen verbeugt, obwohl der Metzger, der Bäcker und der Lebensmittelhändler *ihm* gegenüber nichts vortäuschen , sondern darauf achten, dass *ihre* Rechnungen jede Woche beglichen werden. Ich könnte Ihnen Beispiele nennen —"

Er nannte Beispiele. Auch Corri sprach von Schwierigkeiten. Sie rauchten ihre Zigarren bis auf die Stümpfe und unterhielten sich in aller Ruhe, bis Corri erklärte, er müsse gehen.

„Dann rufe ich dich in einer Stunde zurück", sagte Kincaid; „Du wirst nicht länger bleiben?"

„Das glaube ich nicht. Aber warum nicht warten? Machen Sie es sich bequem; es gibt noch jede Menge *The Times* zu lesen.“

„Das werde ich. Ich möchte ein paar Briefe schreiben – kann ich?“

„ Da ist ein Schreibtisch! Habe ich *alles* ?

„Hier wirst du mich finden“, sagte Kincaid, „sei nicht beunruhigt.“

Der Weggang des anderen schickte ihn jedoch nicht sofort an den Schreibtisch. Allein gelassen wurde deutlich, wie sehr der Mann es gewohnt war, allein zu leben. Es zeigte sich in seiner Gelassenheit, in seiner Überlegung, in der Ernsthaftigkeit, mit der er sich der Aufgabe widmete, als er sie schließlich in Angriff nahm. Er hatte gerade das Ende der zweiten Seite erreicht, als jemand an die Tür klopfte.

„Komm rein“, sagte er geistesabwesend.

Das Klopfen wurde wiederholt. Ihm kam der Gedanke, dass Corri es versäumt hatte, für die Eventualität des Anrufs eines Kunden zu sorgen. "Komm herein!" Er weinte lauter, verärgert über die Unterbrechung.

Er warf einen Blick über die Schulter und sah, dass der Eindringling eine Frau war, die etwas in der Hand hielt.

„Herr Corri ?“

„Mr. Corri ist nicht da“, antwortete er und befingerte den Stift; „Er wird bald zurückkommen.“

Mary blieb unentschlossen. Ihre Schläfen pochten, und in ihrer Schwäche zog sie der Anblick eines Stuhls an .

"Soll ich warten?" sie murmelte; „Vielleicht dauert es nicht mehr lange?“

„Äh?“ sagte Kincaid. „Oh, warten Sie, wenn Sie möchten, Madam.“

Sie ließ sich stumm auf einen Sitz sinken. Die Reaktion hatte nicht ermutigend geklungen, aber sie erlaubte ihr, sich auszuruhen, und Ruhe war das, wonach sie sich jetzt sehnte. Wie gleichgültig war die Welt! Wie gnadenlos wenig sich jemand um den anderen kümmerte! „Warten Sie, wenn Sie möchten, Madam“ – gehen Sie und sterben Sie, wenn Sie möchten, Madam – gehen Sie und legen Sie Ihre Knochen in die Gosse, Madam, solange Sie mich nicht stören! Sie beobachtete verschwommen die große Hand, die sich über das Papier hin und her bewegte . Der Mann hatte wahrscheinlich Geld in der Tasche, das ihm nichts bedeutete, und für sie wäre es die Erlösung gewesen. Er lebte bequem, während sie hungerte; Er wusste nicht, dass sie hungerte, aber wie sehr würde es ihn treffen, wenn er es wüsste? Sie fragte sich, ob sie ihn dazu bewegen könnte, eine Bestellung für das Buch aufzugeben; Vielleicht würde er es genauso wahrscheinlich befehlen wie der andere Mann? Dann würde sie ein Taxi zurück zu Mr. Collins nehmen und ihn sofort um ihre Provision bitten und etwas essen gehen – wenn sie noch essen könnte.

Sie rappelte sich mühsam auf und durchquerte den Raum zu ihm.

„Ich bin zu Mr. Corri von Messrs. Pattenden gekommen", stockte sie, „wegen eines neuen Werks, das sie veröffentlichen. Ich habe ein Exemplar mitgebracht. Wenn ich Sie nicht störe – –?"

Sie legte es nieder, während sie sprach, blieb ein oder zwei Schritte hinter ihm stehen und beobachtete die Wirkung.

„Ist diese Frau sehr nervös?" sagte Kincaid zu sich selbst. „ Sie ist also Buchagentin! Ich dachte, sie hätte etwas zu verkaufen. Mein Gott, was für ein Leben!"

„Danke", antwortete er. „Ich bin gerade sehr beschäftigt und kaufe meine Bücher nie im Abonnement."

„Sie könnten es sich zuschicken lassen, wenn es fertig ist", schlug sie vor.

Er trommelte mit den Fingern auf die Titelseite. „Ich will es nicht."

„Vielleicht Mr. Corri –?"

„Ich kann nicht für Mr. Corri sprechen ; aber warten Sie nicht auf ihn, mein Rat. Ich fürchte, das wäre Geduldsverschwendung."

Er klappte das *Album* zu und deutete an, dass er damit fertig sei. Aber die Frau machte keine Anstalten, es zurückzuziehen, und er forderte diese Bewegung heraus, indem er das Ding beiseite schob. Er zog den Löschblock hervor, um seinen Brief fortzusetzen; und immer noch nahm sie ihr widerwärtiges Exemplar nicht vom Schreibtisch. Er begann sich gereizt zu fühlen.

„Wenn Sie warten möchten, Madam, nehmen Sie Platz", sagte er … „Ich sage: Nehmen Sie …"

Er drehte sich um, stellte ihr anhaltendes Schweigen in Frage und sprang bestürzt auf. Der Kopf der Buchagentin hing an ihrer Brust; und sein Arm – der ausgestreckt war, um sie zu stützen – war gerade rechtzeitig ausgestreckt, um sie aufzufangen, als sie fiel.

KAPITEL VI

„Nun", sagte Kincaid, als sie die Augen öffnete, „was ist los mit dir? Kein Unsinn; ich bin Arzt; du darfst mir keine Lügen erzählen! Was ist los mit dir?"

Es gibt einige Dinge, die eine Frau nicht sagen kann; das war einer von ihnen.

„Du bist sehr erschöpft?"

„Oh", sagte sie schwach, „ich – nur ein bisschen."

„Wann hattest du zuletzt etwas zu essen?"

Sie gab keine Antwort. Er musterte sie beharrlich, bemerkte ihr Zögern und zielte mit seiner nächsten Frage direkt ins Schwarze.

"Bist du hungrig?"

Die Augen schlossen sich wieder und ihre Lippen zitterten.

"Grobian!" Er sagte sich: „Sie hungert, und du würdest ihr Buch nicht kaufen. Biest! Sie hungert, und du hast versucht, sie rauszuwerfen."

Aber sein Mitgefühl konnte er kaum durch seine Stimme zum Ausdruck bringen; Tatsächlich kam sie ihm in ihrer Scham ziemlich grob vor.

„Halten Sie hier einen Moment inne", fuhr er fort; „Gehen Sie nicht noch einmal in Ohnmacht, denn ich verbiete es! Ich werde Ihnen ein Rezept ausstellen. Ihre Beschwerden sind nicht unheilbar, ich habe sie selbst gehabt."

Er verließ sie auf der Suche nach der Haushälterin, die er zum Thema Eier und Kaffee befragte. Ein Schilling hellte ihren Verstand auf.

„Mr. Corris Zimmer; beeilen Sie sich!"

Sein Patient saß im Sessel, als er zurückging; Er sah Tränenflecken auf ihrer Wange, obwohl sie bei seiner Annäherung ihr Gesicht abwandte.

„Das Rezept wird noch ausgearbeitet", sagte er. „Möchten Sie, dass das Fenster wieder geschlossen wird? Nein? In Ordnung, wir lassen es offen. Sprechen Sie nicht, wenn Sie es lieber nicht möchten. Das ist nicht nötig – ich weiß alles, was Sie sagen wollen."

Er ignorierte sie demonstrativ, bis das Tablett erschien, nahm es dann an der Tür in Empfang und brachte es ihr selbst.

„Kommen Sie", sagte er, „versuchen Sie das – langsam "

"Oh!" sie murmelte und schrumpfte.

„Seien Sie nicht albern, tun Sie, was ich Ihnen sage! Es gibt keinen Grund, sich zu schämen. Ich weiß, dass Sie kein Engel sind – Ihr Appetit überrascht mich nicht."

"Wie gut du bist!" sie murmelte; „Was musst du von mir denken?"

„Iss", befahl Kincaid; „Frag mich danach, was ich von dir halte."

Offensichtlich bestand für sie keine Gefahr, den Fehler zu begehen, nach dem er gesucht hatte – seine Schwierigkeit bestand nicht darin, sie zurückzuhalten, sondern sie zu überzeugen; Ihre Zurückhaltung war auch nicht allein auf Verlegenheit zurückzuführen.

„Es ist weg", sagte sie kopfschüttelnd; „Ich habe jetzt wirklich keinen Hunger mehr."

Er ermutigte sie, bis sie anfing. Dann zog er sich hinter die Zeitung zurück, um sie durch seine Anwesenheit so wenig wie möglich zu beunruhigen. Nach einer Viertelstunde legte er *die Times* nieder. Die Eierschalen waren leer, und er streckte sich und sprach sie an:

"Besser?"

„Viel besser", sagte sie mit einem Anflug von Lächeln.

„Haben Sie schon lange Erfahrung mit so etwas?"

„N-nein", erwiderte sie nervös, „nicht sehr."

Er streichelte seinen Schnurrbart; Sie hörte auf, eine Patientin zu sein, und wurde eine Frau, und er wusste nicht so recht, was er mit ihr anfangen sollte. Irgendwie schien das Angebot eines Souveräns ungeachtet ihrer Situation grob zu sein. Maria ahnte sein Dilemma und wollte aufstehen.

„Setzen Sie sich", sagte er autoritär. „Wenn es dir wieder gut genug geht, sage ich es dir; bis dahin bleib, wo du bist!"

Sie hatte das Gefühl, dass sie etwas sagen und eine Erklärung abgeben sollte, aber sie wusste nicht, wie sie anfangen sollte. Es entstand eine Pause. Und dann:

„Besteht eine Chance, dass sich Ihr Geschäft verbessert?" fragte Kincaid. „Angenommen, Sie könnten durchhalten – gibt es etwas, worauf Sie sich freuen können?"

„Nein", sagte sie; „Das glaube ich nicht. Ich fürchte, ich bin darin nutzlos."

„War es eine attraktive Karriere, dass Sie den Versuch unternommen haben?"

„Nicht im Geringsten; aber es war eine Chance."

"Ich verstehe!"

Er erkannte auch, dass sie eine sanfte Frau war, die für anspruchsvollere Beschäftigungen geeignet war. Wie hatte sie diesen Pass erreicht? er fragte sich. Würde sie die Informationen freiwillig preisgeben, oder sollte er sie fragen? Er wusste nicht, welche Hilfe er leisten könnte, wenn er es wüsste; doch wenn er ihr nicht helfen würde, würde sie weggehen und sterben, und er würde wissen, dass sie weggehen würde, um zu sterben, wenn er sie herausließ.

„Ich wurde durch einen sehr alten Bekannten von ihnen in die Firma eingeführt. Ich konnte nichts finden, was ich tun könnte, und er fand, dass es unter diesen Umständen ziemlich seltsam klingt, so wie ich war – nun ja, da ich eine Dame war." eine Dame zu sein, nicht wahr--?"

„Ich sehe daran nichts Seltsames", sagte er.

„Er glaubte, dass ich ziemlich gut abschneiden würde. Aber ich denke, es ist ein Nachteil, im Gegenteil. Es fällt mir nicht leicht, ein „Nein" als Antwort abzulehnen; und niemand kann bei der Arbeit etwas Gutes tun, für das sie sich schämt."

„Aber du solltest dich nicht schämen", sagte er; „Es ist ehrlich genug."

„Das sagt mir der Manager. Nur wenn die Frau in das Büro eines Fremden gehen und ihn belästigen und wegen ihrer Schmerzen brüskiert werden muss, hindert die Ehrlichkeit sie nicht daran, sich unwohl zu fühlen. Sie müssen mich selbst als lästig empfunden haben."

„Ich fürchte, ich war ziemlich schroff", sagte er schnell. „Ich war beschäftigt. Ich hoffe, ich war nicht unhöflich?"

Ihre Farbe stieg.

„Das meinte ich überhaupt nicht", stammelte sie; „Ich wäre nicht sehr dankbar, dich daran zu erinnern, selbst wenn du es getan hättest!"

„Ich hätte gedacht, dass sich ein Buch dieser Art einigermaßen leicht verkaufen ließe. Es ist ein nützliches Nachschlagewerk. Wie hoch ist der Preis?"

„Insgesamt zwei Pfund zehn. Es ist nicht teuer, aber die Leute werden es trotzdem nicht kaufen."

„Ja, es ist gut aufgegangen", sagte er, nahm es vom Schreibtisch und drehte die Blätter um. „Wie viele Bände haben Sie gesagt?"

„Vier."

Sie machte eine kleine zögernde Bewegung, um sie wiederzuerlangen, aber er fuhr fort, als wäre ihm die Geste entgangen.

„Wenn es noch nicht zu spät ist, werde ich meine Meinung ändern und ein Exemplar abonnieren. Schreiben Sie bitte meinen Namen auf, ja?"

Sie verschränkte ihre Hände fest in ihrem Schoß.

„Nein", sagte sie, „danke, ich möchte lieber nicht."

"Warum?"

Buch nicht , ich weiß, dass du es nicht willst. Du hast mich gefüttert und schon genug für mich getan; ich werde dein Geld auch nicht nehmen; ich kann nicht!"

Ihr Busen begann stürmisch anzuschwellen. An ihren großen Augen, die auf das Feuer gerichtet waren, sah er, dass sie darum kämpfte, nicht wieder zu weinen.

„So", sagte er sanft, „brechen Sie nicht zusammen! Reden wir über etwas anderes."

„Oh!" – sie verbarg heimlich eine Träne – „Ich bin es nicht gewohnt … glaube nicht –"

„Nein, nein", sagte er, „ *ich* weiß, *ich* verstehe. Stupsen Sie es für mich an, ja? Lass uns ein Feuer machen."

Sie nahm den Schürhaken und verlängerte die Aufgabe noch eine Minute, während sie den Kopf hängen ließ.

Kincaid bemerkte:

„Es ist schrecklich, in Schwierigkeiten zu sein, nicht wahr? Ich habe alle Phasen durchgemacht; es ist abscheulich!"

" *Du* hast?"

„Oh ja, ich weiß alles darüber. Ich sage Ihnen also nicht, dass ‚Geld das Geringste ist'. Das sagen nur Leute, die schon immer genug hatten."

„Man braucht so wenig auf der Welt, um Ängste zu lindern", sagte sie; „Es scheint grausam, dass so wenige von der Bequemlichkeit genug bekommen können."

„Was meinst du mit ‚Leichtigkeit'?"

„Oh, ich sollte Beschäftigung jetzt ‚Einfachheit' nennen."

„Haben Sie denn einmal mehr verlangt?"

„Ja, früher war ich dümmer. ‚Erfahrung lehrt Narren.'"

„Nein, das ist nicht der Fall", sagte Kincaid. „Die Erfahrung lehrt intelligente Menschen; Narren stolpern bis zum Ende. ‚Einmal ——?' Ich habe dich unterbrochen.

„Nun, früher bedeutete es ein eigenes Zuhause und Verwandte, die sich um mich kümmerten, und genug Geld, um die Rechnungen zu begleichen, ohne sich darum zu kümmern, wenn sie fünf Schilling mehr ausmachten, als ich erwartet hatte. Es ist eine schöne Regelung, je weniger wir haben , desto weniger können wir auskommen. Aber das Pferd konnte nicht von einem Strohhalm leben."

„Wie bist du dazu gekommen?" fragte Kincaid; „Könnten Sie nicht vor dem letzten Strohhalm einen anderen Job bekommen?"

„Wenn Sie wüssten, wie ich es versucht habe! Ich habe hier keine Freunde; das war meine Schwierigkeit. Ich wollte eine Situation als Begleiter, aber ich musste die Idee schließlich aufgeben, und es endete damit, dass ich zu Pattenden ging. Don Ich glaube nicht, dass sie es wissen! Ich meine, glauben Sie nicht, dass sie ahnen, in welcher Notlage ich mich befinde: Das wäre unfair. Sie waren sehr freundlich zu mir."

„Du warst noch nie ein Begleiter, nehme ich an?"

„Nein, aber das habe ich gehofft. Alles muss zum ersten Mal gemacht werden; jeder Adept war einmal ein Novize."

„Das stimmt, aber es gibt heutzutage so viele Experten in allem, dass die Anfänger keine große Chance haben."

„Wie sollen sie sich dann qualifizieren?"

„Das ist die Sache der Anfänger. Man kann nicht erwarten, dass die Leute Inkompetenz bezahlen, wenn an den Straßenecken Fachkräfte herumlungern."

„Ich erwarte nichts", antwortete sie; „Meine Erwartungen sind alle tot und begraben. Wir haben nur eine gewisse Erwartungsfähigkeit, denke ich; unter günstigen Bedingungen nutzt sie sich gut aus und wir sagen: ‚Solange es Leben gibt, gibt es Hoffnung;' aber wenn es zu sehr beansprucht wird, gibt es nach."

„Und du lässt dich kampflos treiben?"

„Eine Frau kann nicht mehr tun, als zu kämpfen, bis sie besiegt ist."

„Sie sollte nicht zugeben, dass sie geschlagen wurde."

"Theorie!" sagte sie zwischen den Zähnen; „Das Frühstückstablett ist Tatsache!"

„Was glaubst du, wird aus dir werden?“

„Ich rechne überhaupt nicht damit.“

„Oh, das ist alles Quatsch! Antworte direkt!“

„Dann werde ich verhungern“, sagte sie.

„ Sss ! Du weißt es?“

„Ich weiß es, und ich habe mich damit abgefunden. Wenn ich mich nicht damit abgefunden hätte, wäre es viel schwieriger. Es gibt nichts, was passieren könnte, um für mich zu sorgen; es gibt keine Seele auf der Welt, die ich …“ „wird“, um genau zu sein – um Hilfe bitten. Du hast es durch deine Freundlichkeit ein wenig hinausgezögert, aber du kannst es nicht verhindern. Oh, ich habe gehofft und gekämpft, bis ich erschöpft war!“ sie fuhr fort, sie; Stimme zittert. „Wenn es eine Aussicht gäbe, könnte ich mich, so schwach ich auch bin, aufraffen, sie zu erreichen; aber es gibt keine Aussicht, nicht den Schimmer einer Aussicht! Ich bin nicht feige; ich bin nur rational. Das gebe ich zu was ist; ich habe es satt, mich selbst zu betrügen.

Sie konnte ihrer Verzweiflung Ausdruck verleihen, diese Frau; Sie hatte Bildung und Manieren. Er betrachtete sie aufmerksam; sie interessierte ihn.

„Trotzdem reden Sie wie ein Fatalist“, sagte er zu ihr.

„Ich spreche wie eine Frau, die die unterste Stufe der Armut erreicht hat und sich von Almosen ernährt hat. Ich – Oh, nicht, zwinge mich *nicht* ständig, so ein Kind aus mir zu machen; lass mich gehen! Vielleicht du „Ich habe völlig recht – die Dinge werden sich verbessern.“

„Du wirst sofort gehen; noch nicht – nicht, bis ich es dir sage.“

Wieder herrschte Stille zwischen ihnen. Er lehnte sich zurück, die Hände tief in den Hosentaschen vergraben, die Füße übereinandergeschlagen, und dachte nach.

„Du bist natürlich zu nichts erzogen worden?“ sagte er plötzlich. „Wurden Sie noch nie zu irgendetwas ausgebildet? Sie können nichts tun oder herstellen, was irgendeinen Marktwert hat?“

„Ich habe zu Hause gelebt.“

„Und jetzt bist du hilflos! Was ist das für ein Mist! Warum hat dir dein Vater nicht beigebracht, deine Hände zu benutzen?“

„Ich glaube, Sie sagten, Sie seien Arzt?“ Sie kam zurück und hob den Kopf.

„Äh? Ja, mein Name ist ‚Kincaid‘.“

„Mein Vater war Dr. Anthony Brettan ; er hätte nie erwartet, dass seine Tochter so in Not sein würde."

„Das sagen Sie nicht – Ihr Vater war einer von uns? Ich freue mich, Ihre Bekanntschaft zu machen. Ist es ‚Miss Brettan‘?"

Sie nickte und fühlte sich in dem Drang erwärmt, weiterzumachen und zu weinen: „Ich war auch Krankenschwester: Sie sind Ärztin, können Sie mir nicht etwas zu tun geben?" Aber wenn sie es täte, würde er eine Bestätigung verlangen und, wenn ihr Zertifikat nicht vorläge, Nachforschungen im Krankenhaus anstellen; und dann würde das Flüstern die Runde machen, dass „ Brettan nicht mehr mit ihrem Mann zusammenlebte" – sie würden bald feststellen, dass er nicht gestorben war – und von diesem Punkt an würde die Wahrheit der allergrößte Schritt sein. „Überhaupt nie verheiratet – eine Schande! Natürlich ein Schauspieler, aber steh *auf sie* !" Sie konnte ihre Gesichter sehen, das Erstaunen über ihre Verachtung. So eng der Kreis auch war, es war ihre Welt gewesen – sie konnte es nicht tun!

„Aber sicherlich, Miss Brettan ", sagte er, „muss es jemanden geben, der Ihnen ein wenig dienen kann – jemanden, der Ihnen eine Beschäftigung ermöglichen kann?"

Sofort bereute sie es, so viel verkündet zu haben.

„Mein Vater lebte sehr zurückhaltend und war in der Gesellschaft kaum ein beliebter Mann. Aus mehreren Gründen möchte ich nicht, dass über meine Not von Leuten gesprochen wird, die ihn kannten."

„Aber diese Leute sind Ihre Referenzen", drängte er; „Sie können es sich nicht leisten, ihnen den Rücken zu kehren. Wenn Sie sich von Ratschlägen leiten lassen, werden Sie Ihren Stolz unterdrücken."

„Ich konnte nicht; ich habe den Entschluss gefasst, allein zu bleiben, und ich werde daran festhalten. Außerdem irrst du dich in der Annahme, dass sich einer von ihnen in irgendeiner Weise für mich einsetzen würde; mein Vater hatte nicht – war nicht." intim genug mit irgendjemandem.

Es ist schwierig, einer Frau zu helfen, dachte Kincaid mitleidig. Bei ihrem Hinweis auf die Art von Beschäftigung, die sie sich gewünscht hatte, war ihm eine Idee durch den Kopf geschossen, und die Bekanntgabe ihrer Abstammung verstärkte ihn; Aber es muss etwas geben, worauf man sich berufen kann, etwas mehr als nur eine Behauptung.

„Wenn ein Beitrag aufgetaucht ist, wer kann dann für Sie sprechen?"

„Die Herren Pattenden; ich glaube, sie würden gerne für mich sprechen."

"Irgendwer anders?"

„Nein; aber der Manager würde jeden sehen, der wegen mir zu ihm geht, da bin ich mir fast sicher."

„Du brauchst Freunde, weißt du", sagte er; „Ohne bist du in einer sehr peinlichen Lage."

„Oh, ich weiß! Keine Freunde zu haben ist ein Verbrechen; ohne sie ist man hilflos. Und die Hilflosigkeit einer Frau ist der beste Grund, warum ihr keine Hilfe gewährt werden sollte. Aber es klingt nach einem gnadenlosen Argument, Doktor – schrecklich gnadenlos, am Anfang!"

„Es ist ein gnadenloses Leben. Sehen Sie, Miss Brettan , ich möchte nicht um den heißen Brei reden: Sie stecken in einem schrecklichen Loch, und wenn ich Sie daraus herausholen kann, wäre ich froh – um Ihrer selbst willen. und um deines toten Vaters willen. Es ist aber so; das Einzige, was ich mir vorstellen kann, ist der Trost eines anderen. Du hast von einem Ort als Gefährte gesprochen; ich kann jetzt nicht zu Hause leben, und Meine Mutter will eins.

"Arzt!"

Sie hielt den Atem an.

„Wenn ich die Verantwortung übernehmen würde, Sie zu empfehlen, würde sie Sie wahrscheinlich engagieren; ich denke, Sie würden zu ihr passen, aber – Nun, es ist ein ziemlich großer Auftrag!"

„Oh, es sollte dir nie leid tun!" Sie weinte. „Wenn du so willst, wirst du es nie bereuen, mir vertraut zu haben!"

„Sehen Sie, es ist nicht einfach. Es ist nicht üblich, eine Dame zu engagieren, die man zum ersten Mal trifft."

„Aber du würdest sonst niemanden öfter treffen", flehte sie eifrig; „Wenn Sie sich bewerben würden, würden Sie die Frau nach dem einen Vorstellungsgespräch übernehmen. Sie würden nicht viele Besuche austauschen und sich anfreunden, bevor Sie sie engagieren."

Er zupfte erneut an seinem Schnurrbart.

„Aber natürlich würde sie nicht – würde nicht verhungern", fügte sie hinzu; „Sie wäre in Ihrem Zimmer nicht ohnmächtig geworden. Es wäre nicht vernünftiger, aber es wäre konventioneller."

„Sie argumentieren ordentlich", sagte er mit einem Lächeln.

Das Lächeln ermutigte sie. Sie lächelte als Antwort. Sie hatte das Gefühl, dass er nicht lächeln könnte, wenn er sie ablehnen würde.

„Dr. Kincaid –"

„Eine Minute", sagte er; „Ich höre jemanden kommen, denke ich. Entschuldigung!"

Es war Corri ; er begegnete ihm, als er die Klinke drehte, und zog ihn nach draußen.

„Da drin ist eine Frau", sagte er, „und ein Frühstückstablett. Komm runter zum nächsten Treppenabsatz, ich möchte mit dir sprechen."

„Was zum Teufel –" sagte Corri . „Gibst du eine Party? Was meinst du mit einer Frau und einem Frühstückstablett? Hat die Frau das Frühstückstablett mitgebracht?"

„Nein, sie hat ein Buch mitgebracht. Es ist ernst."

Sie beugten sich über das Geländer und besprachen sich, während Mary im Sessel vor Spannung zitternd verharrte. Die Aussicht, die sich durch Kincaids Worte eröffnete, hatte ihr gezeigt, wie hartnäckig sie immer noch am Leben festhielt, wie leidenschaftlich sie an der Chance festhielt, es zu verlängern. Vor einiger Zeit hatte sie nur darum gebetet, schnell zu sterben; Jetzt, da ihr die Möglichkeit einer Rettung vor Augen stand, galt ihr Gebet nur noch der Erfüllung dieser Möglichkeit. Würde er zufrieden sein oder würde er sie wegschicken? Ihr Schicksal hing von dieser Entscheidung ab. Sie wunderte sich nicht über die Hartnäckigkeit; es kam ihr so natürlich vor, dass sie es überhaupt nicht in Frage stellte. Und doch ist es von allen Dingen das Seltsamste – die Lebenslust, die die am meisten vom Leben erschöpften Menschen in ihren Herzen bewahren. Jeden Tag sehnen sie sich nach Schlaf, und täglich beunruhigt sie der Gedanke an den Tod – erschreckt ihre inkonsistenten Seelen, obwohl tatsächlich nur wenige glauben, dass es eine Hölle gibt, und jeder, der gut genug ist, an den Himmel zu glauben, glaubt auch, dass er gut genug ist, um dorthin zu gehen Es.

„O Gott", flüsterte sie, „lass ihn mich nehmen! Vergib mir, was ich getan habe; lass mich nicht mehr leiden, Gott! Du weißt, wie ich ihn liebte – wie ich ihn liebte!"

„Nun", sagte Corri auf dem Treppenabsatz, „und was wirst du tun?"

„Ich denke darüber nach", sagte Kincaid, „meine Mutter zu ihr gehen zu lassen."

„Es ist äußerst philanthropisch, nicht wahr?"

„Es sieht natürlich wild aus." Er dachte einen Moment nach. „Aber schließlich weiß man, woher sie kommt; ihr Vater war ein berufstätiger Mann; sie ist eine Dame."

„Wie war nochmal der Name ihres Vaters?"

„ Brettan – Anthony.“

„Schon mal gehört?“

„Wenn es so einen Menschen nicht gäbe, kann man es in fünf Minuten herausfinden. Außerdem müsste meine Mutter selbst entscheiden. Ich sollte ihr alles darüber erzählen, und wenn ein Interview sie zufrieden ließe, warum –“

„Nun“, sagte Corri , „gehen Sie zurück zur Bank und fassen Sie zusammen! Sie finden mich auf dem Bett. Übrigens, wenn Sie mir meine Pfeife geben könnten, ohne die junge Dame zu beleidigen, würde ich das als einen Gefallen auffassen.“ ."

„Du hast genug geraucht. Warte! Hier ist eine letzte Zigarre; geh und tröste dich damit!“

Kincaid kehrte ins Zimmer zurück; aber er war im Moment nicht bereit, ein Resümee zu ziehen. Mary sah ihn besorgt an und versuchte, an seinem Gesichtsausdruck das Ergebnis der Beratung auf der Treppe zu erraten. Sie kam zu dem Schluss, dass es sich bei der konsultierten Person um Herrn Corri handelte , den Mann, den man ihr geschickt hatte, um ihn zu belästigen. Alt oder jung? locker oder mürrisch? Auf welche Seite hatte er das Gewicht seiner Meinung geworfen – auf diesen Mann, den sie noch nie gesehen hatte?

„Wir haben über die Wohnung der Begleiterin gesprochen, Miss Brettan “, begann Kincaid. „Was sagst du jetzt?“

Sofort strahlte sie vor Dankbarkeit gegenüber der unbekannten Person, die in Wirklichkeit nichts getan hatte.

„Niemals sollten Sie es bereuen, Dr. Kincaid, niemals!“

„Verstehen Sie, ich kann die Verlobung auf keinen Fall garantieren“, sagte er hastig. „Das Beste, was ich tun könnte, wäre, die Angelegenheit zu erwähnen; der Rest würde von den eigenen Gefühlen meiner Mutter abhängen.“

„Ich wäre Ihnen genauso dankbar, wenn sie Einspruch erheben würde. Denken Sie nicht, dass ich meine Nachteile unterschätze – ich weiß, dass es großzügig ist, wenn Sie überhaupt darüber nachdenken, mich zu engagieren. Aber – – Oh, ich würde mein Bestes geben !– Das würde ich in der Tat tun! Das Problem ist mir genauso klar wie Ihnen“, fuhr sie schnell fort, „ich sehe es genauso deutlich. Sehen Sie es? Es hat mich immer wieder von der Beschäftigung ausgeschlossen! Ich bin ein Fremder, Ich habe keine Referenzen; ich kann Ihnen nur ins Gesicht sehen und sagen: „Ich habe Ihnen die Wahrheit gesagt; wenn ich in der Lage wäre, Ihren Rat zu befolgen und meinen Stolz einzustecken, könnte ich *beweisen* , dass ich Ihnen die Wahrheit gesagt habe.“ Und was ist das? – Jeder könnte es sagen und lügen!

Oh ja, ich weiß! Herr Doktor, mein Mangel an Referenzen hat mich so verdächtigt, dass ich Blut hätte weinen können. Türen wurden mir verschlossen, nicht weil ich selbst ungeeignet war , aber weil ich eine Frau war, die keinen Arbeitgeber hatte, der sie sagen konnte: „Ich fand sie eine zufriedenstellende Person." Dinge, für die ich hätte tun sollen, wurden anderen Frauen gegeben, weil sie „Charakter" hatten, und ich hatte keinen. Am Anfang dachte ich, mein Tonfall würde Überzeugung ausdrücken – ich dachte, ich könnte sagen: „Ehrlich gesagt, diese Geschichte ist wahr, Und es würde sich herausstellen, dass jemand – einer von einem Dutzend, vielleicht einer von zwanzig – mir glaubt. Was für ein Fehler, zu hoffen, dass man mir glaubt! Warum gibt es in ganz London kein Geschöpf, das so verlassen ist wie die Tochter eines Gentlemans ohne Freunde? Einer Dienerin darf man vertrauensvoll vertrauen; einer gebildeten Frau niemals!"

„Manchmal mag sie das", sagte Kincaid. „Hör auf, es ist gar nicht so schlimm. Was ich für dich tun kann, werde ich tun! Höchstwahrscheinlich wird meine Mutter dich heute Nachmittag besuchen. Wo wohnst du?"

Ein Fuhrmann hatte gerade um eins ein Fahrgeld abgegeben; der gegenüberliegenden Häuser, und er begrüßte es vom Fenster aus.

„Das Beste, was Sie jetzt tun können, ist, nach Hause zu gehen, sich auszuruhen und sich keine Sorgen zu machen. Kopfen Sie auf und hoffen Sie auf das Beste, Miss Brettan – die Sorge hat eine Katze getötet!"

Sie schluckte krampfhaft.

„Das ist die Adresse", sagte sie. „Gott segne Sie, Dr. Kincaid!"

Er ging voran zum Flur und setzte sie in das Taxi. Es war vielleicht überflüssig, ihr zu zeigen, dass er sich daran erinnerte, dass Taxis ihre Mittel überstiegen; Dennoch könnte sie während der Fahrt von der Angst vor der Forderung des Mannes geplagt werden, und er bezahlte ihn, damit sie es sehen konnte.

Der Vorfall hatte seinen Anrufkatalog erweitert. Er sagte Corri, sie sollten besser bei Guy vorbeischauen und einen Blick auf ein medizinisches Verzeichnis werfen; Doch als sie an einem Second-Hand-Bücherstand vorbeigingen, bemerkten sie ein altes Exemplar, das zum Verkauf angeboten wurde, und untersuchten dieses. Mit Freude fand er Anthony Brettans Namen im Provinzteil und bemerkte außerdem, dass Brettan Student an seinem eigenen College gewesen sei.

„ Brettan ' geht aufwärts!" beobachtete er fröhlich. „Jetzt steh auf, mein Sohn!"

Marias Ankunft in der Unterkunft war ein Ereignis von lokalem Interesse. Mrs. Shuttleworth, die an der Tür stand und sich mit einer Nachbarin unterhielt , beobachtete ihren Abstieg mit offenem Mund. Zwei auf dem Bürgersteig spielende Kinder unterbrachen ihr Spiel. Sie erzählte Mrs. Shuttleworth, dass eine Dame tagsüber nach ihr fragen könnte, und stieg auf die Mansarde, schloss sich dort ein und kämpfte erfolglos mit ihren Ängsten, abgelehnt oder ganz vergessen zu werden. Würde diese Mutter kommen oder nicht? Wenn nicht – sie zitterte; Sie war dem schändlichen Tod so nahe gewesen, dass der Geruch davon schon in ihre Nase gedrungen war – wenn nicht, würde das teuflische Nagen sofort wieder zurückkommen, und das schwache Übelkeitsverlangen würde ihm folgen; und dann würde das Bewusstsein zum letzten Mal schwinden, und sie würden von ihr als „es" sprechen und Angst haben.

Aber die Mutter kam. Es schien so wunderbar, dass Mary, selbst als sie neben ihr auf dem Dachboden saß und alles gut lief , kaum erkennen konnte , dass es wahr war. Sie kam und die Verlobung wurde geschlossen. Es gibt einige Frauen, die im Wesentlichen Frauenfrauen sind; Maria war eine von ihnen. Mrs. Kincaid, die bereits interessiert kam, überzeugt davon, dass ihr Philip sich nicht täuschen konnte und den Wunsch hatte, zufrieden zu sein, war von ihr entzückt. Der flehende Tonfall, das ruhige Benehmen, das – wie sie es später beschrieb – „Madonna-Gesicht", wenn es ihr nicht „direkt ins Herz" ging, erfreute ihre Fantasie überaus. Und natürlich mochte Mary sie; Was gibt es Natürlicheres? Sie hatte eine sanfte Stimme, sie hatte die sanftesten blauen Augen, die jemals sanft unter weißen Haaren strahlten, und – was die Anziehungskraft gipfelte – sie mochte Mary offensichtlich.

„Ich bin eine einsame alte Frau, seit mein Sohn zum Chefarzt des Krankenhauses ernannt wurde", sagte sie. „Es wird sehr ruhig für dich sein, aber du wirst das ertragen, nicht wahr? Ich denke schon, dass du dich bei mir wohlfühlen wirst, und ich bin sicher, dass ich dich behalten möchte."

„Ruhe für mich!" sagte Maria. „Oh, Mrs. Kincaid, Sie sprechen, als würden Sie mich um einen Gefallen bitten , aber Ihr Sohn muss Ihnen das – was – gesagt haben – ich nehme an, er hat mir das Leben gerettet!"

„Das ist sein Beruf", antwortete die alte Dame fröhlich; „Das musste er lernen."

„Ah, aber nicht mit warmem Frühstück", lächelte Mary. „Ich nehme Ihr Angebot dankbar an; ich komme, sobald Sie möchten."

„Können Sie es schaffen, übermorgen mit uns zurückzukehren? Tun Sie es nicht, wenn es Ihnen Unannehmlichkeiten bereitet; aber wenn Sie bereit sind –"

„Ich kann; ich werde ganz bereit sein."

"Braves Mädchen!" sagte Frau Kincaid. „Jetzt müssen Sie sich von mir einen kleinen Vorschuss gewähren lassen, oder – ich vermute, Sie haben noch etwas zu besorgen – vielleicht machen wir es besser so! So, da! Es ist Ihr eigenes Geld, kein Geschenk; es gibt nichts, wofür ich mich bedanken könnte." Guten Tag, Miss Brettan . Ich werde Ihnen schreiben und Sie über den Zug informieren.

„Das" war eine Fünf-Pfund-Note. Als sie wieder allein war, hob Mary es auf, strich es glatt und zitterte, als sie das Knistern hörte. Diese himmlischen Menschen! ihre Zärtlichkeit, ihre Rücksichtnahme! Oh, wie schön wäre es, wenn sie alles über sie wüssten und es keine Vorbehalte gäbe! Sie wünschte, sie hätte ihnen alles verraten können – sie waren so nett und freundlich gewesen.

Sie suchte die Vermieterin auf und bezahlte ihre Schulden – die Freude, die sie empfand, als sie ihre Schulden beglichte! – und sagte, dass sie ihr Zimmer nach der nächsten Nacht aufgeben würde. Sie ging in ein kleines ausländisches Restaurant in der Gray's Inn Road, wo sie gesund und gut speiste und sich Koteletts, paniert und braun, mit Tomaten bestreut, Pudding und Gruyere und eine Tasse schwarzen Kaffee gönnte achtzehn Pence, nachdem er dem Kellner ein Trinkgeld gegeben hatte. Sie kehrte auf den Dachboden zurück – den verherrlichten Dachboden! es würde ihr nie mehr Angst machen – und sie überließ sich dem Meditieren über die „Dinge". Da war dieses, da war jenes und da war noch das andere. Ja, und sie muss eine Kiste haben! Sie hätte ihre Initialen auf die Schachtel malen lassen, nur die Farbe würde so seltsam neu aussehen. Sollte sie ihre Initialen darauf haben? Nein, sie entschied, dass sie es nicht tun würde. Dann waren da noch ihre Uhr und die Tasche, die sie beim Pfandleiher einlösen musste, und sie musste sich von Mr. Collins verabschieden. Was für ein arbeitsreicher Tag würde morgen sein! Was für ein Beginn neuer Hoffnung, neuen Friedens, neuen Lebens! Ihre Ängste wurden zurückgelassen; vor ihr lag Schutz und Ruhe. Doch plötzlich verschwand die Freude aus ihren Zügen und ihre Lippen zuckten schmerzhaft.

„Tony!" sie murmelte.

Sie blieb stehen, wo sie aufgestanden war. Ein Schluchzen, ein zweites Schluchzen, ein Tränenstrom. Sie kniete neben dem Bett, keuchte, schauderte und schrie zu Gott und ihm:

„O Tony, Tony, Tony!"

Kapitel VII

Die Sonne schien hell, als sie Mrs. Kincaid in Euston traf. Der Arzt saß dort, locker und knochig, an der Seite seiner Mutter. Er schüttelte Marys Hand und bemerkte, dass es ein schöner Tag zum Reisen sei. Sie hatte vorgehabt, bei der Begrüßung etwas Dankbares zu sagen, aber sein Benehmen verlockte dazu nicht, also versuchte sie, ihren Dank stattdessen in einen Blick zu stecken. Zuerst litt sie unter einer leichten Verlegenheit, weil sie nicht wusste, ob sie ihre eigene Fahrkarte nehmen sollte und welche Hilfe von einem Begleiter am Bahnhof erwartet wurde. Vielleicht sollte sie das Fach auswählen und die Beschriftung des Gepäcks überwachen? Zum Glück war das Gepäck nicht schwer, ihr eigenes Gepäck war weitaus größer; und die Tickets, erfuhr sie direkt, hatte er bereits bekommen.

Ihr Arbeitgeber lebte in Westport, einer Stadt, die Mary noch nie besucht hatte, und aus ihren Fragen dazu entstand ein kleines Gespräch. Sie sagte nicht viel – sie sprach sogar sehr zurückhaltend; Das Bewusstsein, dass sie dafür bezahlt wurde, zu reden und zu unterhalten, belastete ihre Zunge. Sie war erleichtert, als Mrs. Kincaid kurz nach Beginn das Beispiel ihres Sohnes nachahmte, der in seiner Ecke lag und sein Gesicht hinter *The Lancet versteckte*

.

Sie reisten in der zweiten Klasse, und erst als es an einer Kreuzung zu einem Stau kam, wurde ihre Privatsphäre verletzt. Dann trat eine große, von Paketen und Körben bedrängte Frau ein; Und da die Neuankömmling zu der Kategorie von Personen gehörte, die eine Bahnfahrt als eine vom Himmel gesandte Gelegenheit betrachten, eine zusätzliche Mahlzeit zu sich zu nehmen, übten ihre Kunststücke mit Sandwiches eine Faszination aus, die mit dem Reiz der Landschaft konkurrierte.

Als der Zug drei Stunden später Westport erreichte, war Mary natürlich begeistert. Natürlich blickte sie gespannt vom Bahnsteig auf die Aussicht. Es war neu und angenehm und erfrischend. Es gab eine kleine kurvenreiche Straße mit weißen Zäunen und ein Häuschen mit rotem Dach. Eine Glocke läutete leise über die Wiesen, und jemand, der in ihrer Nähe stand, sagte, er vermute, „das war für den Gottesdienst um fünf Uhr." Das Gedränge Londons gegen einen Ort einzutauschen, an dem die Menschen Zeit hatten, sich an den Gottesdienst an einem Wochentag zu erinnern und das Zwitschern der Vögel zwischen dem Rollen der Räder zu hören, war sofort berauschend. Dann, als sie zum Haus fuhren , roch sie in der Luft den frischen Teergeruch, der die Nähe zum Meer verriet. Ihr Busen hob sich. „Der gesegnete Frieden von allem!" Sie dachte; „Wie glücklich sollte ich sein!"

Aber sie war nicht glücklich. An diesem ersten Abend überkam sie der Schmerz und die Übelkeit der Erinnerung. Sie blieb mit Mrs. Kincaid allein, und in der Dämmerung saßen sie in dem hübschen kleinen Salon und unterhielten sich ununterbrochen. Wie anders war diese Ankunft als die, die sie gewohnt war! Kein Auspacken von Fotos; keine Vermieterin, die über die Ereignisse der letzten Woche plaudern könnte; Kein Spaziergang nach dem Tee mit Tony, nur um zu sehen, wo das Theater war. Wie lustig! Sie sagte: „Wie lustig!" aber jetzt meinte sie „wie schmerzhaft!" Und dann war es für sie ein Schock, dass das alte Leben ohne sie weiterging. Noch immer wurden Fotos ausgepackt und auf Kaminsimsen ausgelegt; Die Vermieterinnen waren immer noch geschwätzig über die Geschäfte der letzten Woche; Tony schlenderte immer noch sonntagabends durch die Städte, wie er es getan hatte, als sie bei ihm war. Und er würde Miss Westlands Ehemann sein, während *sie* hier war! Wie abscheulich, wie schrecklich und unwirklich schien es!

Sie stand auf und ging zum Blumenständer am Fenster.

„Sind Sie müde, Miss Brettan ? Vielleicht möchten Sie heute Abend früher in Ihr Zimmer gehen?"

„Nein", sagte sie, „danke; ich fürchte, ich fühle mich noch ein wenig seltsam, das ist alles."

An der gegenüberliegenden Ecke hing eine Werbetafel, und zwischen den Werbeanzeigen der örtlichen Ladenbesitzer glänzte ein Comic-Opernplakat. Der plötzliche Anblick der Kinodrucke war für sie wie eine Begrüßung; Sie stand da und betrachtete es voller Begeisterung, während die Vergangenheit in ihrem Herzen wieder lebendig und warm war.

„Sie werden sich bald wie zu Hause fühlen", sagte Frau Kincaid nach einer Pause; „Ich bin mir sicher, dass ich verstehen kann, dass es dir zunächst etwas unangenehm ist."

„Oh, nicht unangenehm", erklärte Mary schnell; „Es ist schon ein bisschen seltsam! Ich weiß nicht, was ich tun soll, und ich habe Angst, unaufmerksam zu wirken. Was ist die Arbeit einer Gesellschafterin, Mrs. Kincaid?"

„Nun, ich hatte noch nie einen", sagte die alte Dame lachend. „Ich glaube, Sie und ich werden am besten miteinander auskommen, wissen Sie, wenn wir vergessen, dass Sie als Begleiter gekommen sind – wenn Sie reden, wann Sie wollen, und schweigen, wenn Sie wollen. Sehen Sie, es ist im wahrsten Sinne des Wortes ein Begleiter, den ich will." nicht jemand, der für mich klingelt, das Abendessen bestellt und sich nützlich macht. Das ist kein großes Haus, und ich bin kein modischer Mensch; ich möchte eine Frau, die mich davon abhält, Trübsal zu blasen, und das auch Hübsch."

Ihre Antwort brachte ihre Anforderungen zum Ausdruck, und Mary fand, dass von ihr als Gegenleistung für das Gehalt kaum etwas erwartet wurde; so wenig, dass sie sich manchmal fragte, ob sie es verdiente, so klein es auch war. Abgesehen davon, dass sie sich stets darüber im Klaren war, dass sie niemals außer Laune geraten durfte, und oft gezwungen war, laut vorzulesen, wenn sie lieber in Träumereien gesessen hätte, war sie praktisch ihre eigene Geliebte. Selbst im Laufe der Tage ertappte sie sich dabei , wie sie einen Gedanken aussprach, der ihr kam, ohne innezuhalten, um zu vermuten, wie er aufgenommen wurde; mit der Spontaneität sprechen, die man sich mit der bezahlten Begleitung am wenigsten aneignen kann.

Nur wenige Freuden sind von kürzerer Dauer als die, wieder genug zu essen zu haben. und innerhalb einer Woche war ihr Sinn für Neues fast verschwunden. Sie gingen zusammen; Manchmal ging es ans Meer, aber häufiger in die Stadt, denn die Annäherung ans Meer ermüdete Mrs. Kincaid. Westport war kein beliebter Badeort; und im Sommer stellte Maria fest, dass die Bevölkerung von fünfzigtausend Menschen nicht sehr stark zugenommen hatte. Von der Laburnum Lodge aus dauerte es fast zwanzig Minuten, um das Ufer zu erreichen, und es musste ein Hügel erklommen werden. An der Spitze des Abhangs hörten die höherklassigen Häuser auf; und nach einigen verstreuten Hütten fiel eine Fläche zerklüfteten Grases mit ein oder zwei Bänken zum Strand hin ab. Trotz seiner Kahlheit fand Mary den Ort entzückend; die Stille gefiel ihr. Sie wünschte sich oft, sie könnte alleine dorthin gehen.

Vom Arzt sahen sie nur wenig. Ab und zu kam er für etwa eine Stunde vorbei, und bei diesen Gelegenheiten blieb sie zunächst fern. Aber Frau Kincaid äußerte sich zu ihrem Ruhestand und sagte, das sei unnötig; und von da an blieb sie.

Sie hatte erst die Gelegenheit, allein draußen zu sein, als sie fast drei Monate hier war; und als Mrs. Kincaid eines Nachmittags fragte, ob es ihr etwas ausmachen würde, einen Roman aus der Leihbücherei für sie auszuwählen , ging sie gerne hin. Der Wunsch, *die Ära* zu sehen und Carews Aufenthaltsort herauszufinden, war zu stark geworden, um unterdrückt zu werden.

Sie überquerte den dazwischen liegenden Kirchhof und ging ungeduldig die High Street entlang; und als ich den Bücherstand am Bahnhof erreichte, kaufte ich ein Exemplar der aktuellen Ausgabe. Nur mit Mühe konnte sie sich davon abhalten, es auf dem Bahnsteig zu öffnen, aber sie wartete, bis sie in die kleine Gasse an der Seite des Bahnhofs abgebogen war und das Tor erreicht hatte, wo die Kohlenwagen aufhörten und ein grüner Fleck begann. Sie bezweifelte, dass die Truppe so lange auf Tour sein würde, aber die Zeitung würde ihr trotzdem etwas über seine Taten erzählen. Sie ließ ihren Blick eifrig über die Titel mit der Überschrift „Unterwegs" schweifen. Nein,

The Foibles war jetzt offensichtlich nicht draußen. War die Tour endgültig unterbrochen, fragte sie sich, oder gab es nur einen Urlaub? Anhand von Tonys Berufsausweis konnte sie schnell lernen. Wie gut kannte sie das Blatt! Das Blatt! Sie kannte die Kolumne, ihre Nummer in der Kolumne – wusste, dass sie auf „Farrell" folgte und vor „de Vigne " kam. Sie erinnerte sich sogar an die Woche, als er die billigeren Anzeigen in alphabetischer Reihenfolge aufgegeben hatte; er war für eine Rolle in einer Produktion gecastet worden. Sie erinnerte sich, dass sie gesagt hatte:

„Jetzt wirst du erschaffen", und er hatte lachend geantwortet: „Oh, ich muss eine halbe Krone im Wert von ‚erschaffen' haben!" Er hatte auf dem Sofa gelegen – wie kam ihr das alles wieder in den Sinn! Was machte er jetzt? Sie fand den Ort sofort:

„Mr. Seaton Carew,
der sich ausruht, übernimmt die Leitung der Tournee von Miss Olive
Westland am 4. August. Siehe Seite ‚Unternehmen'."

Sie waren verheiratet! Sie konnte nicht daran zweifeln. „Oh", murmelte sie, „wie ist er über mich hinweggegangen, dieser Mann! Um zwei- oder dreitausend Pfund willen, nur um ihres Geldes willen!" Sie suchte schwach nach der Firmenanzeige, auf die sie sich bezog, aber die Absätze schwammen ineinander, und es dauerte mehrere Minuten, bis sie sie finden konnte. Ja, hier war es: „ *The Foibles of Fashion* and Répertoire ", Eröffnung am 4. August." *Camille* , was? Sie lachte bitter. Er wollte Armand spielen; er wollte schon immer Armand spielen; jetzt konnte er es schaffen! „Unter der Leitung von Herrn Seaton Carew. Die Künstler wurden respektvoll darüber informiert, dass das Unternehmen vollständig ist. Alle Mitteilungen sind an Herrn Seaton, Carew, Bath Hotel, Bournemouth zu richten." Ach du lieber Gott!

Der Gedanke, dass er, während sie auf dem Dachboden gehungert hatte, sein Werben fortgesetzt hatte, der Gedanke daran, dass er sich in einer dieser schrecklichen Stunden, die sie durchgemacht hatte, für seine Hochzeit angezogen hatte, schmerzte ihr das Herz. Und jetzt, während sie hier stand, nannte er die andere Frau „Olive" und küsste sie. Sie umklammerte die Stange mit beiden Händen, ihre Brust bewegte sich stürmisch; es schien ihr, dass ihre Strafe mehr war, als sie ertragen konnte. War seine Sünde nicht schlimmer als ihre eigene? sie fragte; Doch welchen Preis würde er jemals dafür zahlen müssen? Höchstens vielleicht gelegentliche Unzufriedenheit! Niemand würde ihm ein bisschen die Schuld geben; Sein Vergehen wurde bereits von der Hand einer anständigen Frau geduldet. In den Augen der Frau war sie, Mary, natürlich eine Abenteurerin, die seine Schwäche ausgenutzt hatte, bis die Heldin auf der Bildfläche erschien, um ihm zurückzuerobern. Wie einfach war es, die Heldin zu sein, wenn man ein paar tausend Pfund für einen Ehering anzubieten hatte!

Sie ließ das Papier liegen, wo es hingefallen war, und ging in die Bibliothek. Als sie es verließ, traf sie Kincaid auf dem Weg zur Lodge. Er war ziemlich froh über das Treffen, der Mann, bei dem Frauen nur Patienten gewesen waren; Er hatte in letzter Zeit ein- oder zweimal das Gefühl gehabt, dass es angenehm sei, mit Miss Brettan zu sprechen .

„Hallo", sagte er mit seiner Stimme, die so wenig Beugung hatte; „Was hast du gemacht? Nach Hause gegangen?"

„Ich wollte ein Buch für Mrs. Kincaid besorgen", antwortete sie. „Sie hatte gehofft, dass du heute vorbeikommst."

„Ich wollte gestern kommen. Na, wie geht es dir? Immer noch zufrieden mit Westport? Noch nicht langsam müde?"

„Mir gefällt es sehr gut", sagte sie, „natürlich. Es ist eine tolle Veränderung gegenüber meinem Leben vor drei Monaten; ich wäre nicht sehr dankbar, wenn ich nicht zufrieden wäre."

„Das ist in Ordnung. Dein Kommen war eine gute Sache; meine Mutter sagte neulich Abend, es sei ein Stück Glück."

„Oh, ich bin so froh! Ich wollte wissen, ob ich – es getan habe!"

„Das ‚tun' Sie ungewöhnlich; ich habe sie schon lange nicht mehr so zufrieden gesehen. Sie sehen nicht sehr strahlend aus; geht es Ihnen gut?"

„Es ist die Hitze", sagte sie; „Ja, mir geht es ganz gut, danke; ich habe heute Nachmittag Kopfschmerzen, das ist alles."

Sie fragte sich, ob sich ihr Weg und der von Carew jemals wieder kreuzen würden. Wie schrecklich, wenn der Zufall ihn hierher ins Theater brachte und sie ihm in der High Street gegenüberstand!

„War meine Mutter heute nicht selbst draußen? Sie sollte das schöne Wetter nutzen."

„Ich habe sie im Garten gelassen; ich glaube, das gefällt ihr besser als Spaziergänge."

Und es könnte so leicht passieren! sie dachte nach. Warum nicht *dieses* Unternehmen unter den vielen Unternehmen, die nach Westport kamen? Sie hätte Angst, das Haus zu verlassen.

„Ich nehme an, als Sie zum ersten Mal hörten, dass es einen Garten gibt, erwarteten Sie Apfelbäume und Erdbeerbeete, nicht wahr?"

„Oh, ich weiß nicht. Es ist kein schlechter kleiner Garten. Wir haben gestern Abend Tee darin getrunken . “

Vielleicht ging sie mit Mrs. Kincaid spazieren und Tony und seine Frau kämen plötzlich um die Ecke. Und „Miss Westland“ würde verächtlich aussehen, und Tony würde zusammenfahren, und – und wenn sie weiß würde, würde sie sich selbst verabscheuen!

„Haben Sie? Sie müssen die alte Dame wiederbeleben? Ein gutes Geschäft, wenn sie sich auf so etwas einlässt!“

„Oh, drinnen war es stickig, und wir dachten, Tee draußen wäre schöner. Ich glaube, ich bin besser als niemand; für sie allein muss es ziemlich langweilig gewesen sein.“

„Ist das das Meiste, was Sie über sich selbst sagen können: ‚Besser als niemand‘?“

„Nun, ich habe keine gute Laune; manche Frauen lachen immer. Wir sitzen und lesen oder machen Handarbeiten; oder sie redet über dich und –“

„Und du langweilst dich? Das ist das Privileg einer Mutter, wissen Sie, jeden wegen ihres Sohnes zu langweilen; man darf nicht hart zu ihr sein.“

„Ich bin interessiert. Ich denke, es ist immer interessant, von der Arbeit eines Mannes in einem Beruf zu hören. Und dann war die Medizin meines Vaters.“

„Warst du das einzige Kind?“

„Ja. Ich war allerdings kein besonders gutes Kind! Meine Mutter starb, als ich noch sehr jung war, und dadurch habe ich viel gelernt. Die Praxis war nicht sehr gut – sehr lohnend, das heißt – und wenn … Dem Vater des Mädchens geht es nicht gut , sie wird früh eine Frau. Wenn ich jetzt einen Bruder gehabt hätte –“

„Wenn du einen Bruder gehabt hättest – was?“

„Ich dachte, es hätte vielleicht einen Unterschied gemacht . Nichts Besonderes. Ich glaube nicht, dass er finanziell hilfreich gewesen wäre; es hätte nichts gegeben, womit er anfangen könnte. Aber ich hätte einen Bruder gemocht.“ – eins älter als ich.“

„Ich glaube, du hättest den richtigen Mann aus ihm gemacht.“

„Ich dachte darüber nach, was er aus mir gemacht hätte. Ein Bruder muss eine große Hilfe sein; ein Junge bekommt Erfahrung, und ein Mädchen hat nur Instinkt.“

„Es ist eine ziemlich gute Sache, damit weiterzumachen.“

„Es braucht doch sicher Aufklärung, Doktor?“

„Es muss von einer Mutter erzogen werden. Die Hälfte der Frauen, die Kinder haben, ist nicht geeigneter, Mutter zu sein als – – Und man trifft auf alte Jungfern, die genau diese Qualitäten haben! Feines Material darf verschwendet werden!"

Der Eingang zu einem Häuschen, an dem sie vorbeikamen, stand offen und sie konnte in den Salon sehen . Auf dem Tisch standen Teetassen und ein Becher mit Wildblumen. An einem Gartentor schaukelte langsam ein Kind in einer rosafarbenen Schürze. Der Glanz des Tages hatte nachgelassen, und die Stadt lag sanft und gelb in der Ruhe des Sonnenuntergangs. Die schroffe Straße im Dunst, der darüber hing, strahlte eine gewisse Liquidität aus; Ein Hauch von Transparenz vergoldete seine Treppen, die Dachziegel der Häuser und die heimeligen Gesichter der Fischer, die vor ihren Türen herumlungerten. Dort saß ein Mädchen mit einem Netz zwischen den Stockrosen und verweigerte dem Jugendlichen, der neben ihr saß, ein Geständnis, schenkte ihm aber manchmal ein Lächeln, das das Netz nicht geweckt hatte. Die Melodie der Stunde verstärkte die Zwietracht in der Seele der Frau.

„Glauben Sie nicht –", sagte Kincaid.

Er drehte sich zu ihr um und schlenderte mit den Händen auf dem Rücken. Er redete mit ihr und sie antwortete ihm, bis sie das Haus erreichten.

KAPITEL VIII

Langsam stahl sich neuer Schwung in Kincaids Leben. Er fing an, mehr Lust darauf zu haben, zur Lodge zu gehen; zögerte oft, aufzustehen und „Gute Nacht" zu sagen; Ich fand sogar das Bild des kleinen, von Lampen erleuchteten Zimmers noch bei ihm, nachdem sich die Haustür geschlossen hatte. Früher waren die Besuche eher farblos gewesen . Trotz ihrer Zuneigung zu ihrem Sohn interessierte sich Frau Kincaid nur verhalten für die Karriere, die ihn beschäftigte. Sie war ein wenig stolz darauf, einen Arzt für ihren Sohn zu haben, aber sie hatte das Gefühl, dass sein Beruf ihnen wenig Gesprächsstoff bot, als er kam; und der Mann hatte das Gefühl, dass die Erkundigungen seiner Mutter über seine Arbeit oberflächlich waren. Eine dritte Stimme hatte viel zu den Besuchen beigetragen und die gewohnten Fragen und stereotypen Antworten zur Lebendigkeit des Gesprächs verholfen.

Kincaid versäumte es nicht, Miss Brettan für die hellere Atmosphäre der Villa zu danken. Doch der Winter stand vor der Tür, bevor er zugab, dass die Freude, die er an der Reise dorthin empfand, größtenteils auf die herzliche Zustimmung von Miss Brettan zurückzuführen war . Die Gemütlichkeit des Zimmers, mit zwei Frauen, die ihn anlächelten, wenn er eintrat – immer mit einer kleinen Überraschung, denn der Zeitpunkt seines Kommens war ungewiss – und Dinge für ihn besorgten und sich bedauerten, wenn er gehen musste, hatten einen Reiz gehabt dass er nicht analysiert hat . Nach und nach wurde ihm klar, wie viele seiner Meinungen sich an sie richteten. Seine einzige Freundschaft galt bisher Corri ; und Corri war nicht hier. Die Monate, in denen ihm seine herzliche Zuneigung zu Maria deutlich vor Augen geführt wurde und die eine Faszination ausübte, die vor allem auf ihre Unerwartetheit zurückzuführen war, waren vielleicht die glücklichsten, die er je erlebt hatte.

Die Entwicklung verlief nicht so erfreulich; aber es war glücklicherweise langsam. Er war früher als gewöhnlich zum Haus gegangen und die Frauen bereiteten sich auf einen Spaziergang vor. Mary stand am Kaminsims. Es gab etwas, was sie tun wollten; Sie sagte, sie würde es alleine machen. Er lehnte sich tief in einem Sessel zurück und beobachtete sie, während sie mit seiner Mutter sprach, beobachtete das Spiel ihrer Gesichtszüge und die schnelle Drehung ihrer Wange. Dann – es war die unbedeutendste aller Kleinigkeiten – zupfte sie eine Haarnadel aus ihrem Haar und begann, ihren Handschuh zuzuknöpfen. Als er sie betrachtete, wurde ihm klar, dass sie überaus liebenswert war. Sein Blick verweilte auf der zarten Rundung ihrer Figur, die durch die Beugung ihres Arms zum Ausdruck kam; Er bemerkte die Krummung des Kopfes und die zarte Gestaltung ihrer Ohren und ihres Halses. Diese Dinge waren für ihn völlig neu. Er wurde plötzlich von der

Magie ihres Geschlechts berührt. Die Bewunderung währte keine zehn Sekunden, und bevor er sie wiedersah, erinnerte er sich nur einmal ganz plötzlich daran. Aber die Entwicklung hatte begonnen.

Bei seinem nächsten Besuch suchte er nach diesen Schönheiten und fand sie. Da die Bewunderung dieses Mal freiwillig war, hielt sie länger an. Es wiederholte sich den ganzen Abend. Er entdeckte eine neuartige Vortrefflichkeit in ihrer Ausführung der einfachsten Akte und eine zusätzliche Freude daran, mit ihr zu reden.

Gedanken an sie kamen ihm jetzt, während er nachts in seinem Zimmer saß. Das kahle kleine Zimmer war Zeuge aller Phasen der Liebe des Mannes – ihrer Helligkeit und dann ihrer Bedenken. Er hatte keinen Vertrauten, an den er sich wenden konnte; Er hätte niemals über das Seltsame, das ihm widerfahren war, sprechen können, wenn er einen Vertrauten gehabt hätte. Er saß allein da und dachte an sie und fragte sich, ob Gott es ihr ins Herz legen würde, sich um ihn zu kümmern, und fragte sich in aller Demut, ob es ihm verordnet werden könnte, diese liebe Frau jemals in seinen Armen zu halten und sie „Frau" zu nennen. "

Er wäre nicht in der Lage, ihr Luxus zu bieten, und für ein paar Jahre konnte er ganz bestimmt nicht heiraten; aber er glaubte in erster Linie, dass er sie zumindest zufrieden stellen könnte; und als er darüber nachdachte, was sie für ihn aus dem Leben machen würde, lächelte er. Das Gehalt, das er von seinem Posten erhielt, war nicht sehr hoch, aber die Mittel seiner Mutter reichten für ihre Bedürfnisse aus, und er konnte fast das gesamte Geld beiseite legen. Er glaubte, dass er nach ein paar Jahren berechtigt sein würde, ein kleines Haus einzurichten, und dass er durch die Einführungen, die seine Ernennung ermöglichte, vernünftigerweise erwarten konnte, eine Praxis zu gründen. Am Anfang wäre es für sie natürlich etwas knapp, aber es würde ihr nichts ausmachen, wenn sie ihn mochte. Ich mag ihn! Kann es möglich sein? fragte er sich – Miss Brettan mochte ihn! Sie war so gelassen, so ruhig, dass sie jetzt so weit weg schien, dass er sie für sich haben wollte. Würde es wirklich jemals passieren, dass die Frau, deren Hand ihn nur aus Höflichkeit berührt hatte, eines Tages liebevolle Worte für ihn aussprach und „mein Ehemann" sagte?

Er kämpfte lange mit seiner Zärtlichkeit; Die Bedenken kamen schnell. Schließlich fühlte sie sich wohl, so wie sie war – sie war versorgt, sie hatte hier keine finanziellen Sorgen. Hatte er das Recht, sie anzuflehen, diese vergleichsweise Leichtigkeit und den Kampf an seiner Seite aufzugeben, der von den Sorgen eines prekären Einkommens unterdrückt wurde? Dann sagte er sich, dass sie vielleicht Patienten aufnehmen würden: Das würde das Einkommen erhöhen. Und sie war jetzt abhängig ; wenn sie ihn heiraten würde , wäre sie ihre eigene Geliebte.

Er wog alle Vor- und Nachteile ab; Er war kein Junge, der die Rücksichtslosigkeit der Maßlosigkeit als den Glanz der Hingabe bezeichnen würde. Er wog die Argumente auf beiden Seiten lange und sorgfältig ab. Wenn er sie bat, zu ihm zu kommen, sollte er davon überzeugt sein, dass er ihr kein Unrecht tat. Er erkannte, wie leicht es wäre, sich selbst zu täuschen und sich davon überzeugt zu fühlen, dass die Tatsache, dass sie sich in einer Situation befand, die Ehe für sie zu einem Fortschritt machte, unabhängig davon, ob sie gut oder schlecht geheiratet hatte. Er würde nicht ungeduldig handeln und ihr vielleicht das Leben verderben. Aber er war sehr ungeduldig. Monatelang verließ er die Loge und versuchte, die Bedeutung einer Antwort, die sie ihm gegeben hatte, einer Frage, die sie ihm gestellt hatte, zu erkennen. Es kam ihm so vor, als hätte er sie schon viel länger geliebt als zuvor; und er hatte keine Fortschritte gemacht. Es gab Momente, in denen er sich Vorwürfe machte, ungeschickt und dumm zu sein; Einige Männer an seiner Stelle, dachte er, hätten ihre Gefühle schon vor langer Zeit erraten.

Er stellte nie die Weisheit in Frage, sie aus eigenem Antrieb zu heiraten; das Privileg, sie bei Gesundheit zu pflegen und bei Krankheit zu pflegen, ihren Kopf an seiner Brust ruhen zu lassen und seine Hoffnungen ihrem Mitgefühl anzuvertrauen; Mit ihr durchs Leben zu gehen in einer Verbindung, in der sie ihm ihre ganze heilige und verborgene Identität schenken würde, erschien ihm als eine Freude, für die er nie weniger als zutiefst dankbar sein konnte, solange das Leben andauerte. Er staunte nicht mehr über die Geburt seiner Liebe, sie sah jetzt natürlich aus; Sie schien inzwischen ganz zu Westport zu gehören. Er kontrastierte die gegenwärtige Atmosphäre der Villa nicht mehr mit der tristen Atmosphäre, die sie verbannt hatte. Er hatte diese langweiligere Atmosphäre vergessen. Sie war da – es war, als wäre sie schon immer da gewesen. Es war seltsam , darüber nachzudenken, dass es eine Zeit gegeben hatte, in der er keine Mary Brettan gekannt hatte . Er wunderte sich, dass er das Verlangen nach ihr nicht verspürt hatte. Der Tag, an dem er sie in Corris Büro getroffen hatte, schien ihm im Nebel von mindestens fünf Jahren verschwommen zu sein. Das Äußere des Mannes und die Sehnsüchte in ihm – Kincaid, wie er sich selbst kannte, und der Arzt, wie er im Krankenhaus genannt wurde – waren so unterschiedlich, dass die Inkongruenz lächerlich gewesen wäre, wenn sie nicht schön gewesen wäre.

Als Mary sah, dass er begonnen hatte, sich um sie zu kümmern, erfüllte sie das größte Zittern der Unsicherheit, das sie seit ihrer Ankunft erlebt hatte. Sie hatte in der Zwischenzeit viele Katastrophen vorhergesehen und war von vielen Ängsten geplagt worden, aber dass Dr. Kincaid sich in sie verlieben könnte, war eine Möglichkeit, die ihr nie in den Sinn gekommen war. Es war so völlig unerwartet, dass sie eine Woche lang die Beweise ihrer Sinne in Misskredit gebracht hatte, und als die Wahrheit zu greifbar war, um noch länger mit der Wimper zu zucken, war ihre letzte Hoffnung, dass er beschließen würde, nie etwas zu sagen. Hier drehten sich die Meditationen des Mannes und der Frau um dasselbe Thema – beide drehten sich um die Ansprüche des Schweigens; aber aus unterschiedlichen Blickwinkeln. Seine Überlegung war, ob das Geständnis ihr gegenüber ungerecht sei; Sie bestätigte sich, indem sie ihm einen Widerwillen zuschrieb, sich einer Frau zu verpflichten, von der er so wenig wusste. Sie klammerte sich an diesen Zufluchtsort, den sie gefunden hatte; Ihre Weigerung, wenn er ihr tatsächlich einen Heiratsantrag machte, würde sicherlich dazu führen, dass sie darauf verzichtet. Mrs. Kincaid möchte vielleicht nicht, dass ihr Partner ihren Sohn heiratet, aber noch weniger möchte sie einen Partner behalten, der ihn abgelehnt hat. Es sei hier so friedlich gewesen, wie es für sie jetzt nur an einem anderen Ort sein könne, empfand Mary. Der Gedanke, erneut in den Kampf mit der Welt getrieben zu werden, machte ihr Angst. Sie fragte sich, ob Mrs. Kincaid „etwas bemerkt“ hatte; es war kaum zu glauben, dass sie es hätte vermeiden können; aber sie hatte keinerlei Anzeichen von Misstrauen gezeigt; ihr Benehmen war das gleiche wie immer.

Durch die Komplikation, die sie beunruhigte, erkannte die Frau, wie vorzeitig sie alt war. Ihr Mut war völlig verschwunden, sagte sie sich; Sie sagte, sie habe die Fähigkeit für eine nachhaltige Anstrengung überschritten; und es war eine Tatsache, dass der ereignislose Verlauf des Lebens, das sie geführt hatte und das angenehm war, weil es keine Energie erforderte, viel dazu beigetragen hatte, ihre Mattigkeit dauerhaft zu machen. Ihr Schmerz, seine Heftigkeit, hatte nachgelassen – sie konnte die Wunde jetzt berühren, ohne sich zu winden; aber es hatte sie bis zum Tod ermüdet zurückgelassen. Der Versuch zu vergessen war ihr ein Rätsel gewesen; Erinnerung war weiterhin ihr heimlicher Luxus; und die durch ihre Position ermöglichte Trägheit eignete sich so sehr für eine Doppelexistenz, dass es ihr selbst oft so vorkam, als würde sie intensiver in ihren Erinnerungen leben als im Verkehr mit ihrem Arbeitgeber.

Seit Beginn der Tournee, die im Herbst des Vorjahres begonnen hatte, hatte sie sich so regelmäßig wie möglich über Carews Bewegungen auf dem Laufenden gehalten. Für sie war es oft sehr schwierig, Zugang zu einer Theaterarbeit zu bekommen; aber im Allgemeinen schaffte sie es irgendwie, einen zu sehen, wenn nicht an dem Tag, an dem er die Stadt erreichte, dann später. Sie wusste, welche Rollen er spielte und wo er sie spielte. Es war eine krankhafte Faszination, aber die Tatsache, dass sein Name fast jede Woche erwähnt wurde, machte sie froh, dass er Schauspieler war. Wenn er ins Ausland gegangen wäre oder gestorben wäre, ohne dass sie sich dessen bewusst gewesen wäre, wäre ihre Situation ihrer Meinung nach zu schrecklich gewesen, als dass man sie in Worte fassen könnte. Sich diesen wöchentlichen Blick auf die Zeitung zu stehlen, war ihr wöchentlicher Aufflackern einer

Sensation; manchmal schien die Vergangenheit wieder aufzuwachen; Für einen Moment befand sie sich in der alten Umgebung.

Es hatte nur zwei Touren gegeben. Nach der zweiten hatte sie gespannt auf seine „Karte" geschaut. Drei Monate waren vergangen, und zwischen ihm und dem Namen seines Agenten war nichts außer der „Ruhe" hinzugekommen.

Nachdem sie Mrs. Kincaid eines Tages aus der Londoner Zeitung vorgelesen hatte, erfuhr sie einige weitere Neuigkeiten. Ein Wort aus dem Theaterklatsch war ihr aufgefallen, und ohne dass die Dame es bemerkte, zuckte sie heftig zusammen. Sie hatte „Seaton Carew" gesehen. Eine Minute lang konnte sie ihre Aufregung nicht ausreichend unterdrücken, um das Papier aufzuheben; Sie saß da und starrte darauf und konnte nichts entziffern. Dann erfuhr sie, dass Miss Olive Westland und ihr Mann, Mr. Seaton Carew, ermutigt durch ihre Erfolge in der Provinz, die Vorbereitungen für die Eröffnung des Boudoir Theatre am Ende des folgenden Monats getroffen hatten. Es wurde hinzugefügt, dass dieses in letzter Zeit unglückliche Haus stark verschönert worden sei, und ein Hinweis auf einen oder zwei bereits engagierte Künstler zeigte Mary, dass Carew mit großem Einsatz spielte.

Von nun an hatte sie eine neue Informationsquelle, und zwar eine, die problemlos erreichbar war, denn die Londoner Zeitung wurde täglich im Loge abgegeben. Als der Termin für die Aufführung näher rückte, war ihre Ungeduld, das Urteil zu hören, so groß geworden, dass die Wände des Landhauses sie einsperrten; Sie sah durch sie hindurch in die Stadt dahinter – sah eine zugige Bühne, auf der Carew eine Probe dirigierte.

Das Stück war gescheitert. An dem Morgen, als sie erfuhr, dass es gescheitert war, nahm sie stumm am Kummer über das Scheitern teil. „Ja" und „Nein", hatte sie geantwortet und mit den Augen ihres Herzens die Düsterkeit eines Gesichts gesehen, das früher an ihr eigenes gepresst war. Es war ihr egal, das schwor sie; Ihr einziges Gefühl im Hinblick auf das Unternehmen war Neugier gewesen. Wenn es mehr als nur Neugier gewesen wäre, würde sie sich selbst verachten!

Aber sie schaute sich jeden Tag die Boudoir-Werbung an. Und es dauerte nicht lange, bis ihr klar wurde, dass ein weiteres Unterfangen in Vorbereitung war. Und sie hielt weitere Wollknäuel in der Hand und beobachtete mit verschleiertem Eifer, wie sich diese Werbung wie ihre Vorgängerin entwickelte . Kürzlich war das Stück gewesen; vorgelegt, und sie hatte die Mitteilung in Anwesenheit von Frau Kincaid gelesen. Als sie damit fertig war , vermutete sie, dass Carews Hoffnungen ein Ende hatten; Wenn er nicht viel mehr Geld hätte, als sie vermutete, würde das Experiment im Boudoir zeigen; es war erschöpft. Auch zu seiner Leistung gab es nicht viel zu sagen;

er wurde wie seine Frau mit einem gleichgültigen Urteil entlassen. Das große Lob für seine schauspielerische Leistung hätte vielleicht zu Engagements in London geführt, aber seine Hoffnungen als Manager und auch als Schauspieler schienen gescheitert zu sein.

Als Kincaid eines Abends zum Haus ging, erzählte ihm der Diener, dass seine Mutter es getan hätte; war in ihr Zimmer gegangen und dass Miss Brettan bei ihr saß.

„Sagen Sie bitte, dass ich hier bin, und fragen Sie, ob ich hinaufgehen darf.“ Während er sprach, kam Mary die Treppe herunter.

„Ah, Doktor“, sagte sie; „Mrs. Kincaid ist zu Bett gegangen.“

„ Das habe ich gehört. Was ist mit ihr los?“

„Nur Neuralgie; sie hatte sie den ganzen Tag. Sie ist gerade eingeschlafen.“

„Dann sollte ich besser nicht hinaufgehen, um sie zu besuchen?“

„Ich glaube nicht, dass ich das tun würde. Ich bin gerade heruntergekommen, um ein Buch zu holen.“

„Wirst du bei ihr sitzen?“

„Ja; sie könnte aufwachen und etwas wollen.“

Sie standen im Flur vor der Salontür und redeten .

"Wo ist dein Buch?" er sagte.

„Drinnen. Es tut mir leid, dass Sie umsonst vorbeigekommen sind. Sie wird so enttäuscht sein, wenn sie davon hört. Darf ich ihr sagen, dass Sie morgen wiederkommen?“

irgendwann im Laufe des Tages vorbeischauen , wenn auch nur für einen Moment. Ich denke, ich werde mich noch eine Weile hinsetzen, bevor ich gehe.“

"Wirst du?" Sie sagte. "Wie bitte." Sie öffnete die Tür und er folgte ihr ins Zimmer.

„Es würde dir nichts ausmachen, wenn ich dich verlasse?“ Sie fragte; „Ich möchte nicht wegbleiben , für den Fall, dass sie aufwacht.“

Im Wohnzimmer war es fast dunkel ; Die Lampe war nicht angezündet und das Feuer war schwach. Ein wenig Schnee erhellte den Goldregen, der durch das Fenster sichtbar war. Es war ein Abend im Januar, und Mary war nun schon fast zwei Jahre in Westport.

„Kannst du es sehen, um es zu finden?“ er sagte. "Wo hast du es verlassen?"

„Es war auf der Anrichte. Ellen muss es wohl verschoben haben. Ich werde sie fragen, wo sie es hingelegt hat.“

„Nein, tu das nicht, ich werde die Lampe anzünden.“

Sie hob den Globus hoch, während er ein Streichholz anzündete. Es war sein letztes, und es ging aus.

„Macht nichts“, sagte er; „Wir holen uns ein Feuer vom Feuer.“

„Oh“, rief sie, „aber ich mache dir so viel Ärger; du solltest mich besser das Mädchen anrufen lassen!“

Eine Angst vor dem, was in dieser Dunkelheit passieren könnte, überkam sie. „Du solltest mich besser das Mädchen anrufen lassen“, wiederholte sie.

„Versuchen Sie zuerst, ob Sie damit ein Licht bekommen können“, sagte er – „versuchen Sie es dort, wo es rot ist.“

Sie beugte sich über den Rost, die Papierrolle in einer Hand und die andere auf dem Kaminsims. Er lehnte sich neben sie und rührte die Asche mit seinem Fuß um.

Es kam ihr in den Sinn, wie Tony an jenem Abend in Leicester dagestanden hatte und die Asche mit dem Fuß gerührt hatte, während er seine Neuigkeiten überbrachte. Eine schreckliche Angst durchströmte sie, von Kincaid wegzukommen, bevor er sie berühren konnte. Das Papier verkohlte und kräuselte sich, ohne dass es zu Flammen kam, und in ihrer Ungeduld hasste sie ihn für die Verzögerung. Sie hasste sich dafür, hier zu sein und in der Dämmerung mit einem Mann zu verweilen, der es wagte, auf die gleiche Weise für sie zu empfinden, wie Tony einst gefühlt hatte.

Sie erhob sich.

„Es nützt nichts, Doktor; Ellen wird es schließlich tun müssen.“

„Geh noch nicht“, sagte er; „Ich möchte mit Ihnen sprechen, Miss Brettan.“

„Ich kann nicht länger bleiben“, sagte sie. "ICH--"

„Gibst du mir eine Minute? Ich habe darauf gewartet, dir etwas zu sagen; ich habe schon lange darauf gewartet.“

Sie hob ihr Gesicht zu ihm. In den Schatten, die den Raum erfüllten, konnte er kaum mehr als ihre Augen erkennen.

„Sagen Sie es nicht. Ich glaube, ich kann es vielleicht erraten ... Sagen Sie es nicht, Dr. Kincaid!“

„Ja", beharrte er, „ich muss es sagen; ich muss es dir sagen, bevor ich deine Antwort akzeptiere, Mary. Meine Liebe, ich liebe dich."

Die Erinnerung erinnerte sie an die Szene, in der Tony das zum ersten Mal gesagt hatte.

„Wenn du dich nicht um mich kümmern kannst, musst du es mir nur heute Abend sagen; es soll dir niemals Sorgen bereiten – ich möchte nicht, dass meine Liebe für dich zu einer Sorge wird, sodass du es mir wünschst waren nicht hier. Aber wenn es dich ein bisschen interessiert ... wenn du denkst, dass du kommen könntest, wenn ich dich bitten könnte, zu mir zu kommen ... Oh mein Lieber, mein ganzes Leben lang werde ich da sein zärtlich zu dir – mein ganzes Leben lang!"

Er konnte ihre Augen nicht mehr sehen; Sie hatte den Kopf gesenkt und in ihrem Schweigen zitterte der große Mann.

Der Diener kam mit der Kerze herein und ließ die Jalousien herunter. Sie standen am Kamin und beobachteten sie stumm. Als die Jalousien heruntergelassen wurden, schaltete sie die Lampe ein; und das Zimmer war hell. Kincaid sah, dass Mary sehr blass war.

„Gibt es sonst noch etwas, Fräulein?"

„Nein, Ellen, danke; das ist alles."

"Maria?"

„Es tut mir so leid. Du weißt nicht, wie leid es mir tut!"

„Du könntest dich nie – nicht mal so wenig – um mich kümmern?"

„Nicht so: nein."

Er wandte den Blick von ihr ab – betrachtete den Stich, auf dem Wellington und Blücher sich auf dem Feld von Waterloo trafen; starrte auf den Filter auf der Anrichte, durch den das Wasser Tropfen für Tropfen fiel. Es schien, als wäre eine schwere Last auf ihn herabgeprallt, so dass er mühsam darunter atmete. Er wollte die Pause verkürzen, von der er wusste, dass sie sie anstrengen musste; aber ihm fiel nichts ein, was er sagen sollte, und er konnte sich auch nicht von ihren letzten Worten befreien, die ihm unaufhörlich wiederholt vorkamen. Er hatte das Gefühl, dass seine Hoffnung auf sie etwas Lebenswichtiges gewesen war und dass sie sie ausgemerzt hatte, um ihn mit einem neuen Anfang konfrontiert zu lassen – einem Anfang, der so seltsam war, dass Zeit vergehen musste, bevor ihm klar wurde, wie völlig seltsam er werden würde. Auch wenn er sich bemühte, sie anzusprechen, war es schwierig zu spüren, dass sie ihm immer noch sehr nahe stand. Ihre Töne blieben; ihr Kleid drängte sich immer mehr in sein Bewusstsein; aber durch ihre Anwesenheit hatte er das merkwürdige Gefühl, distanziert zu sein.

„Gute Nacht", sagte er plötzlich. „Du darfst dich davon nicht beunruhigen lassen , weißt du. Ich werde immer froh sein, dass ich dich mag; ich werde immer froh sein, dass ich es dir gesagt habe – ich habe gehofft, und jetzt verstehe ich. Es ist so viel besser zu verstehen." als weiterhin auf das zu hoffen, was niemals kommen kann.

Sie suchte mitleidig nach etwas Freundlichem; aber die Sinnlosigkeit der Phrasen machte ihr Angst.

„Ich sollte besser die Tür hinter dir schließen", murmelte sie, „sonst macht es Lärm."

Sie gingen auf den Flur hinaus und stellten sich gemeinsam auf die Stufe.

„Es fängt an zu schneien", sagte er; „Es sieht so aus, als würden wir einen schweren Sturz erleiden."

„Ja", sagte sie dumpf und blickte zum Himmel.

Sie streckte ihre Hand aus und sie lag für einen Moment in seiner.

„Na, dann nochmal gute Nacht."

„Gute Nacht, Dr. Kincaid."

Als er sich umdrehte, zeichnete sich ihre Silhouette vor dem Gaslicht der Halle ab. Dann zog sich ihre Gestalt zurück und die Sicht auf das Innere verengte sich – bis, während er zurückblickte, die Helligkeit völlig verschwand und die Tür geschlossen wurde.

KAPITEL IX

Und so war alles vorbei.

„Alles vorbei", sagte er zu sich selbst, „aus und vorbei, Philip. Bleib dran, Philip, kämpfe weiter!"

Aber es waren nur Worte – er konnte es noch nicht „kämpfen" ertragen. Auch das Wissen, dass er sie nie in den Arm nehmen würde, war nicht ganz der Kummer, der auf ihm lastete, als er durch die schlecht beleuchteten Straßen ging. Außerdem hatte er einen sehr grausamen Schmerz – den abstrakten Schmerz, für jemanden so klein zu sein, der ihm so viel bedeutete.

Er besuchte die noch wachen Patienten und versorgte die Wunden, die versorgt werden mussten. Er hörte die kleinen mürrischen Fragen und die dumpfen Beschwerden, genau wie am Abend zuvor. Die Krankenschwester ging mit ihrer Schirmlampe leise an den Schläfern vorbei und sprach ein- oder zweimal mit ihr. Und als der Mann nach getaner Arbeit des Arztes sein Zimmer erreicht hatte, dachte er an seine Hoffnungen vom Abend zuvor und saß mit den Ellbogen auf dem Tisch, während die Stunden schlugen, und erinnerte sich an das, was seitdem geschehen war.

Die Notwendigkeit, so schnell ins Haus zurückzukehren, um seine Mutter zu sehen, war äußerst widerwärtig; er sehnte sich danach, ihr zu entkommen. Und dann empfand er plötzlich Selbstvorwürfe für sie und dachte, es sei sehr schwer von ihm gewesen, seine Mutter zu vernachlässigen, um einer anderen Frau Unbehagen zu ersparen. Dennoch saß sein Widerwille vor der Aufgabe tief und ließ nicht nach, je näher der Nachmittag rückte. Ohne das gestrige Unwohlsein hätte er es nie geschafft, es zu überwinden.

Die Peinlichkeit, die er befürchtet hatte, konnte jedoch durch Miss Brettans Abwesenheit abgewendet werden.

Frau Kincaid sagte, dass es ihr heute wieder ganz gut gehe; Mary hatte ihr am Abend zuvor von seinem Anruf erzählt; Wie lange hatte er aufgehört?

„Oh, nicht sehr lange", sagte er; „Ist die Neuralgie ganz verschwunden?"

„Ich fühle mich danach ein wenig müde, das ist alles. Gibt es etwas Frisches, Philip?"

"Frisch?" er antwortete vage. „Nein, Liebes. Ich weiß nicht, dass es etwas ganz Frisches gibt."

„Du siehst selbst müde aus", sagte sie; „Ich dachte, dass du vielleicht beunruhigt bist?"

Sie dachte auch, dass Miss Brettan beunruhigt ausgesehen hatte, und ihr Instinkt deutete darauf hin, dass etwas passiert war. Die Überzeugung, dass ihr Sohn ihre Gefährtin lieb hatte, war schon seit einiger Zeit unausgesprochen in ihrem Kopf, und unter ihren ruhigen Fragen wühlte nun ein wenig Wehmut, weil sie das Gefühl hatte, dass man ihr nicht genug Wertschätzung entgegenbrachte, um ihr vertrauen zu können. Sie wollte ihm direkt sagen: „Philip, haben Sie Miss Brettan gesagt , dass Sie sie mögen, als ich letzte Nacht oben war?" aber er zögerte, neugierig zu wirken. Er hatte nie die geringste Ahnung, dass sie seine Liebe vermuten könnte, dachte jedoch darüber nach, dass es für Marias anhaltenden Frieden wünschenswert sei, dass seine Mutter niemals vermuten würde, dass er abgelehnt worden sei.

Es ist zweifelhaft, ob er ihr gegenüber jemals so zärtlich gewesen war wie in diesen Momenten, als er zugab, dass es unbedingt erforderlich sei, das Geheimnis vor ihr zu bewahren; und vielleicht hatte sich das Herz der Mutter noch nie so weit von ihm abgewendet, als sie erkannte, dass es ihr nie gesagt werden sollte.

Sie tauschten Gemeinplätze über das eine ernste Thema aus, das beiden im Kopf herumschwirrte. Von den beiden war die Frau die mühsamere ; und plötzlich merkte er, was für eine mühsame Arbeit es war, und seufzte. Sie hörte den Seufzer und hätte ihn wiederholen können, während sie traurig darüber nachdachte, dass die Anwesenheit ihres Begleiters jetzt erforderlich war, um ihm ihre Gesellschaft erträglich zu machen. Aber sie wollte sich nicht auf Maria beziehen. Sie beugte sich über ihre Wollarbeit, und die Nadel ging mit schwacher Regelmäßigkeit hinein und heraus, während sie ein gekränktes Schweigen bewahrte, was der Mann als Unwilligkeit zum Reden ansah.

Schließlich sagte er, er müsse gehen, und sie bot nicht an, ihn festzuhalten.

„Ich möchte mich heute Nachmittag beeilen; es macht dir nichts aus?"

„Nein", murmelte sie; „Du weißt besser als ich, was du zu tun hast, Philip."

Er bückte sich und küsste sie. Zum ersten Mal in ihrem Leben erwiderte sie seinen Kuss nicht. Sie reichte ihm ihre Wange und legte eine Hand leicht zitternd auf seine Schulter.

„Auf Wiedersehen", sagte sie; Ihr Ton war so sanft, dass ihm das Fehlen der Liebkosung nicht auffiel. „Arbeite nicht zu hart, Phil!"

Er tätschelte beruhigend die Hand und ließ sich hinaus. Dann kroch die Hand langsam zu ihren Augen und sie wischte ein paar Tränen weg. Die Wollarbeit hing auf ihrem Schoß, und sie saß da und erinnerte sich an einen kleinen Jungen, der immer von den wundersamen Dingen gesprochen hatte, die er für „Mutter" tun würde, als er ein Mann wurde, und der nun ein lebender Mann geworden war für eine fremde Frau und voller Liebe, die „Mutter" nur erahnen könnte.

Sie konnte Mary gegenüber nicht ganz so herzlich sein wie zuvor. Der Gedanke daran, dass sie das Vertrauen ihres Sohnes bewahrte, während sie selbst den Spekulationen überlassen blieb, ließ das Bedürfnis nach Vermutungen noch größer erscheinen. Und Philip war unglücklich: Ihr Begleiter musste ihm gegenüber gleichgültig sein; nichts anderes konnte die Unzufriedenheit oder die Zurückhaltung erklären. Sie hätte ihr verzeihen können, dass sie seine Zuneigung in Anspruch nahm – mit der Zeit; aber ihre Gleichgültigkeit war mehr, als sie verzeihen konnte.

Dennoch war dies die Frau, die er liebte – und sie bemühte sich , ihren Groll zu verbergen, so wie sie ihren Verdacht verborgen hatte. Dennoch war ihr Geschlechtsverkehr in der nächsten Woche weniger frei als sonst. Vielleicht war der Groll weniger leicht zu verbergen, oder vielleicht machte Marys Nervosität sie übermäßig empfindlich, aber es gab Pausen, die ihr als Zeichen der Verurteilung erschienen. Sie fühlte sich diese Woche äußerst unwohl. Manchmal wurde sie nur durch die Erinnerung daran abgeschreckt, das Geschehene zu verkünden und an die Gerechtigkeit des anderen zu appellieren, sie zu entlasten, weil es durchaus möglich war, dass das Geständnis die Wirkung haben könnte, einen Busch in einen Offizier zu verwandeln.

Sie konnte es nicht wagen, sich beim nächsten Arztbesuch noch einmal auf ihr Zimmer zurückzuziehen. Fast vierzehn Tage waren vergangen. Und sie zwang sich, sich mit ein paar Bemerkungen an ihn zu wenden. Er war nicht der Mann, der seine Gefühle erfolgreich durch Smalltalk verbergen konnte; sein Leben hatte ihn dafür nicht qualifiziert; und es war eine Tortur für ihn, dort in der Gegenwart Marias zu sitzen und Zeuge von Versuchen zu werden, bei denen er sich für ungeeignet hielt, mitzuarbeiten. Sein Wissen, dass die vorgetäuschte Leichtigkeit von ihm selbst und nicht von ihr hätte ausgehen sollen, ließ seine Unfähigkeit zusätzlich unhöflich erscheinen, und er fürchtete, sie könnte ihn für unhöflich halten, und neigte dazu, seine Enttäuschung zur Schau zu stellen, um ihr Mitgefühl zu erregen.

Da er eine Unterbrechung des gesellschaftlichen Alltags unbedingt vermeiden wollte, wurden seine nächsten Besuche daher in längeren Abständen durchgeführt und oft mit dem Vorwand der Arbeit verkürzt. Es war ihm jedenfalls noch unmöglich, sich ihr gegenüber so zu verhalten, als wäre nichts Ungewöhnliches geschehen, und das Haus eine Zeit lang zu meiden, erschien ihm klüger, als es mit offensichtlicher Verunsicherung zu heimsuchen. Somit hatte die Zurückhaltung, die Mrs. Kincaid sich selbst auferlegte, eine weitere Last zu tragen: Miss Brettan hielt ihren Sohn von ihrer Seite. Die Pausen wurden häufiger und für Mary bedrohlicher denn je.

Während die Mutter traurig über die Folgen ihrer Verlobung nachdachte, fragte sich die Gefährtin selbst, wie lange sie wohl noch daran festhalten würde. Sie begann darüber nachzudenken, ob sie darauf verzichten sollte, um der Demütigung einer Entlassung zu entgehen. Und selbst wenn Mrs. Kincaid den Grund für die Abwesenheit ihres Sohnes nicht ahnte, war die Verantwortung dieselbe, überlegte sie. Sie war es, die das Paar trennte, sie war verantwortlich für den verletzten Ausdruck, den das Gesicht der alten Dame jetzt so oft zeigte. Sie fühlte sich müde darüber, dass Frauen im Leben viel zu ertragen hatten, mit den Männern, die ihnen am Herzen lagen, und den Männern, die ihnen egal waren. Es schien keine Privilegien hinsichtlich ihres Geschlechts zu geben; Weiblich zu sein vergrößerte nur den Spielraum für Verärgerung. Eine Tatsache, die sie nicht sah, war, dass eines der erbärmlichsten Dinge im Zusammenhang mit dem ungeliebten Liebhaber die Gereiztheit ist, mit der die Frau so oft an ihn denkt.

Mit welchen Gefühlen sie Kincaid zugehört hätte, wenn sie ihn vor ihrer Intimität mit Carew kennengelernt hätte, lässt sich nur vermuten. Jetzt berührte er sie überhaupt nicht; Aber die Intimität war eine Erfahrung gewesen, die so viel von ihrer Sensibilität verschlungen hatte, dass sie als ein anderes Wesen daraus hervorgegangen war. Kincaids Rivale war in Wahrheit der Mächtigste, der sich jemals einem Liebhaber widersetzen konnte; die Rivalin der ständigen Erinnerung – immer eine tapfere Gegnerin und nie so uneinnehmbar wie dann, wenn die Frau instinktiv eine tugendhafte Frau ist und sich in den Mann verliebt hat, an den sie sich erinnert.

Mary kam auf den Gedanken, nach einer Gelegenheit zu suchen, dem Arzt mitzuteilen, dass er seiner Mutter Schmerzen bereitete, weil er jetzt so selten kam; Aber eine solche Gelegenheit war nicht leicht zu bekommen, denn als er kam, war natürlich seine Mutter anwesend. Sie dachte daran, zu schreiben, aber ein mündlicher Hinweis würde genügen, während ein Brief unter den gegebenen Umständen seine Unbeholfenheit hätte.

Es waren mehr als zwei Monate vergangen, als Frau Kincaid ihre Beschwerde einreichte. Es war an einem Sonntagmorgen. Maria stand vor dem Fenster und schaute hinaus, während die ältere Frau trübsinnig auf ihrem gewohnten Platz saß.

„Gehen wir in die Kirche?" fragte Maria.

„Ja, das denke ich. Es ist ja noch genug Zeit, nicht wahr?"

„Oh ja, es ist noch früh – nicht einmal zehn. Was für ein schöner Tag! Der Frühling hat begonnen."

„Ja", stimmte der andere abwesend zu.

Es herrschte eine kurze Stille und dann:

„Ich werde nicht Gefahr laufen, Dr. Kincaid zu verpassen, wenn ich ausgehe; davor brauche ich keine Angst zu haben!" Sie hat hinzugefügt.

In ihrer Stimme klang so viel mehr Pathos als Gereiztheit, dass ihre Begleiterin nach dem Augenblick der Bestürzung tiefes Mitleid mit ihr empfand.

„Die Zeit eines Arztes ist kaum seine eigene, oder?" sie murmelte und drehte sich um.

Mrs. Kincaid antwortete nicht sofort, und die Verzögerung schien Mary die Schwäche ihrer Antwort noch zu verstärken.

„Ich meine", sagte sie, „dass es nicht so ist, dass er das Krankenhaus jederzeit verlassen konnte. Es mag Fälle geben –"

„Früher konnte er oft kommen; warum sollte er das jetzt nicht können?"

„Ja--", stockte Mary.

„Ich habe ihn nicht gefragt; es ist natürlich ein guter Grund, der ihn von mir fernhält. Aber wenn man in der gleichen Stadt lebt wie sein Sohn, ist es schwer, ihn nicht länger als eine Stunde bei sich zu haben." einen Monat. Ich sehe in letzter Zeit nicht viel mehr von ihm. Als er das letzte Mal kam, blieb er zwanzig Minuten. Das Mal zuvor sagte er, er sei in Eile, bevor er sagte: „Wie geht es dir?" Er hat seinen Hut nie abgelegt – das ist Ihnen vielleicht aufgefallen?"

„Ja, das ist mir aufgefallen", gab Mary zu.

„Du weißt es; oh, du weißt es!" sie weinte innerlich und ihr wurde schwer ums Herz. „ Was soll ich *nun tun*?"

„Glauben Sie nicht, dass ich ihm die Schuld gebe", fuhr Mrs. Kincaid fort, „ich gebe niemandem die Schuld; der Grund mag in der Tat sehr schwerwiegend sein. Nur erscheint es ziemlich unfair, dass ich dafür leiden muss, wenn man bedenkt, dass ich es nicht tue." Ich höre nicht, was es ist.

„Warum sprechen Sie dann nicht mit Dr. Kincaid? Wenn er versteht, dass Sie seine Abwesenheit so stark gespürt haben, können Sie sicher sein, dass er versuchen würde, öfter zu kommen. Warum sagen Sie ihm nicht, dass Sie ihn vermissen?"

„Ich werde meinen Sohn nie wegen seiner Besuche verklagen", sagte die alte Dame mit einem Anflug von Würde, „und ich werde ihn auch nicht fragen, warum er wegbleibt. Das ist ganz seine eigene Angelegenheit. In meinem Alter beginnen wir zu erkennen, dass es unsere ist." Kinder haben Rechte, in die wir nicht eindringen dürfen – Geheimnisse, die uns offen oder gar nicht erzählt werden müssen. Wir fangen an, es zu erkennen, aber wir sind alt dafür. Da, mein Lieber, lass uns nicht darüber reden Es ist kein angenehmes Thema. Ich denke, wir sollten uns besser anziehen.

Mary sah sie hilflos an; In ihrem Ton lag eine Endgültigkeit, die jede Möglichkeit eines Vorstoßes ausschloss. Es war mehr denn je offensichtlich, dass die Aufgabe, ihm gegenüber Vorwürfe zu machen, Maria selbst oblag, und sie beschloss, ihm noch am Nachmittag zu schreiben. Kurz nach dem Abendessen ging Mrs. Kincaid in den Garten, und Mary, die im Salon auf sich allein gestellt war , rückte ihren Stuhl an den Schreibtisch. Sie würde ein paar Zeilen schreiben, dachte sie, wie ungeschickt sie auch sein mochte, und sie sofort abschicken. Dennoch waren es keine leicht zu schreibenden Linien, und sie knabberte im Verlauf ihrer Komposition viel an ihrer Feder; Das Selbstbewusstsein, das einige der Sätze durchdrang, war zu deutlich. Als die Notiz endlich fertig war, steckte sie sie in ihre Tasche und sagte zu Frau Kincaid, dass sie gerne spazieren gehen würde.

„Oh, auf jeden Fall; warum nicht?"

„Ich dachte, vielleicht willst du mich."

„Nein", sagte Frau Kincaid; „Ich werde sehr gut zurechtkommen – ich arbeite im Garten."

Sie war tatsächlich fröhlicher als seit einiger Zeit, beschäftigte sich zwischen den Veilchen und beugte sich über die Krokusse, um den Boden wegzuräumen.

„Gehen Sie mit", fügte sie hinzu und nickte über ihre Schulter; „Ein Spaziergang tut gut!"

Obwohl nur der Wunsch geäußert worden war, den Brief nicht einer Dienerin zu geben, dachte Mary, dass sie die Chance genauso gut nutzen könnte; und vom Postamt schlenderte sie bis zum Strand. Dann kam ihr der Gedanke, dass der Arzt heute Nachmittag seinen überfälligen Besuch abstatten könnte, und es tat ihr leid, dass sie ausgegangen war. Der umständliche Brief hätte entfallen können – sie hätte mit ihm sprechen können, bevor er zu seiner Mutter in den Garten ging! Sie drehte sich sofort um – und als sie sich der Hütte näherte, sah sie, wie er sie verließ. Sie trafen sich keine fünfzig Meter von der Tür entfernt.

„Na, hat Ihnen der Spaziergang gefallen – Sie waren noch nicht sehr weit?" er sagte.

„Nicht sehr", sagte sie; „Ich habe es mir anders überlegt. Wie hast du deine Mutter gefunden?"

„Sie war auf dem nassen Boden herumgestolpert, was nicht gerade klug von ihr war. Warum fragst du?"

„Oh, ich … Sie hat dich ein wenig vermisst, glaube ich; sie möchte dich öfter dort haben."

"Oh?" er sagte; „Es tut mir sehr leid. Bist du sicher?"

„Ja, da bin ich mir sicher. Es ist mehr als nur ein bisschen, dass sie Sie vermisst. Tatsächlich habe ich Ihnen gerade erst geschrieben, Dr. Kincaid."

„Für mich? Was – damit?"

"Ja."

„Ich wusste es nicht", sagte er; „Ich hätte nie gedacht, dass sie mich so vermissen würde. Das war sehr nett von dir."

„Ich wollte schon früher mit Ihnen darüber sprechen. Ich habe schon seit einiger Zeit gesehen, dass sie verzweifelt war."

„Hat sie etwas gesagt?"

„Sie hat es erst heute Morgen erwähnt, aber mir ist es aufgefallen."

„Es war sehr nett von Ihnen", wiederholte er; „Ich bin Ihnen sehr dankbar."

Beide litten leicht unter dem Bewusstsein der Unterdrückung; und nach ein paar Sekunden sagte sie kühn:

„Dr. Kincaid, wenn Sie mit der Absicht, mir eine Peinlichkeit zu ersparen, fernbleiben, dann bitte ich Sie, das nicht zu tun."

„Natürlich", sagte er, „ich dachte, es wäre dir lieber, wenn ich nicht mitkomme."

„Aber glaubst du, dass ich zustimmen kann, dich vom Haus deiner Mutter fernzuhalten? Du musst sehen … die Verantwortung dafür! Was ich gerne wissen würde, ist, ob du nur meinetwegen fernbleibst?"

„Ich wollte dir meine Sorgen nicht aufdrängen."

„Nein", sagte sie; „Das ist nicht das, was ich meine. Ich bin froh, dass ich dich kennengelernt habe. Ich möchte offen mit dir sprechen. Ich habe gedacht, dass es dir vielleicht wehgetan hat, zu kommen; dass meine Anwesenheit mich daran erinnert hat – dass es dir nicht gefallen hat." ? Wenn das so ist –"

„Ich glaube, Sie übertreiben die Wichtigkeit der Sache! Es ist sehr nett und weiblich von Ihnen, aber Sie machen sich umsonst unglücklich. Ich hatte in letzter Zeit viel zu tun – in Zukunft werde ich häufiger hingehen." ."

„Ich fühle mich sehr schuldig", antwortete sie. „Wenn ich Recht habe, wenn ich denke, dass es für Sie angenehmer wäre, wegzubleiben, als dorthin zu gehen und mich zu besuchen, ist mein Kurs klar. Es ist nicht mein Zuhause, wissen Sie; ich bin in einer Situation, und ich kann sie aufgeben." ."

„Du darfst nicht so reden. Ich muss einen großen Fehler gemacht haben, um dich auf diese Idee zu bringen. Lass uns nicht hier stehen bleiben! Würde es dir etwas ausmachen, ein wenig umzudrehen? Wenn das, was ich dir gesagt habe, dich zwingen würde, Westport zu verlassen, Ich sollte mir dafür bittere Vorwürfe machen.

Sie schlenderten langsam die Straße entlang; und während einer Minute suchte jedes der beiden nach Phrasen.

„Es ist sicher", sagte sie plötzlich, „dass es völlig falsch ist, dass ich die Begleiterin deiner Mutter bin! Wenn ich nicht im Haus wäre , würdest du genauso dorthin gehen wie früher. Ich werde dieses Gefühl nicht los."

„Aber ich *werde* genauso dorthin gehen wie früher. Das habe ich gesagt."

„Ja", murmelte sie.

„Befriedigt dich das nicht?"

„Du wirst gehen, aber Tatsache bleibt, dass du es lieber nicht möchtest; und der Grund für deine Zurückhaltung ist meine Anwesenheit dort."

„Sie sind es, die auf der Zurückhaltung bestehen", wandte er ein; „ *Ich habe* nicht gesagt, dass ich zurückhaltend bin. Ich dachte, es wäre dir lieber, wenn ich dir eine Weile aus dem Weg gehe; persönlich —"

"Oh!" Sie sagte: „Glauben Sie, ich habe es nicht gesehen? Ich weiß sehr gut, dass die Position falsch ist!"

„Ich habe dir gesagt, dass ich dir nie Sorgen machen würde", sagte er demütig; „Ich habe versucht, mein Wort zu halten."

„Du warst äußerst rücksichtsvoll; die Schuld liegt bei mir. Ich hätte die Stelle am Tag, nachdem du mit mir gesprochen hast, kündigen sollen."

„Ich glaube nicht, dass mir das viel geholfen hätte. Du musst verstehen, dass eine solche Veränderung das Allerletzte war, was meine Liebe bewirken sollte."

Bei dem Wort „Liebe" zuckte die Frau ein wenig zusammen, und er selbst war nicht ohne Empfindung gewesen, als er es ausgesprochen hatte. Das Geräusch war für beide laut. Aber für sie verstärkte es das Gefühl der Unbeholfenheit, während es für den Mann schien, als würde es sie einander näher bringen.

„Es war sehr dicht von mir", fuhr er fort; „Aber trotz all der Konsequenzen, die ich vorhergesehen habe, als ich mit Ihnen gesprochen habe, habe ich die,

die passiert sind, nie in Betracht gezogen. Ich fragte mich, ob ich berechtigt war, Sie zu bitten, ein komfortables Leben für ein Zuhause aufzugeben, das ich bieten konnte; ich überlegte ein halbes Dutzend Dinge; aber dass ich das Haus für dich unerträglich machen könnte, habe ich übersehen. Jetzt, da dein Interesse die ganze Zeit im Herzen lag, habe ich dich verletzt! Ich kann dir nicht sagen, wie leid es mir tut, das zu erfahren. "

„Es ist nicht unerträglich", sagte sie; „„unerträglich' ist viel zu stark. Aber ich sehe meine Pflicht, und ich weiß, dass es das Richtige ist, wenn ich weggehe; deine Mutter würde dich dann haben, wie sie dich haben sollte. Solange ich aufhöre, kann es nie sein wirklich kostenlos für jeden von euch. Und natürlich weiß sie es!"

„Glaubst du, dass sie das tut?" er rief aus.

„Sind Frauen blind? Natürlich weiß sie es! Und was kann sie für mich empfinden? Nur die Zuneigung, die sie zu dir hegt, hindert sie daran, mich zu entlassen."

„Oh, nicht!" er sagte. „Ich entlasse dich!"

„Was bin ich? Ich bin nur ihr Diener. Scheuen Sie sich nicht vor Fakten, Dr. Kincaid; ich bin die Begleiterin Ihrer Mutter, eine Frau, die Sie vor zwei Jahren noch nie gesehen haben. Es wäre viel besser für Sie gewesen, wenn du hattest mich überhaupt noch nie gesehen!"

mich gewesen wäre ", erwiderte er unsicher; „Ich hätte dich lieber so gekannt, als dass wir uns nie getroffen hätten. Für dich selbst vielleicht –"

"Stille!" sie unterbrach; „Keiner von uns kann vergessen, was unser Treffen war. Ich selbst verdanke mein ganzes Leben der Begegnung mit Ihnen; deshalb ist das Ergebnis so abscheulich – so eine Schande! Ich habe nicht viel gesagt, aber ich erinnere mich jeden Tag daran was ich dir schulde. Ich weiß, dass ich dir genau die Kleidung schulde, die ich trage.

"Ach! Um Gottes willen!" er murmelte.

„Und meine Vergeltung besteht darin, dich unglücklich zu machen – und sie unglücklich. Das ist edel!"

Ihr Tempo beschleunigte sich, und sie aufgeregt zu sehen, wirkte sehr stark auf ihn. Er sehnte sich danach, sie zu trösten, und da dies aufgrund der unterschiedlichen Gefühle ihrer beiden nicht möglich war, war der Anblick ihrer Rührung noch schmerzlicher. Noch nie hatte er die Hoffnungslosigkeit seiner Zuneigung so schwer empfunden wie jetzt, wo er sie dadurch verstört sah und gleichzeitig erkannte , dass es ihn daran hinderte, ihr Trost zu spenden. Sie gingen weiter und blickten starr vor sich auf die Aussicht auf die geschlossenen Läden und die Sonntagsstille, bis er schließlich mit Mühe sagte:

„Wenn du gehen würdest , würdest du mich unglücklicher machen als je zuvor."

Sie antwortete nicht darauf; und nach einem Blick auf das problematische Profil:

„Ich bin bereit, zu tun, was immer Sie wollen", fügte er hinzu; „Was auch immer die Lage für Sie am einfachsten macht. Es scheint, dass es mir mit den besten Absichten nur gelungen ist, Sie beide zu verärgern. Aber das Unrecht meiner Mutter kann wiedergutgemacht werden, und wenn ich Sie vertreibe, werde ich es schaffen hat nachhaltigen Schaden angerichtet... Warum sagst du nicht, dass du bleiben wirst?"

„Weil ich mir da nicht sicher bin. Ich kann es nicht bestimmen."

„Ihr Einwand war die Einbildung, dass Sie dafür verantwortlich seien, dass ich sie so selten sehe; ich habe versprochen, sie so oft wie möglich zu sehen."

Sie biss sich auf die Lippe. Sie sagte nichts.

„Ich kann nicht mehr tun – oder?"

„Nein", gestand sie.

„Was ist dann los?"

„Die Sache ist, dass –"

"Was?"

„Du zeigst mir mit jeder Minute deutlicher, dass ich gehen *sollte* ."

Etwas an der Dummheit, mit der die Ankündigung aufgenommen wurde, verriet ihr, wie unerwartet sie gekommen war. Und tatsächlich war es das Schwerste, was er ertragen musste, zu hören, dass seine Liebe, von ihm selbst unbemerkt, gegen ihn gekämpft hatte. Der Mann war sich bewusst, dass jeder Vorwurf, der ihm entging, sie noch weiter entfremden würde, und fühlte sich hilflos. Sie überquerten jetzt den Kirchhof und sie sagte etwas darüber, dass es unmöglich sei, noch weiter zu gehen.

„Nun, da Sie öfter kommen werden, war unser Gespräch nicht nutzlos!"

„Warte eine Sekunde", sagte er. Er blieb an der Veranda stehen und sah sie an. „Ich kann dich nicht so zurücklassen. Mary-—!"

"Oh!" Sie stockte: „Sag nichts – tu es nicht!"

„Ich muss. Was ist das Gute? – Ich halte alles zurück, und du weißt es immer noch! Du wirst es immer wissen. Nichts hätte ehrlicher gemeint sein können als meine Versicherung, dass ich dir niemals Kummer bereiten würde, und das habe ich gebracht Kummer. Schauen wir der Sache direkt in die Augen: Du wirst nicht meine Frau sein, aber du brauchst nicht wegzugehen. Was würdest du tun? Wen kennst du? Wenn ich meinen Verlust von dir außer Frage stelle, denke daran mein Selbstvorwurf!"

In der Kirche erklang plötzlich ein Hymnus von Kinderstimmen, etwas gedämpft durch die geschlossene Tür, aber immer noch zu nah, um ganz schön zu sein. Sie stand mit abgewandtem Gesicht da und starrte über das struppige Gras, das der Wind zwischen den Grabsteinen leicht bewegte.

„Lassen Sie uns die Sache einmal genauer betrachten", sagte er noch einmal. „Wir erinnern uns beide daran, dass ich dich liebe – es bringt nichts, so zu tun. Wenn die Umstände anders wären und du irgendwohin gehen könntest, hätte ich weniger Recht, mich einzumischen; aber so wie es ist, wäre dein Weggang eine ständige Schande für mich." . Die ganze Zeit sollte ich denken: „Sie hatte ihren Frieden in einem Heim, und du hast sie daraus vertrieben!" Zu sehen, wie die Frau, die ihm am Herzen liegt, weggeht, schutzlos, unter Fremden, und vielleicht das Nötigste zu haben – was für ein Mann könnte das ertragen?, sollte sich anfühlen, als hätte ich dich vor die Tür gesetzt." Ein plötzliches Zittern erfasste sie; sie zitterte.

„Setzen Sie sich", sagte er autoritär. „Wir müssen uns verständigen!"

Aber sein Protest wurde nicht sofort fortgesetzt, und im Schutz der Veranda waren beide nachdenklich. Schließlich war sie die Erste, die wieder sprach.

„Sie überreden mich, ein großer Feigling zu sein", sagte sie; „Und ich bin im besten Fall keine sehr mutige Frau. Wenn ich das Richtige tue, kann es sein, dass ich dir für eine Weile Schmerzen bereite, aber ich werde dir das Unglück ersparen, das du haben wirst, wenn du mich weiterhin triffst."

„Du denkst an mein und ihr Glück, aber nicht an dein eigenes. Und warum? – du würdest mir nichts ersparen."

„Du wirst nie zufrieden sein. Oh ja, lass uns ehrlich zueinander sein, da hast du recht! Deine Befürchtungen mir gegenüber sind wahr genug; aber im Grunde bist du darauf bedacht, dass ich aufhöre, damit du mich noch siehst. Und Was wird daraus? Ich kann dich niemals heiraten, niemals; und du wirst elend sein. Wenn ich dir die Chance geben würde, zu vergessen –"

„Ich werde nie vergessen, ob du anhältst oder ob du gehst."

„Das *musst du* vergessen!" Sie weinte. „Du musst mich vergessen, bis es ist, als hättest du mich nie gekannt. Ich werde nicht mit dem Wissen belastet werden, dass ich dein Leben verderbe. Das werde ich nicht!"

"Maria!" sagte er appellierend.

„Oh", rief sie, „es ist grausam! Ich wünschte bei Gott, ich wäre gestorben, bevor du mich geliebt hast!"

„Du weißt nicht, was du sagst! Du gibst mir das Gefühl – Warum", forderte er leise, „Warum konnte es niemals rechtzeitig sein, wenn du bleibst? Ich werde nie darüber sprechen." mehr, bis du es zulässt, kein Zeichen wird dir sagen, dass ich warte; aber nach und nach – wird es immer unmöglich sein? Liebste, es hält mich so fest, meine Liebe zu dir. Sei nicht härter als du Bedürfnis; es ist so real, so tief. Verweigere mir nicht das Recht zu hoffen – im Geheimen, allein; es ist alles, was ich habe, alles, was ich jahrelang von dir verlangen werde, wenn du so willst – das Recht zu denken, dass du es bist Vielleicht werde ich eines Tages meine Frau . Lass mich das!"

„Ich kann nicht", sagte sie mit belegter Stimme; „Es wäre eine Lüge."

„Du könntest dich nie um mich kümmern – nicht so sehr, dass *ich mich* um *dich kümmern würde* ?"

Eine Bewegung antwortete ihm und sein Kopf wurde gesenkt. Er saß da, das Kinn auf die Handfläche gestützt, und beobachtete das ruhelose Arbeiten ihrer Hände in ihrem Schoß. Die Schlussworte der Hymne kamen beiden deutlich in den Sinn, und sie lauschten, bis die Stille einbrach, ohne zu wissen, dass sie zuhörten.

„Darf ich Sie etwas fragen? Sie wissen, dass ich Ihr Vertrauen respektieren werde. Liegt es daran, dass Ihnen ein anderer Mann am Herzen liegt?"

„Nein, nein", sagte sie vehement, „das ist mir egal!"

„Gott sei Dank dafür! Es gibt zwar niemanden, den du besser magst, aber du wirst die Frau sein, die ich will und auf die ich bis zum Ende warte."

Ihre Hände lagen still; Endlich stand sie vor dem Zwang zum Bekenntnis. Das anzuhören und es zu billigen, indem man ihn unaufgeklärt ließ, wäre ein Unrecht, über das sie nicht nachzudenken wagte; und unter der Notwendigkeit, zu verkünden, dass ihre Gefühle niemals Einfluss auf die Angelegenheit haben könnten, wurde ihr kalt und feucht. Zweimal versuchte sie die erforderliche Endgültigkeit zu erreichen, und zweimal öffneten sich ihre Lippen lautlos.

„Dr. Kincaid –"

Er hob den Blick zu ihr und der Mut schwand.

„Glauben Sie nicht", sagte er, „dass es Ihnen jemals leid tun wird, dass Sie mir das erzählt haben. Sie haben einfach eine Angst beseitigt. Ich bin Ihnen dankbar "

„Oh“, murmelte sie mit erstickender Stimme, „das macht keinen Unterschied. Wie soll ich das erklären – warum verstehst du das nicht?“

„Was sollte ich verstehen?“

„Du darfst nicht dankbar sein, du irrst dich. Niemals auf der Welt, solange wir leben! Da war jemand anderes; ich –“

„Sei offen zu mir“, sagte er streng; „Um fair zu sein, lasst uns Klarheit und Wahrheit haben! Du hast gerade erklärt, dass dir niemand etwas bedeutet?“

„Nein“, keuchte sie, „das habe ich gesagt – ich meinte, es wäre mir egal. Es ist mir egal – es interessiert uns auch nicht; er weiß nicht, ob ich am Leben bin, aber … da war einmal ein anderer Mann.“ , Und--"

„Oh mein Gott, willst du mir sagen, dass du verheiratet bist?“

Sie schüttelte den Kopf. Seine Augen durchbohrten sie; sie spürte sie an sich, wohin sie auch blickte.

„Dann sprich und fertig! ‚Da war noch ein anderer Mann.‘ Was mehr?"

Plötzlich hatte die erste Angst seine Adern erfasst, und obwohl er sich nur einer vagen Unterdrückung bewusst war, fürchtete ihn bereits die Vorfreude auf das, was er hören würde.

„‚Da war noch ein anderer Mann‘“, wiederholte er heiser. „Was ist mit ihm?“

Sie beugte sich vor und beugte sich vor, so dass ihr Gesicht völlig verborgen war. Mit der Stille, die in der Kirche herrschte, war die Szene stiller als zuvor, und die Stille in der Luft verstärkte ihre Schwierigkeiten beim Sprechen. Sie bemühte sich, aus ihrer Verwirrung einen Ausdruck zu finden, um ihre Unreinheit auszudrücken, aber alle Begriffe sahen gleichermaßen schamlos und unaussprechlich aus; und die Mühe ging weiter, bis sie, schwach von der Anspannung der Pause und dem heftigen Herzschlag, fast unhörbar sagte:

„Ich habe drei Jahre mit ihm zusammengelebt.“

KAPITEL X

Sie hörte, wie er nach Luft schnappte, und dann saßen sie lange Zeit regungslos da, genau wie sie gesessen hatten, als sie gesprochen hatte. Nachdem sie die Tatsache nun herausgefunden hatte, ließ die Schärfe ihres Leidens nach; Allmählich wurde ihr klar , dass sie die Stadt danach unvermeidlich verlassen musste, und ihre Gedanken begannen sich vage mit ihrer Zukunft zu beschäftigen. In seinem Bewusstsein konnte der Klang dessen, was sie gesagt hatte, nie wanken. Sie war unrein. Sie hatte Leidenschaft und Scham gekannt – sie selbst! Die Landschaft verlor ihre Proportionen, während er starrte; die Wolken am Himmel und der Farbton der Ferne, alles hatte sich verändert – sie war unrein.

Die mühsamen Minuten vergingen; Er drehte sich um und blickte langsam auf ihr abgewandtes Profil hinunter. Die Wangenwölbung war farblos ; Ihre Hände lagen immer noch verschränkt auf ihrem Knie. Er beobachtete sie einen Moment lang und versuchte, die Frau mit ihren Worten in Verbindung zu bringen. Etwas schien auf sein Gehirn einzuwirken, so dass es sich nicht ganz nahe anfühlte . Es fühlte sich nicht mehr so lebendig und auch nicht so sehr wie sein eigenes an, wie bevor die Abscheulichkeit dieser Sache ausgesprochen wurde.

„Ich habe dir nie eine Unwahrheit erzählt", murmelte sie, „Ich habe dir in London keine Unwahrheit erzählt. Glaube nicht, dass ich nur getäuscht habe – jedes Wort von dem, was ich an diesem Tag gesagt habe, war wahr."

„Das wage ich zu behaupten", antwortete er dumpf; „Ich habe dich nicht beschuldigt."

Die Veränderung in seinem Ton war voller Verurteilung ihr gegenüber und sie fragte sich, ob er ihr glaubte; aber tatsächlich erkannte er kaum, dass sie etwas gesagt hatte, was man glauben musste. Ihre Selbstsicherheit kam ihm kindisch und unpassend vor. Es lag eine fast unwirkliche Atmosphäre darin, dass sie hier saßen und auf den verschwommenen Kirchhof starrten. Es war etwas passiert, das nie wieder rückgängig gemacht werden konnte, und sie war seltsam.

Der Gottesdienst war zu Ende, und die Sonntagsschüler stapften an ihren Füßen vorbei, glänzend und lärmend, und musterten sie mit neugierigen Blicken von der Seite. Sie stand nervös auf, und er raffte sich auf und ging mit ihr durch die Menge der Kinder bis zum Tor. Dort verstummten ihre Schritte, und einige Sekunden lang blickten sie schweigend auf die Straße.

Für sie, fassungslos durch keinen Schock, der die Realität weniger real machen könnte, waren diese letzten Sekunden die komprimierte Demütigung der Stunde. Die Starrheit, mit der der Mann neben ihr wartete, schien Ausdruck von Abscheu zu sein, und sie dachte bitter darüber nach, was sie getan hatte, wie sie sich erniedrigt und seinen Respekt zerstört hatte; sie sehnte sich danach, frei von seiner vorwurfsvollen Gegenwart zu sein. Auf dem Kies hinter ihnen flüsterte eines der größeren Mädchen mit einem anderen, und das andere kicherte.

Sie machte eine leichte Bewegung und er antwortete mit etwas Unverständlichem. Sie reichte ihr nicht die Hand; sie hatte nicht sofort Mitleid mit ihm. Hätte ein Fremder ihm das von ihr erzählt, hätte sie Mitleid gehabt und verstanden; sagte es ihm selbst, sie verstand nur, dass sie verachtet wurde. Sie trennten sich mit einem mechanischen „Guten Tag", leise und langsam. Die beiden Mädchen, die sie mit frühreifem Eifer beobachteten, diskutierten über ihre Beziehung.

Der Weg lag lang und kahl vor ihm, und lethargisch nahm er ihn. Er hörte weiterhin ihre Worte: „Es war einmal ein anderer Mann", aber er wusste nicht, dass er sie hörte – er verfolgte keinen aktiven Gedankengang. Nur in kurzen Abständen wurde ihm bewusst, dass er nachdachte. Das Gefühl, dass in ihm etwas Taubheitsgefühl herrschte, hielt immer noch an, und bis jetzt war sein Zustand eher von Benommenheit als von Schmerz geprägt.

„Früher gab es noch einen anderen Mann!" Der Satz summte in seinen Ohren, und während er weitersprach, erwachte er zu ihm, die Beharrlichkeit berührte ihn; und er begann es zu wiederholen – im Geiste, mühsam, und versuchte, seinen Verstand dazu zu bringen, es zu begreifen und zu verarbeiten. Selbst damals litt er nicht besonders darunter. In seinen Gefühlen war überhaupt nichts Scharfes. Es fiel ihm schwer, das zu erkennen , obwohl er nicht zweifelte. Sie war, was sie gesagt hatte; er wusste es. Aber er konnte sie nicht so sehen; Er konnte sich nicht vorstellen, dass sie die Frau war, die sie einmal gewesen war. Er sah sie immer so, wie sie für ihn gewesen war: gelassen und unabhängig. Das Verhalten war eine Maske gewesen, doch es klebte an seinem Abbild von ihr und verschleierte noch immer die wahre Identität vor ihm. Er bemühte sich, sie in ihrem früheren Leben zu empfangen, und verachtete sich selbst, weil er es nicht konnte; er wollte sich daran erinnern, dass er eine Verkleidung geliebt hatte; er wollte es auslöschen. Die Tatsache, dass es eine Verkleidung gewesen war und sie nie die ganze Zeit über gewesen war, war so schwer zu begreifen. Er versuchte, sie lachend in Unehre anzusehen , aber das Bild wollte nicht überleben; es erschien unnatürlich. Es war der Beginn seiner Qual: das Gefühl, dass er sie so wenig gekannt hatte, dass es ihr wahres Selbst schien, das unmöglich zu sein schien.

Und dieser andere Mann hatte alles gewusst – jede Stimmung von ihr gesehen, sie in jeder Phase kennengelernt !

"Maria!" er murmelte; und war in dem Bewusstsein verloren, dass er „Maria" tatsächlich nie gekannt hatte.

Er bemerkte, dass der Mann als dunkler, kleiner und höflicher Mann durch seine Gedanken ging, und er fragte sich, wie diese Fantasie entstanden war. Vage begann er sich zu fragen, wie er tatsächlich gewesen war. Es war noch zu früh, um zu hinterfragen, wer er war – er fragte sich nur, wie er aussah, und suchte trübe im Geiste nach der Präsenz, mit der er sie assoziieren konnte. Dann verschwand der Eindruck, und plötzlich kamen ihm Erinnerungen an Männer in den Sinn, denen er sonst immer begegnet war.

Die Art und Weise dieser Personen fesselte seine Aufmerksamkeit. Es war nicht sein eigener Wille, dass er darüber nachdachte; Die Persönlichkeiten waren hartnäckig. Er ging nicht davon aus, dass einer von ihnen ihr Liebhaber gewesen war; er wusste, dass es chimärisch war, einen von ihnen als solchen zu betrachten; aber sein Gehirn hatte nach einem Mann gesucht, und diese vertrauten Männer drängten sich deutlich in den Vordergrund. Der lauernde Schrecken über ihre Befleckung materialisierte sich , so dass ihm der Schweiß ausbrach; Die Bedeutung dessen, was er gehört hatte, flammte vor seinem Gesicht rot auf. Der Gedanke, dass es ihr Vergnügen bereitet hatte, sich als Spielzeug für die Freizeit eines Mannes herzugeben, dass irgendein Mann die Freiheit gehabt hatte, sie zum Prahlen seiner Einbildung zu machen, verdrehte ihm das Herz.

Auf dem Abhang, den er zu erklimmen begann, wurde ihm die Solidität des Krankenhauses klar. Unter ihm erstreckten sich die Gräser der Bauerngärten, die schläfrig in der Ruhe des Sabbaths lagen. Aus der Stille erklang das schnelle Gekläff eines Ladenjungenhundes, die schrille Pfeife eines Ladenjungen. Es waren die einzigen Geräusche. Dann ging er hinein.

An diesem Abend teilte Miss Brettan Frau Kincaid mit, dass sie sie verlassen wollte.

Die alte Dame nahm die Ankündigung ohne jegliche Überraschung auf.

„Du kennst deinen eigenen Geist am besten", sagte sie nachdenklich; „Aber es tut mir leid, dass du gehst – sehr leid."

„Ja", sagte Maria; „Ich muss gehen. Es tut mir auch leid, aber ich kann nicht anders. Ich –"

„Früher dachte ich, du würdest immer bei mir bleiben; wir kamen so gut miteinander klar."

„Du warst vom ersten Tag an mehr als freundlich zu mir. Ich werde nie vergessen, wie freundlich du warst! Wenn es nur möglich wäre. Aber das ist es nicht; ich –"

Noch einmal das Pronomen als Stolperstein auf heiklem Boden.

„Ich kann nicht aufhören!" fügte sie dick hinzu; „Ich hoffe, dass du mit deinem nächsten Begleiter mehr Glück hast."

„Ich werde keinen anderen haben; Veränderungen machen mir Sorgen. Und du musst gehen, wenn es dir am besten passt, weißt du; bleib nicht, um mir Zeit zu geben, neue Vorkehrungen zu treffen, da ich keine zu treffen habe. Studiere deine ganz eigene Bequemlichkeit."

"Diese Woche?"

„Ja, sehr gut; lass es diese Woche sein."

Sie sagten dann nichts mehr. Doch am folgenden Nachmittag brachte Frau Kincaid das Thema unvermittelt zur Sprache.

„Was werden Sie tun, Miss Brettan ?" sie erkundigte sich. „Haben Sie sonst noch etwas im Sinn?"

„Nein", sagte Mary zögernd; "Noch nicht."

Die Unterdrückung ihres Motivs machte es beiden schwer, Klartext zu sprechen.

„Ich habe jedoch keinen Zweifel", fügte sie hinzu, „dass es mir gut gehen wird."

„Wie schade! Ja, wie schade!"

„Oh, du darfst nicht um mich trauern!" sie rief aus; „Das ist es nicht wert; *ich bin* es nicht wert. Wissen Sie – wissen Sie, so viele Frauen auf der Welt müssen ihren Lebensunterhalt verdienen; und sie schaffen es irgendwie. Es ist nur noch eine."

„Und so viele Frauen stellen fest, dass sie es nicht können! Sagen Sie mir, *müssen* Sie gehen? Sind Sie ganz sicher, dass Sie die Notwendigkeit nicht übertreiben? Ich frage Sie nicht nach Ihren Gründen, ich mische mich nie in die Privatangelegenheiten anderer ein. Aber Sie sind es Sind Sie sicher, dass Sie nichts in einem falschen Licht sehen und ins Extreme gehen?"

"Oh!" „ Glaubst du, ich schaudere nicht bei dieser Aussicht ? Glaubst du, dass sie mich anzieht? Ich bin kein Mädchen, ich bin kein Weltenbummler; ich kann hier *nicht aufhören!*"

Die ältere Frau seufzte.

„Warum konntest du dich nicht für einen so guten Kerl wie meinen Sohn interessieren?" Sie dachte. „Dann hätte es für keinen von uns diese Belästigung gegeben!"

„Ich hoffe, du hast Glück", sagte sie sanft. „Alles, was ich tun kann, um Ihnen zu helfen, werde ich natürlich tun!"

„Danke“, sagte Mary.

„Ich meine, Sie dürfen keine Skrupel haben, sich an mich zu wenden; das ist Ihre einzige Chance. Ohne jegliche Referenzen –“

„Ja, ich weiß zu gut, wie unverzichtbar sie sind; aber –“

„Du bist seit zwei Jahren hier. Ich muss sagen, es hätte mir gefallen, wenn es dein Zuhause geblieben wäre.“

„Danke“, sagte Mary noch einmal. Aber sie war sich keineswegs sicher, ob sie dieser in Unkenntnis der Wahrheit ausgesprochenen Empfehlung tatsächlich folgen könnte. Es war genau das, worüber sie debattiert hatte. Wenn sie versuchte, davon Gebrauch zu machen, hätte der Arzt vielleicht etwas zu sagen; und sie wollte sich nicht für eine Aussage der Mutter schuldig machen, von der der Sohn wusste, dass sie unverdient war, ob er sich nun einmischte oder nicht; sie wollte, dass ihr Verzicht vollständig sei. Doch ohne diese Hilfe – sie zitterte. Wie schnell würden die wenigen Pfund, die sie besaß, verschwinden! Wie bald würde ihre vergangene Erfahrung mit all ihrer Herzlosigkeit und ihrem Elend wieder aufleben! In der Vorstellung hatte sie bereits wunde Füße und trieb in den Straßen Londons umher.

„Frau Kincaid –“ rief sie. Ein leidenschaftlicher Impuls ergriff sie, alles zu verkünden. Wenn sie siebzehn gewesen wäre, hätte sie zu Füßen der alten Frau gekniet, denn es ist nicht so sehr die Heftigkeit unserer Stimmungen, die mit der Zeit nachlässt, sondern vielmehr die Kraft der Zurückhaltung, die zunimmt.

„Frau Kincaid, Sie müssen es wissen? Sie müssen erraten, warum –“

„Ich weiß nichts“, sagte die alte Frau schnell; „Das glaube ich nicht!“ Die Farbe verschwand aus ihrem Gesicht und Mary hatte sie noch nie so energisch sprechen hören. „Mein Sohn soll es mir sagen – ich habe einen Sohn – ich werde nichts von dir hören!“

„Ich bitte um Verzeihung“, sagte Maria; und sie schwiegen.

Am selben Abend schickte Frau Kincaid eine Nachricht an das Krankenhaus und bat ihren Sohn, zu ihr zu kommen.

Sie hatte nicht erwähnt, dass sie dies tun würde, und mit einem kleinen Schock hörte Mary den Befehl. Sie vermutete jedoch, dass es in ihrer Gegenwart als Hinweis gegeben worden war, und als die Zeit für sein Eintreffen näher rückte, zog sie sich zurück.

Er kam mit Bedenken und Erleichterung. Die letzten vierundzwanzig Stunden hatten ihn in einen Spannungszustand versetzt, in dem das Unerwartete immer das Unheilvolle ist, in dem man jedoch darauf wartet, dass etwas Unerwartetes geschieht. Er wusste nicht, was er zu hören fürchtete, aber die Vorladung beunruhigte ihn, auch wenn er sie begrüßte, weil sie ihm erlaubte, ins Haus zu gehen.

Er warf einen raschen Blick durch das Wohnzimmer und beantwortete die Begrüßung seiner Mutter mit einer kurzen Frage.

"Was ist passiert?"

„Es ist nichts Ernsthaftes passiert. Ich möchte mit Ihnen sprechen."

„Ich hatte Angst, dass etwas nicht stimmte", sagte er leichter. "Was ist es?"

Er nahm ihr gegenüber Platz und sie war bestürzt, die Veränderung an ihm zu beobachten. Sie betrachtete ihn einige Sekunden lang unentschlossen.

„Philip", sagte sie, „heute Nachmittag wollte Miss Brettan mir unbedingt etwas sagen; sie wollte mich unbedingt zu ihrem Vertrauten machen. Und ich wollte nicht auf sie hören."

"Oh?" sagte er... „Und du wolltest nicht auf sie hören?"

„Nein, ich würde nicht auf sie hören. Ich sagte: ‚Mein Sohn soll es mir sagen, sonst werde ich es nicht hören.' Heute Nachmittag hatte ich genauso wenig die Idee, nach dir zu schicken, wie du gekommen bist. Aber ich habe darüber nachgedacht: Sie ist im Haus deiner Mutter und sie ist die Frau, die du liebst. Du liebst sie wirklich, Philip?"

„Ich habe sie gebeten, meine Frau zu sein", antwortete er schlicht.

„Das dachte ich mir. Und sie hat dich abgelehnt?"

„Ja, sie hat mich abgelehnt. Wenn ich es dir vorher nicht gesagt habe, dann deshalb, weil sie mich abgelehnt hat. Mit dir darüber gesprochen zu haben, hätte dir und ihr Schmerzen bereitet – unnötige Schmerzen."

Mrs. Kincaid überlegte.

„Sie haben völlig recht", gab sie zu; „Ihr Fehler war zu glauben, ich sollte es nicht selbst sehen." Sie wandte den Blick von ihm ab und blickte demonstrativ in eine andere Richtung. „Jetzt", fügte sie hinzu, „geht sie weg! Vielleicht wussten Sie es schon, aber –"

„Nein", antwortete er, „ich wusste es nicht; ich hielt es für wahrscheinlich, aber ich wusste es nicht. Ich verstehe, warum Sie nach mir geschickt haben."

Er stand auf, ging zu ihr und küsste sie auf die Stirn.

„Ich verstehe, warum Sie nach mir geschickt haben", wiederholte er. „Was ist das für eine zärtliche kleine Mutter! Und auch ihre Gefährtin zu verlieren!"

Als er sich neben sie lehnte, konnte sie nicht sehen, wie weiß sein Gesicht geworden war.

„Werden wir sie gehen lassen, Phil?“

Er streichelte ihre Hand.

„Ich fürchte, wir müssen sie gehen lassen, Mutter, denn sie will nicht aufhören.“

„Du willst dich also nicht einmischen? Du wirst nichts tun, um es zu verhindern?“

„Ich kann es nicht verhindern“, entgegnete er kühl. „Ich habe keine Autorität.“

"In der Tat?" murmelte Frau Kincaid. „Es scheint, als hätte ich mir meine Schmerzen ersparen können.“

„Nein“, sagte ihr Sohn; „Ihre Mühen wurden gut ertragen. Ich bin sehr froh, dass Sie mit mir gesprochen haben – oder besser gesagt, ich bin sehr froh, mit Ihnen gesprochen zu haben – denn Sie wissen jetzt, dass ich mit meinem Schweigen nichts Unrechtes gemeint habe.“

„Aber – aber, Philip –“

„Aber Miss Brettan muss Mutter werden, weil sie es will!“

„Ich verstehe Sie nicht“, rief Frau Kincaid verwirrt. „Ich hätte nie gedacht, dass dir irgendeine Frau überhaupt etwas bedeutet – irgendwie kamst du mir nie wie ein Mann vor; aber jetzt, wo du dich wirklich interessierst, kannst du sicher nicht meinen, dass du es für richtig hältst, dass die Frau den Einzigen verlässt.“ An einen Ort, an dem sie Freunde hat, und alleine in die Welt hinausgehen? Sagst du nicht, dass du in sie verliebt bist?“

„Ich habe Miss Brettan gebeten , mich zu heiraten“, antwortete er. „Da Sie die Frage gestellt haben, halte ich es für richtig, dass sie den Ort verlässt. Ich denke, dass jede Frau unter diesen Umständen gerne gehen würde. Ich denke, es wäre unanständig, sie zurückzuhalten.“

„Ihr Sinn für Zartheit ist für einen Liebhaber sehr ausgeprägt“, sagte die alte Dame grimmig; „Eine viel zu schöne Sache, um bequem zu sein. Und ich sage Ihnen, was noch größer ist – Ihr Stolz. Glauben Sie nicht, dass Sie mich für einen Moment in den Bann ziehen; schauen Sie hinter sich in den Spiegel und fragen Sie sich, ob es wahrscheinlich ist!“

Er hatte sich inzwischen von ihr entfernt und saß am Kamin, aber er versuchte nicht, ihrem Rat zu folgen. Er bestritt die Implikation auch nicht.

„Ich sehe ziemlich schlecht aus“, gab er zu, „ich weiß. Aber du irrst dich trotzdem; mein Stolz hat nichts damit zu tun.“

„Du machst dich krank bei der Aussicht, sie zu verlieren, und trotzdem wirst du nicht – – Nicht, aber sie muss verrückt sein, dich abzulehnen, ganz bestimmt stehe ich nicht für sie ein, glaube es nicht! Das tue ich Ich wollte nicht, dass du sie magst – mir wäre es lieber gewesen, wenn du jemanden geheiratet hättest, der dir von Nutzen gewesen wäre und dir in deiner Karriere geholfen hätte. Du hättest es viel besser machen können, und ich bin sicher, ich Ich verstehe, dass Sie einen echten Stolz auf die Angelegenheit haben und sich dagegen wehren, sie zu bitten, zu bleiben. Aber wenn Sie trotzdem so viel in dieser bestimmten Frau finden, dass Sie ohne sie unglücklich sein werden, warum, dann kann ich etwas *dazu* sagen veranlassen Sie sie, damit aufzuhören!“

„Zu der Frau, die ich lieber nicht heiraten würde?“ sagte er müde. „Aber du darfst es nicht tun, Mutter.“

„Ich möchte wirklich sehen, dass du sie heiratest, Philip; ich möchte dich glücklich sehen. Du folgst mir kein bisschen. Da die Angst vor ihrem Verlust dich so aussehen lassen kann, darfst du sie nicht verlieren; das ist es Ich sage."

„Ich *habe* sie verloren“, gab er zurück; „Ich kann dir sehr gut folgen. Du denkst, ich hätte vielleicht eine Prinzessin geheiratet, und du hättest das auch mit einem kleinen Schmerz gesehen. Du würdest mich mit einem großen Schmerz an Miss Brettan übergeben , aber du würdest mich ihr geben, weil du Ich glaube, ich will sie.

„Das ist es – auch kein sehr großer Schmerz; ich weiß, dass jeder Mensch der beste Richter über sein eigenes Leben ist. Tatsächlich sollte es überhaupt kein Schmerz sein; ich glaube nicht, dass es nur ein Schmerz ist.“ Ein kleines, süßes Herz ist immer der Rivale einer Mutter, Phil; und ich nehme an, es ist immer die Schuld der Mutter. Aber eines Tages, wenn du mit Mary verheiratet bist und ein Junge von dir sich in einen Fremden verliebt Mädchen, deine Frau wird dir sagen, wie sie sich fühlt. Sie wird es dir besser erklären als ich, und dann weißt du, wie sich *deine* Mutter gefühlt hat, und es wird dir nicht so unnatürlich vorkommen.“

„Oh“, sagte er, „schweigen Sie! Nicht! Ich werde niemals mit Maria verheiratet sein.“

„Ja“, erklärte sie, „das wirst du. Wenn du das sagst, bist du nicht mehr der ‚beste Richter‘; es ist kein Urteil, es ist Groll, und ich werde nicht zulassen, dass dein Leben durch Groll verdorben wird.“ und Mangel an Entschlossenheit. Phil, Phil, du bist der letzte Mann, von dem ich gedacht hätte, dass er zulassen würde, dass ihm etwas durch die Finger gleitet, das er wollte. Und eine Frau – Frauen sagen von Anfang an oft „Nein“. Das ist es nicht Mädchen, die es zu gewinnen gilt, wer die besten Ehefrauen abgibt; diejenigen, die am schwersten zu gewinnen sind, sind im Allgemeinen die würdigsten, die es zu halten gilt. Akzeptiere ihre Antwort nicht, Phil! Ich werde sie überreden, weiterzumachen, und zwar zunächst Du brauchst nicht sehr oft zu kommen – es macht mir nichts mehr aus, ich werde wissen, was es bedeutet; und wenn du kommst, werde ich dir helfen und dir sagen, was du tun sollst. Sie *wird* dich lieb haben, du *wirst es tun* Habe die Frau, die du willst – ich verspreche sie dir!"

„Mutter", sagte er – die Blässe hatte seine Lippen berührt – „sag das nicht! Rede nicht weiter von dem, was nicht sein darf. Es ist kein Missverständnis, sich zu versöhnen; es ist kein Werben." Ich sage Ihnen, Sie können mir Mary Brettan genauso wenig zur Frau geben, wie Sie mir meine Kindheit für die Ewigkeit zurückgeben können.

„Und ich sage dir, das werde ich!" sagte sie. „„Zauberhafte –' Aber du *sollst* deine ‚schöne Dame' haben! Ja, statt – erinnerst du dich, was wir dir immer gesagt haben, als du ein kleiner Junge warst? ‚Da ist ein Affe im Rücken, Phil!' – Du sollst deine schöne Dame haben statt des Affen, der dir auf dem Rücken sitzt. Heute Abend ist es ein ausgewachsener Affe, und du bist zu hartnäckig, um auf die Vernunft zu hören. Nach und nach wirst du sehen, dass du falsch lagst. Sie passt zu dir; je mehr ich darüber nachdenke, desto überzeugter bin ich davon, dass sie es dir bequem machen würde. Du hättest dich vielleicht an ein dummes Mädchen geworfen, ohne an ihre Hüte und Kleider zu denken! Und sie interessiert sich für deinen Beruf: dich „Ich konnte immer mit ihr darüber reden; sie versteht diese Dinge besser als ich."

„Hören Sie", rief Kincaid mit unterdrückter Leidenschaft, „hören Sie zu und denken Sie daran, was Sie gerade gesagt haben – dass ich ein Mann bin, um selbst zu urteilen! Sie dürfen Miss Brettan nicht bitten , zu bleiben, und Sie dürfen nicht denken, dass es so ist." Ist ihr Weg das, was mich unglücklich macht. Meine Hoffnung ist vorbei. Zwischen ihr und mir würde es niemals eine Ehe geben, wenn sie jahrelang bleiben würde. Alles wurde gesagt, und es wurde beantwortet, und es ist vollbracht.

Er biss das Ende einer Zigarre ab und rauchte ein wenig, bevor er weitersprach. Als er sprach, hatte er seine Stimme unter Kontrolle; Jeder, vor dem sein Gesicht verborgen gewesen wäre, hätte die Worte stärker ausgesprochen als das Gefühl, das sie diktierte.

„Noch etwas: Sprich nach heute Abend nicht mehr mit mir über sie. Ich will es nicht hören; es ist mir nicht angenehm. Wenn du deine Zuneigung beweisen willst, beweise es damit! Solange sie hier ist, kann ich' „Ich sehe dich nicht; wenn sie weg ist, lass uns reden, als ob sie nie da gewesen wäre!"

Der Anblick des Mannes zeigte, welch enorme Anstrengung diese affektierte Ruhe zur Folge hatte. Tatsächlich vermittelte ihr die Absichtlichkeit der Worte, mehr noch als die Worte selbst, die Überzeugung von seiner

Aufrichtigkeit, die sie beunruhigte, weil sie es so unerklärlich fand. Sie strich die Falten ihres Kleides glatt und warf ihm von Zeit zu Zeit Blicke voller Wehmut und Mitleid zu; und schließlich sagte sie mit der Stimme einer Person, die sich mit der Verwirrung abfindet:

„Nun, natürlich werde ich tun, was Sie wünschen. Aber Sie haben beide sehr seltsame Vorstellungen davon, was richtig ist, das ist sicher; Hilfe scheint Ihnen beiden gleichermaßen zuwider zu sein."

"Warum sagst du das?" fragte Kincaid. „Welche Hilfe hat Miss Brettan abgelehnt?"

„Sie zögerte, irgendjemanden an mich zu verweisen, dachte ich, als ich heute die Angelegenheit erwähnte. Ich nehme an, das war ein weiterer Fall von Zartheit über meinen Kopf."

„Die Referenz? Sie wird davon keinen Gebrauch machen?"

„Sie schien sehr daran zu zweifeln. Ich sagte: ‚Ohne jede Referenz, was um alles in der Welt wird aus dir werden?' Und sie sagte: „Ja, sie hat es verstanden, aber –" Aber etwas; ich vergesse jetzt genau, was es war."

„Aber das ist verrückt!" sagte er zwingend.

„Ohne sie wird sie hilflos sein. Sie war deine Gefährtin, und du hast an ihr nichts auszusetzen gehabt; das kannst du mit gutem Gewissen sagen."

Er stand auf und schüttelte die Asche aus seinem Mantel, die als Klumpen von der Zigarre gefallen war.

Brettan und mir passiert ist, kann ihr Recht auf Ihre Aussage über die zwei Jahre, die sie bei Ihnen gelebt hat, beeinträchtigen. Ich möchte, dass sie weiß, dass ich das gesagt habe."

„Ich werde es ihr sagen ", bekräftigte seine Mutter. "Was werden Sie tun?"

„Es wird schon spät... Übrigens, da ist noch etwas anderes. Es wird bestenfalls lange dauern, bis sie ein anderes Zuhause findet; sie darf nicht glauben, dass ich etwas damit zu tun habe, aber ich möchte, dass sie es tut." Nimm etwas Geld, bevor sie geht, damit sie nicht in Bedrängnis gerät ... Wo habe ich meinen Hut gelassen?"

„Soll ich sie überreden, etwas Geld zu nehmen, als ob es von mir wäre?"

„Ja, als ob es von dir wäre – fünfzig Pfund – um sie vor Not zu bewahren ... Habe ich es draußen aufgehängt?"

Seine Mutter ging zu ihm und schlang ihre Arme um seinen Hals.

„Kannst du so viel entbehren, Philip?"

„Ich habe gewartet“, sagte er, „seit einiger Zeit.“

KAPITEL XI

Mary hatte den Abend sehr besorgt verbracht. Die formlose Zukunft war ein Schrecken, den sie nicht verbannen konnte; Sie konnte keine bestimmte Vorgehensweise entwickeln, um eine Hoffnung aufrechtzuerhalten.

Sie erwachte aus einem unruhigen Schlaf und hatte das erschrockene Gefühl, dass etwas passiert war. Nach ein paar Sekunden wiederholte sich die Ursache. Die Stille wurde durch das Läuten einer Glocke unterbrochen, und nervöse Nachforschungen ergaben, dass es sich um Mrs. Kincaid handelte.

Die alte Dame erklärte, dass sie sich sehr unwohl fühle – eine Erklärung, die durch ihre Stimme bestätigt wurde – und als Mary das Licht anzündete, sah sie, dass sie heftig zitterte.

„Ich kann es nicht stoppen und mir ist so kalt. Ich weiß nicht, was es ist; es ist, als würde mir kaltes Wasser über den Rücken laufen.“

Ihr Begleiter sah sie schnell an. „Wir legen noch ein paar Decken auf das Bett. Warte einen Moment, während ich nach oben renne!“

Sie kam mit der Bettwäsche aus ihrem eigenen Zimmer zurück.

„Bald wird es dir viel wärmer sein“, sagte sie; „Du musst eine leichte Erkältung bekommen haben.“

Frau Kincaid lag eine Weile stumm da.

„Ich habe solche Schmerzen!“ sie murmelte. „Wie konnte ich mich erkälten?“

"Wo hast du Schmerzen?"

„In meiner Seite – ein scharfer, stechender Schmerz.“

Jetzt erschien die Dienerin, beunruhigt über die Unruhe, und Mary sagte ihr, sie solle ein paar Kohlen bringen und sich dann so schnell wie möglich anziehen.

„Gibt es Leinsamen? Oder Haferflocken reichen aus. Ich muss einen Umschlag machen.“

„Ich werde sehen, Fräulein. Es gibt etwas Leinsamen, glaube ich, aber –“

„Hol es und einen Wasserkocher. Wir zünden sofort das Feuer an, dann kann ich es hierher bringen.“

Die alte Dame stöhnte und zitterte abwechselnd; und es gab einige Schwierigkeiten, das Feuer zum Brennen zu bringen. Maria hielt eine Zeitung davor und der Diener stellte Theorien zum Thema Schornstein auf.

Als der Umschlag endlich angewendet werden konnte, schickte Mary sie nach unten, um eine Wärmflasche und den Whisky zu holen.

„Du wirst es gleich ganz bequem haben", sagte sie zu dem Kranken. „Etwas Warmes zu trinken und der heiße Flanell an deinen Füßen wird einen großen Unterschied machen."

„Mir ist so kalt, es ist bitter – und der Schmerz! Ich kann mir nicht vorstellen, was es sein kann."

„Dann lass mich das für dich anziehen; es ist alles fertig. Es wird nicht – ist es das? … Da! Wie ist das?"

"Oh!" stockte Frau Kincaid, „Oh, danke! Ah! Sie machen es sehr gut."

„Sehen Sie, hier haben wir den Rest des Luxus!" Sie mischte das Stimulans und brachte es ihr. „Hebe einfach deinen Kopf", murmelte sie; „Ich halte das Glas für dich, damit du dich nicht aufsetzen musst. Nimm das jetzt, und während du daran schlürfst, wird Ellen die Flasche bereithalten."

„Es ist nicht viel im Wasserkocher", sagte Ellen. "Ich tu nicht--"

„Benutzen Sie, was da ist, und füllen Sie es wieder auf. Dann schauen Sie, ob Sie mir braunes Papier besorgen können."

Auf der Suche nach braunem Papier war Ellen einige Zeit unterwegs; und nachdem sie das leere Glas abgestellt und das Bett aufgeräumt hatte, machte sich Mary daran, selbst etwas davon zu suchen.

Sie fand ein Laken, das eine Schublade auskleidete, rollte es zu einer Röhre zusammen und befestigte es am Ausguss des Wasserkochers, um den Dampf in den Raum zu leiten. Sie hatte dies noch nicht lange getan, als das Mädchen untröstlich zurückkam und sagte, es gäbe kein braunes Papier im Haus. Mary zog sie nach draußen.

„Werden Sie die ganze Nacht da drin sitzen, Fräulein?"

„Sprich leiser! Ja, ich setze mich auf. Wie spät ist es?"

Das Mädchen sagte, dass sie erstaunt gewesen sei, als sie an der Küchenuhr sah, dass es halb vier sei; Als es klingelte, schien es ihr, als sei sie noch nicht lange eingeschlafen.

„Ich möchte, dass du Dr. Kincaid holst, Ellen; ich fürchte, Frau Kincaid wird krank."

„Heißt das, ich soll sofort gehen?"

„Ja. Sagen Sie ihm, dass es seiner Mutter nicht gut geht und dass es besser für ihn wäre, sie zu sehen. Bringen Sie ihn mit zurück. Sie haben keine Angst, auszugehen – es muss schon hell werden."

Sie zogen die Jalousie des Flurfensters hoch und sahen, wie Tageslicht über den Hof nebenan fiel.

„Glauben Sie, dass es ihr sehr schlecht gehen wird, Miss?“

„Ich weiß es nicht; ich kann es nicht sagen. Beeil dich, Ellen, da ist ein braves Mädchen! Komm zurück, so schnell du kannst!“

Eine tiefe Röte hatte das Gesicht auf dem Kissen bedeckt. Die Augen sehnten sich, und ein gequälter Ausdruck bestärkte Marys Glauben an die Schwere des Anfalls; Sie befürchtete, es könnte der Beginn einer Lungenentzündung sein. Kincaid musste eine dreiviertel Stunde warten, bis sie ankam, und da ihr bewusst war, dass sie jetzt nichts anderes tun konnte, als zu warten, verzögerte sich die Zeit fürchterlich. Die Stille, die durch das frühere Läuten der Glocke verbannt worden war, hatte ihre Dynastie wiedererlangt, und im Haus herrschte erneut eine weite Stille, die durch das gelegentliche Klicken einer Asche auf dem Kotflügel angezeigt wurde. Von Zeit zu Zeit stieß die kranke Frau einen zitternden Seufzer aus und begegnete Marys Blick mit einem flehenden Blick, als ob sie in ihrer Gegenwart eine Art schützendes Mitgefühl erkennen würde ; aber sie hatte aufgehört, sich zu beschweren, und der Wächter enthielt sich jeder aktiven Demonstration. In der Kugel neben dem Spiegel flackerte das Gas hell auf, und dies, gepaart mit der Hitze des Feuers, erfüllte den Raum mit einem feuchten Glanz, vor dem sich die schmale Linie der Morgendämmerung über dem Fensterbrett langsam abzeichnete. Die Ankunft war schon lange erwartet worden, als Marys scharfe Schritte auf dem Bürgersteig ans Ohr trafen und sie, da sie vergaß, dass Kincaid seinen eigenen Schlüssel hatte, aufsprang, um ihn einzulassen. Die Flurtür schwang auf, und sie blieb mit der Hand auf der Tür stehen Treppengeländer. Er kam schnell auf sie zu und ging mit einer hastigen Begrüßung auf der Treppe an ihr vorbei.

Auf seinem Gesicht war jedoch keine Angst zu erkennen, als er sich dem Bett näherte. Lediglich eine kleine freundliche Besorgnis war zu erkennen. Seine Fragen wurden ermutigend gestellt; Als eine Antwort gegeben wurde, hörte er mit bestätigter Zuversicht zu.

„Bin ich sehr krank?“ sie schnappte nach Luft.

„Du *fühlst dich* sehr krank, das wage ich zu behaupten, Liebes; aber überrede dich nicht, dass du krank *bist* , sonst wird das zu echten Problemen!“

Seine Finger berührten ihren Puls und er lächelte, während er sprach. Dennoch wusste er, dass ihr Leben in Gefahr war. Die würdigste Schauspielerei findet dort statt, wo es keinen Applaus gibt – es ist die Schauspielerei eines klugen Arztes im Krankenzimmer.

Mary stand auf der Schwelle und beobachtete ihn.

„Wer hat diesen Trichter auf den Wasserkocher gestellt?" erkundigte er sich, ohne sich umzudrehen. Er schien es nicht bemerkt zu haben.

„Das habe ich", antwortete sie. „Soll ich es ausziehen?"

"NEIN."

Er bedeutete ihr, nach unten zu gehen, und folgte ihr nach ein paar Minuten in den Salon .

„Geben Sie mir bitte einen Stift und Tinte, Miss Brettan ."

„Ich habe sie für dich vorbereitet", sagte sie.

Er schrieb hastig und stand mit dem Rezept auf.

„Wo ist Ellen?"

„Hier, ich warte darauf, es anzunehmen."

Eine Spur von Überraschung entging ihm. Er sagte knapp:

„Du bist nachdenklich. Warst du es, der diesen Umschlag angelegt hat?"

Ihr Ton war genauso distanziert wie seiner.

„Wir haben alles getan, was wir konnten, bevor du gekommen bist. *Ich* habe den Umschlag angelegt. Habe ich es richtig gemacht?"

„Ganz richtig. Ich habe wegen der Art und Weise gefragt, wie es angelegt ist."

Mit diesem Ausdruck der Anerkennung verließ er sie und kehrte zu seiner Mutter zurück. Mary, die nicht in der Lage war, ihre Toilette zu vollenden, da sie nicht von Minute zu Minute wusste, wann sie gerufen werden würde, beschäftigte sich damit, die Unordnung im Zimmer zu beseitigen. Sie hatte ein locker sitzendes Morgenkleid aus Kaschmir angezogen, eines der ersten Dinge, die sie nach ihrer Anstellung hier angefertigt hatte. Ein Augenblick; Sie hatte versucht, ihr Gesicht ins Wasser zu tauchen, aber es war ihr nicht gelungen, etwas an ihrem Haar zu ändern, in dessen Locken sich noch viel von dem verstreuten Haar befand; Sanftheit der Nacht, und nachdem Ellen aus der Apotheke zurückgekommen war, schickte sie sie nach oben, um etwas davon zu holen; Haarnadeln. Sie stand am Herd vor dem Spiegel, schüttelte die Haarsträhne um ihre Schultern und wickelte sie dann mit erhobenen Armen geschickt auf ihren Kopf. Die geschmeidige Weiblichkeit der Haltung, die so an ein kürzliches Aufstehen erinnerte, harmonierte mit der Frühzeit des Sonnenscheins, der das Wohnzimmer färbte ; und als Kincaid wieder eintrat und sie so vorfand, konnte er nicht umhin, den Eindruck zu spüren, obwohl er nicht geneigt war, darüber nachzudenken.

Sie sah sich schnell um:

„Wie geht es Frau Kincaid, Doktor?"

„Ich mache mir große Sorgen um sie. Ich gehe jetzt zurück ins Krankenhaus, um meinen Aufenthalt hier zu arrangieren."

„Was hat es Ihrer Meinung nach verursacht?"

„Ich fürchte, sie ist am Sonntag im Garten feucht und kalt geworden."

„Und es ist in die Lunge gelangt?"

„Es hat die linke Lunge betroffen, ja."

Sie ließ die letzte Haarspange fallen, und als sie sich dazu beugte, zeigte der Wirbel des Kleides einen nackten Spann.

„Ich kann helfen, sie zu pflegen, es sei denn, Sie schicken lieber jemand anderen?"

„Du wirst es sehr gut machen, denke ich", sagte er; und er gab ihr einige Anweisungen.

Sie erfüllte diese Anweisungen mit einer Fähigkeit, die er erstaunlich fand. Noch bevor der Tag vorbei war , erkannte er, dass er, ganz gleich, welche Ausbildung sie erworben hatte, in ihr eine zuverlässige und geschickte Koadjutrix besaß. Für sich selbst war sie wieder in ihrer Heimatregion, aber für ihn war es, als wäre sie plötzlich in einer fremden Sprache gesprächig geworden. Er verspürte keine Neigung, über ihre Fähigkeiten zu meditieren – über sie zu meditieren war das Letzte, was er sich jetzt wünschte –, aber es gab Momente, in denen ihre Erfüllung einer Pflicht ungeachtet neuer Nahrung für Staunen sorgte, und er beobachtete ihre Geschicklichkeit mit neugierigen Augen. Auf weiteres Lob hatte er jedoch verzichtet. Die Dankbarkeit, die er hätte aussprechen können, wurde durch die Zurückhaltung ihres Verhaltens gebremst; und in der engeren Verbindung, die sich aus der Krankheit ergab, nahm die Formalität, die zwischen ihnen entstanden war, nicht ab. Tatsächlich wurde es in diesem Kontakt zum Dauerzustand, den beide gemieden hätten.

Nach der einen Szene, in der sie ihm die Wahl überließ, hatte sie ihm keine Chance gegeben, ihre früheren Beziehungen wieder aufzunehmen, wenn er es gewollt hätte, und die einstudierte Höflichkeit ihrer Anrede erinnerte ihn immer wieder daran, dass sie sich in seiner medizinischen Funktion an ihn wandte allein. Sie hielt die gegenwärtigen Bedingungen für die anspruchsvollsten, die erreichbar waren, da die Abscheulichkeit eines erneuten Geschlechtsverkehrs nicht ganz zu vermeiden war; aber sie entlastete ihn in keiner Weise dafür, dass er sie ihr auferlegt hatte, und sie war der Meinung, dass er ihr damit eine besonders unfreundliche Vergeltung für die Demütigung ihres Geständnisses erwiesen hatte. Sie hielt den Ton aufrecht, den er angeschlagen hatte; Der Schlüssel war ihr in gewissem Maße sympathisch. Doch es ärgerte sie, als sie zustimmte, und ihre Zustimmung war mehr noch als ihrem Urteilsvermögen auf ihren Stolz zurückzuführen.

Am darauffolgenden Tag traten erneut Schmerzen auf, die jedoch am Mittwoch nachließen, obwohl die Temperatur weiterhin hoch war. Mary merkte, dass seine Besorgnis, wenn überhaupt, größer war als zuvor, und nach und nach vermischte sich eine latente Bewunderung mit ihrer Bitterkeit. In der Atmosphäre des Krankenzimmers waren Mann und Frau einander gleichermaßen neu, und bis zu einem gewissen Punkt war er für sie eine ebenso große Überraschung wie sie für ihn. Sie sah ihn jetzt zum ersten Mal beruflich und erkannte seine Fähigkeiten, seine Schnelligkeit mit einer durch Erfahrung verstärkten Wertschätzung. Der Besucher, den sie locker und gesprächig in einem Sessel herumlungern gesehen hatte, war verschwunden; Die Bittstellerin um eine Zärtlichkeit, die sie nicht empfand, war zu einer Autorität geworden, der sie gehorchte. Hier war der Mann eine Macht, und die Veränderung in ihm hatte ihren physischen Ausdruck. Seine Figur war kräftig, seine Bewegungen hatten eine Entschlossenheit und eine Kraft , die ihm eine andere Persönlichkeit verliehen. Er beeindruckte sie sogar leicht. Sie meinte, dass er bei der Ausübung seines Berufes auf die ganze Welt meisterhafter wirken müsse , aber sie meinte auch, dass jeder auf der Welt den Unterschied gutheißen würde.

Das Vertrauen, das er in sie weckte, war so stark, dass sie ihn schockiert hörte, als er ihr am Donnerstag sagte, dass er eine Konsultation durchführen wolle.

„Halten Sie es für ratsam?"

„Ich befürchte das Schlimmste, Miss Brettan ; ich kann keine Chance vernachlässigen."

Sie hatte ein paar Veilchen in der Hand – es war ihre Gewohnheit, jeden Morgen vom Bett aus die Aussicht zu erhellen, so gut sie konnte – und plötzlich war ihr Duft sehr stark.

"Das Schlechteste?"

„Gott gebe zu, dass meine Meinung falsch ist!" er sagte. „Bitten Sie das Mädchen, den Draht für mich zu übernehmen?"

Er hatte sich entschieden, an einen Arzt in der Kreisstadt zu telegraphieren, an einen Arzt, dessen Ansehen allmählich zunahm und dessen Ruf auf etwas Vertrauenswürdigerem als einer zufälligen Vorladung auf die Couch eines angesehenen Mannes aufgebaut war. Mary hatte den Namen schon einmal gehört und versuchte sich einzureden, dass seine Sicht auf den Fall vielversprechender sein könnte. Der Tag, der so düster begonnen hatte, bot in den folgenden Stunden jedoch kleine Nahrung für den Glauben. Gegen Mittag wurde die Patientin plötzlich unruhig und die vereinten Anstrengungen von Arzt und Krankenschwester waren erforderlich, um sie zu beruhigen. Der leidenschaftliche Drang, aufzustehen, brannte in ihr und sie flehte kläglich um Erlaubnis. „Ein wenig herumzulaufen" war ihr einziger Appell, und die Anstrengung der Bitte wurde durch ihre offensichtliche Überzeugung, dass sie sich weigerten, weil sie die Heftigkeit des Verlangens nicht begreifen konnten, noch erbärmlicher. Sie bemühte sich mit schwindender Energie, es kundzutun, und lehnte sich – als sie sich endlich dazu durchringen konnte, damit aufzuhören – mit einem Blick zurück, der ihre Hilflosigkeit beklagte. Später war sie leicht im Delirium und schwafelte in verwirrten Sätzen über ihren Sohn und ihre Begleiterin – seine Werbung und Marys Gleichgültigkeit. Der Mann und die Frau saßen auf beiden Seiten von ihr, aber ihre Blicke trafen sich nicht mehr. Bei der ersten Erwähnung seiner Zuneigung war Mary schmerzerfüllt zusammengezuckt, aber jetzt war ihre Nervosität durch eine starke Anstrengung unterdrückt worden, und von Zeit zu Zeit bewegte sie sich mit einem Anschein von Selbstbeherrschung, um sich die fiebrigen Lippen und die Stirn abzuwischen. Als das Tageslicht schwindete, wurden die unzusammenhängenden Sätze seltener. Kincaid ging zu Boden. Bis auf das tiefe Atmen herrschte wieder Stille, bis mit Einbruch der Dämmerung die plötzlichen Worte „Mir geht es viel besser" in einem Tonfall wiederhergestellter Ruhe ausgesprochen wurden . Als sie sich schnell umdrehte, erkannte Maria, dass ihre Ohren sie nicht getäuscht hatten. Die Versicherung wurde mit einem schwachen Lächeln wiederholt; Die Gesichtszüge hatten einen Hauch von der Fröhlichkeit erhalten, die in der Stimme so bemerkenswert gewesen war. Bald darauf schlossen sich die Augen scheinbar im Schlaf.

Kincaid schritt im Salon auf und ab , die Arme vor der Brust verschränkt. Als Mary hereinlief, wurde sein Kopf abrupt angehoben.

„Sie fühlt sich viel besser", rief sie; „Sie ist eingeschlafen!"

Er stand wortlos da – und sie zuckte mit einem unterdrückten Schrei zurück.

„Oh! Ich wusste es nicht... Ist es *das* ?"

„Ja", sagte er kaum zu flüstern. Und sie verstand, dass das, was sie ihm gesagt hatte, ein Vorbote des Todes war.

Danach wussten beide, dass es nur noch eine Frage der Zeit sein würde. Das Eintreffen des Arztes bestätigte lediglich seine Verzweiflung. Er erklärte den Fall für hoffnungslos und akzeptierte widerstrebend ein Honorar zur Deckung der Reisekosten.

„Ich wünschte, wir hätten uns unter glücklicheren Umständen treffen können", sagte er … „Sie haben den Trost zu wissen, dass Sie alles getan haben, was getan werden konnte."

Als er ging, kam ein Page mit einer Anfragenachricht die Treppe herauf; solche Nachrichten seien täglich zugestellt worden. Aber am Samstag, als der Bäcker das Brot zur Laburnum Lodge brachte, stellte er fest, dass die Jalousien heruntergelassen waren; und wenige Minuten nachdem er dem weinenden Diener das Brot durch das Spülfenster reichte, verbreitete sich in Westport die Nachricht, dass Mrs. Kincaid an diesem Morgen um sieben Uhr bewusstlos gestorben war.

Während der Bäcker diese Information von der Hausmagd erhielt, saß Mary weinend hinter den heruntergelassenen Jalousien im ersten Stock. Sie war gerade aus ihrem Schlafzimmer gekommen; Da sie sah, wie tief Kincaid betroffen war, zog sie sich bald nach dem Ende dorthin zurück. Er hatte keine Tränen vergossen, aber dass er sehr bewegt war, konnte man an den Muskeln seines Mundes erkennen; und das zitternde Gesicht, das sie flüchtig gesehen hatte, kam ihr immer wieder lebhaft vor Augen.

Er kam herein, während sie dort saß. Er war sehr blass, aber jetzt hatte er sein Gesicht wieder unter Kontrolle.

Sie stand auf und ging unentschlossen auf ihn zu. „Es tut mir so leid! Sie war eine sehr nette Freundin für mich."

Er streckte seine Hand aus. Zum ersten Mal, seit sie ihn getroffen hatte, nachdem sie die Notiz aufgegeben hatte, lag ihre darin.

„Danke", sagte er. „Vielen Dank auch für alles, was Sie für sie getan haben. Ich werde mich immer dankbar daran erinnern, Miss Brettan ."

Er schien im Begriff zu sein, etwas hinzuzufügen, hielt sich aber zurück. Anschließend verwies er auf die Vorkehrungen, die getroffen werden müssen. In dieser Nacht bezog er wieder sein Quartier im Krankenhaus, und außer in wenigen Minuten sah sie ihn tagsüber nicht wieder. Sie fand jedoch die Gelegenheit zu erwähnen, dass sie vorhabe, bis zur Beerdigung zu bleiben, und er verneigte sich vor dieser Ankündigung, verzichtete jedoch darauf, nach ihren Plänen danach zu fragen. „Pläne" wäre in der Tat eine seltsame Fehlbezeichnung für die Gedanken in ihrem Gehirn gewesen. Die Frage, die sie zuvor beschäftigt hatte, war durch den Tod endgültig geklärt; Da nun jede Möglichkeit, dass Mrs. Kincaid sie weiterempfehlen würde, ausgeschlossen war, ließ ihre Notlage nur noch Mutmaßungen zu.

In ihrer Einsamkeit im Haus der Trauer, ununterbrochen bis auf Unterbrechungen, die die Tragödie betonten , oder für ein Gespräch mit dem rotäugigen Diener, verbrachte sie ihre Stunden lethargisch und müde. Die

Woche voller Spannung und unzureichender Ruhe hatte sie ermüdet und sie versuchte nicht einmal mehr darüber nachzudenken. Ihre Gedanken wanderten. Eine Vorstellung, die ihr in den Sinn kam, war, dass es herrlich wäre, in einem Maisfeld in der heißen Sonne zu liegen, mit einem blauen Gewölbe über ihr. Das Bild war häufiger präsent, als sie an die drohenden Schrecken Londons dachte.

Wie viel hatte die Woche gebracht! welche Veränderungen hatte es gesehen! Am nächsten Abend saß sie da und grübelte darüber nach, lauschte den Kirchenglocken und erinnerte sich daran, dass die tote Frau vor einem Sonntag neben ihr gelegen hatte. Letzten Sonntag bestand noch die Aussicht, dass Westport noch für Jahre ihre Heimat bleiben würde. Letzten Sonntag hatte sie auf dem Kirchhof ihre Vergangenheit gestanden. Nur eine Woche – wie voll, wie schwer zu realisieren ! Sie döste schon halb, als sie hörte, wie die Flurtür aufgeschlossen wurde, und Kincaid begrüßte sie, als sie aufstand.

„Habe ich dich gestört? Hast du geschlafen?"

„Nein, ich habe nachgedacht, das ist alles."

Er seufzte und ließ sich auf den Stuhl gegenüber fallen. Sie bemerkte sein gequältes Aussehen und hatte Mitleid mit ihm. Am Sonntag zuvor hatte sie überhaupt kein Mitleid empfunden. Sie verstand den Verlust seiner Mutter; Der Verlust seines Glaubens hatte für sie viel weniger bedeutet, da es sich um einen Glauben handelte, auf den sie persönlich nur wenig Wert gelegt hatte.

„Es gibt viel zu bedenken!" sagte er müde.

„Sie haben Ellen nicht gesehen, Doktor, oder? Sie hat nach Ihnen gefragt."

„Hat sie? Was will sie?"

„Sie ist gespannt, wie lange sie behalten wird. Ihre Schwester ist irgendwo im Dienst und die Familie möchte am Ersten des Monats ein Stubenmädchen . Es tut mir leid, Sie jetzt mit Kleinigkeiten zu belästigen, aber sie hat mich um ein Gespräch gebeten." Du."

„Ich muss mit ihr reden. Natürlich wird das Haus verkauft; es gibt niemanden, für den man es behalten kann ... Wie erschöpft siehst du aus! Kümmerst du dich wieder richtig um dich?"

„Oh ja, es ist nur die Reaktion, nichts anderes als das, was bald vergehen wird."

„Sie hatten nicht die Erleichterung, die Sie hätten haben sollen; Sie haben wie zwei Frauen gearbeitet."

Er hielt inne und sein Blick ruhte fragend auf ihr. Sie las die Frage so deutlich, dass die Worte, als er sprach, nur ein Echo der Pause zu sein schienen.

„Woher wusstest du so viel?" er hat gefragt.

„Nachdem ich meinen Vater verloren hatte, war ich einige Jahre lang Krankenschwester im Yaughton Hospital."

Die Antwort war direkt, aber kurz. Ein halbes Dutzend Fragen kamen ihm über die Lippen und wurden wiederum unterdrückt. Ihre Vergangenheit war ihre eigene; er beschränkte seine Nachforschungen auf ihre Zukunft.

„Und was hast du jetzt vor?"

"Ich gehe nach London."

„Erwarten Sie, dass es bei der Wiederaufnahme der Krankenpflege auf Schwierigkeiten stoßen wird?"

„Ich denke, Sie wissen, dass es auf dem Weg Schwierigkeiten *gab* ."

„Ich möchte Ihr Vertrauen nicht erzwingen –" sagte er mit einem fragenden Unterton in der Stimme.

„Ich habe mein Zertifikat nicht."

„Sie können sich an die Matrone wenden."

„Ich weiß, dass ich es kann, aber ich werde es nicht tun. Ich habe Ihnen vor zwei Jahren gesagt, dass es Personen gibt, auf die ich mich beziehen könnte, aber ich würde es nicht tun."

„Darf ich fragen, warum Sie etwas dagegen haben sollten, sich auf dieses zu beziehen?"

Sie schwieg.

„Willst du es mir nicht sagen?"

„Ich denke, du verstehst es vielleicht", sagte sie mit sehr leiser Stimme. „Ich bin nach dem Tod meines Vaters dorthin gegangen. Ich bin nicht die Frau, die das Yaughton Hospital verlassen hat."

Sein Blick senkte sich und er starrte geistesabwesend auf das Gitter. Als er sie hochhob , sah er, dass ihres geschlossen war. Er sah sie lange an, bis sie sich öffneten.

„Jetzt, wo *sie* weg ist", rief er unsicher, „ist Ihre Lage nicht mehr so einfach! Haben Sie irgendwelche Aussichten, die Sie nicht erwähnen?"

Sie schüttelte den Kopf.

„Nun, können Sie irgendetwas vorschlagen?" er hat gefragt. „Gibt es einen Ausweg aus der Schwierigkeit, die Ihnen einfällt? Glauben Sie mir –"

„Nein", sagte sie, „ich sehe nichts, was praktikabel wäre; ich –"

„Wären Sie bereit, als Pflegepersonal hierher zu kommen? Bei der Nachtarbeit sind wir unterbesetzt. Es handelt sich um eine freie Stelle, und es könnte zu einer Festanstellung führen."

Ihr Herz begann schnell zu schlagen; Einen Moment lang antwortete sie nicht.

„Es ist sehr rücksichtsvoll von Ihnen, sehr großzügig; aber ich fürchte, das würde nicht reichen."

"Warum nicht?"

„Das würde nicht gehen, denn – nun ja, ich hätte Westport auf jeden Fall verlassen sollen."

„ Das war deine Absicht, das weiß ich. Aber zwischen der Art und Weise, wie du Westport verlassen hättest, wenn meine Mutter gelebt hätte, und der Art und Weise, wie du es jetzt verlassen würdest, gibt es einen großen Unterschied."

„Ich muss es trotzdem lassen."

„Verzeihen Sie", sagte er, „das kann ich Ihnen nicht erlauben. Ich würde keine Frau in die Welt hinausgehen lassen mit dem Wissen, dass sie einer bestimmten Not entgegengegangen ist. Ihre Erfahrung im Krankenhaus scheint das Problem zu lösen." . Du könntest nächste Woche vorbeikommen. Wenn deine Zurückhaltung auf mich selbst zurückzuführen ist – hör mir zu, ich muss Klartext sprechen! – wenn du dich weigerst, weil das, was zwischen uns passiert ist, dir ein weiteres Gespräch mit mir zu einer Qual macht, musst du es nur tun Denken Sie daran, dass das Gespräch zwischen uns im Krankenhaus zwangsläufig von der kürzesten Art sein wird. Ich erinnere mich nur daran, dass ich Sie gebeten habe, meine Frau zu sein, und Sie sich nicht um mich kümmern – ich bin der Mann, den Sie abgelehnt haben. Ich möchte jedoch etwas Brauchbareres sein; ich möchte Ihr Freund sein. Im Krankenhaus werde ich kaum eine Chance haben, denn dort werden wir in jeder Hinsicht genauso uneinig sein, als ob Sie nach London gegangen wären. Während die Die Chance besteht, ich möchte sie nutzen; ich möchte Ihnen dringend raten, den von mir vorgeschlagenen Kurs zu belegen. Es muss Sie nicht davon abhalten, woanders eine Stelle zu finden, wissen Sie; im Gegenteil, es würde Ihnen die Beschaffung erleichtern."

Ihre Hand hatte ihre Stirn beschattet, während sie zuhörte; jetzt sank es langsam auf ihren Schoß.

„Ich brauche dir kaum zu sagen, dass ich dankbar bin", sagte sie in einem Tonfall, der Mühe hatte, fest zu sein. „Jeder wäre dankbar; für mich ist das Angebot sehr – mehr als gut." Ihre Fassung brach zusammen. „Ich weiß, wie ich auf Sie wirken muss – Sie haben nur das Schlimmste von mir gehört!" rief sie aus.

„Ich würde nichts hören, was es dir wehtun würde, es zu sagen", antwortete er; und eine Minute lang sagte keiner von ihnen mehr. In seinen letzten Worten war eine Sanftheit gewesen, die sie tief berührte; die Anziehungskraft, die in ihr lag, war ihm bewusst geworden. Keiner sprach etwas, aber der Atem des Mannes hob sich eifrig, und; Der Kopf der Frau sank immer tiefer auf ihre Brust.

"Lass mich!" Sie sagte schließlich flüsternd, dass seine Pulse sich trafen. „Es war da – als ich Krankenschwester war. Er war ein Patient. Bevor er ging, bat er mich, ihn zu heiraten. Als ich zu ihm ging , sagte er mir, er sei bereits verheiratet. Bis dahin hatte es keinen Hinweis gegeben, nicht den Ich hatte den geringsten Verdacht – ich ging mit dem Wissen aller zu ihm, um seine Frau zu werden."

"Gott sei Dank!" sagte Kincaid in seiner Kehle.

„Sie war – sie war auf der Straße gewesen; er hatte sie jahrelang nicht gesehen. Er betete zu mir, flehte mich an – Oh, ich versuche mich zu entlasten! Ich versuche nicht, die Sünde auf mich abzuwälzen zu ihm, aber wenn die aufrichtigste Hingabe ihres Lebens mich für eine Frau anflehen kann, weiß der Himmel, dass diese Bitte meine war!"

„Und am Ende der drei Jahre?"

„Es gab die Nachricht von ihrem Tod und er heiratete jemand anderen."

Sie stand abrupt auf, ging zum Fenster und blickte hinter die Jalousie.

„Ich kann dir nicht sagen, was ich für dich empfinde", sagte er heiser. „Ich kann Ihnen gar nicht vorstellen, wie tief und aufrichtig ich mitfühle !"

„Sag nichts", murmelte sie; „Sie brauchen es nicht zu versuchen; ich glaube, ich verstehe heute Abend – Sie haben Ihr Mitgefühl bewiesen, während mein Anspruch darauf am geringsten war."

„Und du lässt mich dir helfen?"

Die schlanke Gestalt stand regungslos da; Hinter ihr hielt der Mann das Leder seines Stuhls fest.

„Wenn ich darf", sagte sie gezwungen, „wenn ich dorthin gehen kann, so wie Sie – Ah, wenn die Vergangenheit alles begraben werden kann und es keine Erinnerung mehr an das geben muss, was war?"

„Ich werde alles sein, was du wünschst, alles, was du mir vorstellst!“

Er machte einen plötzlichen Schritt auf sie zu. Sie drehte sich um, ihre Augen waren feucht von Tränen, von Dankbarkeit – von Bitte. Er blieb abrupt stehen, zog sich zurück und setzte sich wieder.

„Was hast du denn über Ellen gesagt?“ fragte er kurz.

Und vielleicht war es das beredteste Bekenntnis seiner Liebe zu ihr, das er ihr je gemacht hatte.

KAPITEL XII

So kam es, dass Mary Brettan Westport in der nächsten Woche nicht verließ. Und nach ein paar Monaten zweifelte sie mehr denn je, ob sie es überhaupt verlassen würde. Die vorgeschlagene Vakanz im ständigen Personal war bereits zu diesem Zeitpunkt erfolgt, und nachdem man die Stelle angenommen hatte, schien es keinen Anlass mehr zu geben, durch einen Rücktritt Angst zu machen.

Die Wiederaufnahme der Routine nach Jahren der Trägheit war zunächst mühsam und anstrengend. Das Aufstehen um sechs Uhr, der Beginn der aktiven Pflichten, während sie sich noch müde fühlte, das Fehlen von Privatsphäre, abgesehen von den zwei Stunden, die jeder Krankenschwester zur Freizeit zur Verfügung standen – all das machte ihr Sorgen. Sogar die Erleichterung, die sie über ihre Flucht ins Freie verspürte, wurde durch das Wissen gemildert, dass Bewegung im Freien während einer der Stunden Pflicht war. Auch dann war es unvermeidlich, dass ein noch einmal getragenes Kostüm an die Gefühle erinnerte, mit denen sie ihr letztes Leben abgelegt hatte; Es war unvermeidlich, dass sie sich fragte, was die Jahre für sie getan hatten, seit sie das letzte Mal in einem Krankenhaus stand und sich davon verabschiedete, in dem Glauben, dass sie nie wieder eines betreten würde. Das Scheitern der Pause wurde akzentuiert. Ihr Herz hatte sich zusammengezogen, als sie, als sie in die seltsame Wohnung über den Stationen geleitet wurde, das bedruckte Kleid, das ihr zur Verfügung gestellt worden war, schlaff auf einem Stuhl liegen sah. Eine unaussprechliche Verlorenheit erfüllte ihre Seele, als sie im Begriff war, es aufzusetzen, und ihr Spiegelbild in dem schmalen Glas betrachtete. Dennoch gewöhnte sie sich an die Veränderung, und das umso leichter, als es sich um eine Wiederbelebung handelte.

Die Geschwindigkeit, mit der das Gefühl der Neuheit nachließ, überraschte sie tatsächlich. In erster Linie beunruhigend und eine ständige Belastung, die sie jeden Tag mit sich selbst bedauerte, kam es ihr dann so vor, als hätte sie es eines Nachts im Schlaf verloren. Sie hatte es vergessen, bis die Leichtigkeit, mit der sie die Arbeit erledigte, sie plötzlich überraschte. Nach und nach stellte sich sogar eine gewisse Freude ein. Sie dachte mit Interesse über eine bevorstehende Aufgabe nach . Sie ging voller Tatendrang statt erleichtert spazieren. Sie kehrte begeistert und nicht deprimiert zur Tür zurück. Die Boheme, die Begleiterin, war wieder zur Krankenpflegerin geworden, und weil die primäre Spur des Lebens diejenige ist, die die tiefsten Linien schneidet, rollte ihre Existenz sanft entlang der wiedergewonnenen Spur. Die Szenen, zwischen denen es lag, waren nicht schön, aber vertraut; Die Aussicht, die es bot, war eintönig, aber sie wollte nicht mehr reisen.

Gesellschaftlich waren die Bedingungen durch ihre Einführung begünstigt worden . Die Position, die sie in der Laburnum Lodge innehatte, verlieh ihr einen künstlichen Wert und verschaffte ihr die Freundlichkeit der Oberin, einer Funktionärin, die die Macht hat, der Krankenpflegerin deutlich Unbehagen zu bereiten, und von der es bekannt ist, dass sie sie gelegentlich auch nutzt. Es empfahl sie auch den anderen Krankenschwestern, von denen zwei vornehme Damen waren, insofern, als es eine angenehme Abwechslung für die Unterhaltung im Wohnzimmer versprach. Sie war sich des Ausmaßes ihrer Schuld gegenüber Kincaid keineswegs bewusst, und ihre Dankbarkeit nahm mit der Zeit eher zu als ab. Sicherlich war die Umgebung förderlich für die Wahrnehmung seiner Verdienste − sogar noch förderlicher als während seiner ärztlichen Behandlung in der Villa. Der König ist nirgends so attraktiv wie an seinem Hof; Nirgendwo ist der Prediger so beeindruckend wie auf der Kanzel. An Land langweilt uns der Kapitän vielleicht, aber auf seinem Schiff rauchen wir alle gern mit ihm unsere Zigarren. Der ärmste Prätendent gewinnt im Kreis seiner Anhänger an Bedeutung und posiert mit Autorität auf einer kleinen Plattform, und sei es nur auf dem Kaminsims seiner Mutter. Hier, wo der Arzt der führende Geist war und Maria sein Lob auf jeder Zunge fand, wurde der Glanz der Dankbarkeit durch den Atem der Popularität angefacht. Hätte er absichtlich eine Möglichkeit geplant, um ihre Wertschätzung zu steigern, hätte er sich nichts Besseres ausdenken können, als sie in das Miniaturkönigreich zu bringen, in dem er herrschte. Als sie sich daran erinnerte, dass er sie heiraten wollte, verspürte sie eines Tages ein Gefühl des Stolzes: nichts wie Bedauern, nichts wie Arroganz, sondern ein vorübergehender Stolz. Sie fühlte sich in diesem Moment würdevoller.

Wenn er sich jedoch auch daran erinnerte, ließ kein Wort, das er sprach, eine solche Erinnerung erkennen. Das Versprechen, das er ihr gegeben hatte, war buchstabengetreu gehalten worden, und die Vergangenheit wurde zwischen ihnen nie angesprochen. Als Arzt und Krankenschwester waren ihre Gespräche kurz und praxisorientiert. Es war das Verhalten , das er ihr gegenüber vom Tag ihrer Anstellung an annahm, das ihrer Dankbarkeit den ersten Anstoß gab; und wenn sie dennoch dazu neigte, seine Großzügigkeit eher zu prüfen als anzuerkennen, so lag das daran, dass er die gewünschten Beziehungen auf einer so festen Grundlage aufgebaut hatte, dass sie nicht mehr glaubte, dass die Verfolgung dieser Beziehungen ihn irgendwelche Mühen kosten würde. Dass sie seine Liebe nach der Geschichte ihrer Schande bewahrt hatte, war ihr bewusst; aber dass er sie bei näherem Nachdenken immer noch zur Frau haben wollte, kam ihr nicht in den Sinn; und sie dachte oft, dass seine Haltung nach und nach die natürlichste für ihn geworden sei.

Durch welche Leugnung der Natur, durch welche strenge Selbstbeherrschung diese Idee vermittelt worden war, hätte niemand außer dem Mann selbst sagen können. Niemand sonst kannte die Bitterkeit des Leidens, das ihr ertragen musste, um ihr das Gefühl zu geben, das Recht zu haben, zu bleiben; welche Impulse waren gedämpft und zurückgedrängt worden, damit keine Skrupel oder Bedenken ihren Frieden beeinträchtigen sollten. Die Umstände, unter denen sie sich nun trafen, halfen ihm oder ihm sehr; wäre trotz seiner Bemühungen gescheitert; und zu scheitern, so war ihm klar, würde bedeuten, dass sie sich ihres Vertrauens unwürdig erweisen würde – es würde bedeuten, dass sie für immer aus seinem Leben verschwinden würde . Willst du sie immer noch? Er begehrte sie so sehr und inbrünstig, dass sie, obwohl sie von der Sünde beschattet war, für ihn heiliger war als jede andere Frau auf Erden – schöner als jedes andere Geschenk Gottes. Er hätte sie mit so tiefer Ehrfurcht in sein Herz geschlossen, als hätte sie nie eine Scham berührt. Wenn die ganze Welt von ihrer Schande erfahren hätte, hätte er triumphierend „Meine Frau!" gerufen. in den Ohren; der ganzen Welt. Eine niedere Liebe könnte es durchaus sein; auch nach ihr dürstete, aber es hätte stundenlanges Zögern gegeben. Kincaid hatte keine. Keine Flut von Leidenschaften verblendete sein höheres Urteilsvermögen und drängte ihn weiter; Keiner der Konventionsbedenken kam dazwischen und ließ ihn innehalten. Mit seinem höheren Urteilsvermögen betete er für sie. Seine Liebe brannte stetig und deutlich. Der Situation fehlte nur eines, was für das Ideal wesentlich war: die Liebe des Büßers, den er erziehen wollte. Die Ergänzung fehlte. Die gefallene Frau, die ihre Schuld bekannt hatte, die Hingabe des Mannes, der der Prüfung standgehalten hatte – all das war da. Aber die Hingabe wurde nicht erwidert, die Beständigkeit war nicht erwünscht. Er konnte nur warten und versuchen zu hoffen; Ich fragte mich, ob ihre Zärtlichkeit am Ende erwachen würde, und fragte mich, wie er es lernen würde, wenn es so wäre.

Sein Wort zu brechen, indem er noch einmal flehte, konnte er nur in dem Glauben tun, dass sie ihm mit Freude zuhören würde. Wenn er ihre Gedanken falsch interpretierte und zu früh sprach, beging er nicht nur etwas Unrechtes – er zerstörte auch die dünne Verbindung, die zwischen ihnen bestand, denn er machte es ihr unmöglich, weiterzumachen. Und doch, wie kann man ahnen? wie, ohne zu sprechen, feststellen? Was konnte man den tiefgrauen Augen, dem ernsten Gesicht, der schlank gekleideten Gestalt entnehmen, als er manchmal neben ihr stand, jeden seiner Blicke bewachte und seine Stimme schulte? Wie konnte er erkennen, ob sie sich um ihn kümmerte, wenn er sie nicht fragte? Wie konnte er sie fragen, wenn er nicht Grund zu der Annahme hatte, dass sie es tat? Die Art ihrer Verbindung schien ihm eine unüberwindbare Barriere zwischen ihnen aufzuerlegen; im freieren Sprachgebrauch könnte ein Strahl der Wahrheit erkennbar sein. Als sie ein Jahr hier war, beschloss er, die Gelegenheit zu nutzen, allein mit ihr zu sprechen. Er redete, wenn nicht über Angelegenheiten, die ihm am nächsten standen, so doch zumindest über Themen, die weniger formell waren als diejenigen, auf die sich ihre Gespräche auf der Station beschränkten!

Eine solche Gelegenheit war ihm jedoch nicht fremd. Es war schwierig, sich zurechtzufinden, ohne sich selbst zu verraten, und angesichts der gegenwärtigen Schwierigkeiten schien er früher so viele Vorteile gehabt zu haben, dass er sich darüber wunderte , dass er sie so wenig genutzt hatte. Ihre Bekanntschaft in der Villa zu Lebzeiten seiner Mutter schien ihm im Vergleich dazu jede Erleichterung geboten zu haben, die ihm heute verwehrt blieb, und er erinnerte sich oft mit leidenschaftlichem Bedauern an diese Zeit zurück; er glaubte, dass er es nie in vollem Umfang gewürdigt hatte, obwohl es ihm in Wirklichkeit nur keinen Nutzen daraus gezogen hatte. Die Villa wurde nun von einer Dame mit zwei Kindern gemietet; und Mary ging oft daran vorbei und erinnerte sich ebenfalls an diese Zeit, wenn auch mit einer melancholischen und vageren Stimmung als seiner. Eines Morgens, als sie vorbeiging, stand die Tür offen – die Kinder kamen heraus – und sie konnte einen Blick auf die Halle werfen.

Sie kamen die Stufen hinunter, mit Spaten und Eimern, auf dem Weg zum Strand, genau wie sie. Die ältere von ihnen mochte neun Jahre alt sein, und da sie zum vertrauten Haus gehörten, hegten sie ein wenig trauriges Interesse an ihr. Während sie ihr auf dem Bürgersteig vorausgingen, fragte sie sich, in welchem der Zimmer sie schliefen und ob die verschiedenen Möbel das Aussehen des Zimmers stark verändert hatten. Sie dachte, sie würde gerne mit ihnen sprechen, wenn sie den Sand erreicht hätten, und – Dann sah sie Seaton Carew! Ihr Herz schlug ihr bis zum Hals. Ihr Blick war auf ihn gerichtet; sie konnte es nicht zurückziehen. Sie gingen aufeinander zu; er sah sie an. Sie sah, wie sich sein Gesicht erkannte, und drehte den Kopf. Die Leute rechts und links schwankten ein wenig – und sie war an ihm vorbei. Es hatte nur fünfzehn Sekunden gedauert, aber sie konnte sich nicht erinnern, woran sie gedacht hatte, als sie ihn sah. Die fünfzehn Sekunden hatten für sie mehr Emotionen mit sich gebracht als die letzten zwölf Monate.

Ihre Knie zitterten. Sie vermutete, dass er diese Woche im Theater sein musste. Doch als sie vor dem Laden des Musikalienhändlers einen Theaterzettel sah, fürchtete sie sich davor, ihn zu untersuchen, weil er ihr vielleicht nachstarren könnte. Sie ging aufgeregt weiter. Sie war von einem zitternden Hochgefühl erfüllt, das sie weder beschreiben noch anerkennen wollte. Sie dachte darüber nach, dass sie das Krankenhaus ein paar Minuten früher als gewöhnlich verlassen hatte und dass sie ihn sonst vielleicht verpasst hätte. „Verpasst" war das Wort ihres Spiegelbildes. Sie fragte sich, wo er wohnte – in welchen Straßen sich die Berufsunterkünfte befanden. Es kam ihr plötzlich seltsam vor, in der Stadt nichts zu wissen. Sie war seit drei Jahren hier und wusste nicht – wie seltsam! Als sie um die Ecke bog , sah sie eine weitere Werbung für das Theater, diesmal auf einer Plakatwand. Es war Montag und das Papier glänzte noch immer vom Kleber des Geldscheinaufklebers. Sie wurde von der Beobachtung abgeschirmt, hielt einen Moment inne und verschlang den Gipsverband mit einem raschen Blick. Der Name seiner Frau erschien nicht, es handelte sich also nicht um ihre eigene Firma. Sie beeilte sich erneut. Sein Anblick hatte auf sie wie ein starkes Stimulans gewirkt. Ohne zu wissen warum, war sie begeistert. Die Luft war süßer, das Leben war lebendiger; Sie sehnte sich danach, das Ufer zu erreichen und sich an ihrem Lieblingsplatz ganz den Gefühlen hinzugeben.

Und wie wenig hatte er sich verändert! Er schien sich kaum verändert zu haben. Er sah genauso aus wie früher, obwohl er seit der Nacht, in der sie sich trennten, viel durchgemacht haben musste. Ah, wie konnte sie diesen Abschied vergessen – wie konnte sie zulassen, dass das Feuer davon erlosch? Es war bedauerlich, dass man, wenn man die Dinge so intensiv spürte, wenn sie passierten, nicht in der Lage war, die Intensität am Leben zu erhalten. Der Müll! Die Albernheit des Liebens oder Hassens, des Trauerns oder der so heftigen Freude im Leben, wenn der Lauf der Zeit, die Zwischenwirkung eines unwichtigen Ereignisses die Leidenschaft, die alles verschlang, in ein Erlebnis verwandelte, an das man sich erinnerte!

Sie ließ sich auf eine Bank am Hang aus zerklüftetem Gras sinken, das in die Kies und den Sand überging. Das Meer, unbestimmt und ruhig, lag wie eine Ölschicht, in Nebel gehüllt, bis auf einen hellen Fleck am Horizont, wo es leuchtend zitterte. Sie richtete ihren Blick auf das Meer und sah die Vergangenheit. Seine Stimme traf ihre Seele, bevor sie seine Schritte hörte. "Maria!" sagte er und sie wusste, dass er ihr gefolgt war.

Sie sprach nicht , sie bewegte sich nicht. Das Blut strömte ihr in die Schläfen und ließ ihren Körper kalt werden. Sie kämpfte um Selbstbeherrschung; für die Fähigkeit, ihre Aufregung zu verbergen; für die Macht, nach der sie sich sehnte, um ihn mit der Verachtung zu verderben, nach der sie sich sehnte.

„Willst du nicht mit mir sprechen?" er sagte. Er trat an ihre Seite, blieb dort stehen und blickte auf sie herab. „Willst du nicht sprechen?" er wiederholte: „Ein Wort?"

„Ich habe dir nichts zu sagen", murmelte sie. „Ich hoffte, dass ich dich nie wieder sehen würde ."

Er wartete unbeholfen, trat mit der Spitze seines Stiefels auf den Boden und sein Blick wanderte von ihr über den Ozean – vom Ozean zurück zu ihr.

„Ich habe oft an dich gedacht", sagte er schließlich ruckartig. "Glaubst du das?"

Sie schwieg und wollte dann aufstehen.

„Glaubst du, dass ich an dich gedacht habe?" forderte er schnell. "Gib mir eine Antwort!"

„Es ist mir egal, ob Sie darüber nachgedacht haben oder nicht. Ich wage zu behaupten, dass Sie sich geschämt haben, als Sie sich an Ihre Schande erinnerten – was ist damit?"

„Ja", sagte er, „ich habe mich geschämt. Du warst immer zu gut für mich; ich hätte nie etwas mit einer Frau wie dir zu tun haben sollen."

Sie war nicht aufgestanden; sie war immer noch in der Position, in der er sie überrascht hatte; und sie verspürte jetzt einen dumpfen Schmerz über die Unerwartetheit seiner Schlussfolgerung.

„Warum bist du mir gefolgt?" sagte sie kalt. "Wozu?"

„Wozu? Ich wusste nicht, dass du in der Stadt bist, ich hatte keine Ahnung – und ich sah dich plötzlich. Ich wollte mit dir sprechen."

„Was willst du sagen?"

"Maria!"

„Ja, was willst du sagen? Ich bin nicht dein Freund, ich bin nicht dein Bekannter: Worüber hast du mit mir zu reden?"

„Ich meinte", stammelte er, „ich wollte dich fragen, ob es möglich ist, dass du jemals verzeihen könntest, wie ich mich dir gegenüber verhalten habe."

"Ist das alles?" fragte sie mit harter Stimme.

„Wie hast du dich verändert!... Ja, ich weiß nicht, dass es noch etwas anderes gibt."

Sie antwortete nicht und er sah sie unentschlossen an.

"Kannst du?"

„Nein", sagte sie. „Warum sollte ich dir vergeben – weil die Zeit vergangen ist? Ist das ein Verdienst von dir? Du hast mich brutal und schändlich behandelt. Das Beste, was eine Frau für einen Mann tun kann, habe ich für dich getan; das Schlimmste, was ein Mann tun kann . " eine Frau, die du mir angetan hast. Du triffst mich zufällig und erwartest, dass ich verzeihe? Du musst viel weniger weltgewandt sein als vor drei Jahren."

Sie drehte sich zum ersten Mal, seit er zu ihr gekommen war, zu ihm um und sein Blick fiel.

„Das habe ich nicht erwartet", sagte er; „Ich habe nur gefragt. Du bist also wieder Krankenschwester, oder?"

"Ja."

Er stieß einen ungeduldigen Seufzer aus, den Seufzer eines Mannes; der die Diskrepanz des Lebens erkennt und sich unvollkommen damit abfindet.

„Wir sind beide wieder das, was wir einmal waren, und wir sind beide älter. Naja, mir geht es schlechter von beiden, falls dich das tröstet. Eine Frau bekommt immer Gelegenheiten für einen Neuanfang.“

Sie prüfte die Erwiderung, die ihr über die Lippen kam, begierig darauf, etwas über seine Angelegenheiten zu erfahren, obwohl sie sich nicht dazu durchringen konnte, eine Frage zu stellen; und nach einem Moment erwiderte sie gleichgültig:

„Du hast die Chance bekommen, die du dir so sehr gewünscht hast. Ich habe verstanden, dass deine Heirat alles war, was nötig war, um dich nach London zu bringen.“

„Ich war in London – hast du es nicht gehört?“ Er erschrak über die Natürlichkeit, das naive Staunen des Schauspielers, als er feststellte, dass seine Bewegungen niemandem bekannt waren. „Wir hatten eine Saison im Boudoir und begannen mit „ The *Cast of the Die* “. Es war ein paar Wochen lang ratlos, aber das war nicht der Fall. Der Fehler bestand darin, nicht damit zu eröffnen. Und die Hauptstadt war insgesamt zu klein für eine Londoner Show; die Ex-Partner waren schrecklich! Es wäre besser gewesen „Ich wäre mit der Verwaltung in den Provinzen zufrieden gewesen, wenn man gewusst hätte, wie sich die Dinge entwickeln würden. Jetzt sind es die Provinzen, die von jemand anderem verwaltet werden. Ich nehme an, Sie glauben, dass ich zu Recht bedient wurde?“

„Ich sehe nicht, dass es dir schlechter geht als früher.“

„Nicht wahr? Du hast kein Interesse daran, es zu sehen. Mir geht es viel schlechter, denn ich muss eine Frau und ein Kind behalten.“

„Ein Kind! Du hast ein Kind?“ Sie sagte.

„Ein Junge. Aber darüber meckere ich nicht; ich mag den Jungen, obwohl ich wohl glaube, dass ich niemanden besonders gern haben kann. Aber – – Oh, ich weiß nicht, warum ich erzähl dir davon – was kümmert es dich!“

Sie schwiegen wieder. Die Sonne, eine Scheibe am grauen Himmel, verschmierte den Dampf mit einem Hauch von blassem Rosa, und auf dem Wasser wurde dieser verherrlicht und bereichert, sodass der Fleck am Horizont tiefrot geworden war. Das nähere Land, das Meer, üppig still und im Vergleich dazu farblos , hatte noch etwas von der Durchsichtigkeit eines Opals, tausend schwer fassbare Feinheiten der Tönung, die zwischen den Streifen der Dunkelheit schimmerten, die vom Himmel auf seine Oberfläche geworfen wurden. Ein dünner Rand Schaum breitete sich verträumt am Ufer entlang aus. Ein Ruderboot glitt schwarz über die scharlachrote Ferne und glitt in die Dunkelheit, wo Himmel und Meer eins waren. Zu ihrer Rechten zeichnete sich undeutlich die schattenhafte Gestalt eines Fischerluggers durch den Nebel ab. Die Trägheit der Szene hatte in der Betrachtung etwas Emotionales, eine Qualität, die auf die Sinne einwirkte wie die Musik einer Geige. Sie war von einer traurigen Freude erfüllt, dass er hier war – eine Freude, zu der auch die Melancholie gehörte. Die Freude der Vereinigung durchströmte sie, köstlicher umso unvollkommener.

„Es ist dir egal, ob ich schlecht oder gut abschneide", sagte er düster. Und die Dissonanz der Beschwerde brachte sie wieder zur Vernunft. „Aber es ist noch nicht lange her, dass wir – mein Gott! Wie Frauen das vergessen können; jetzt ist es dir nichts mehr wert!"

„Warum sollte es etwas sein?" rief sie aus. „Wie kannst du es wagen, mich daran zu erinnern, was wir einmal waren? ‚Vergessen'? – Ja, ich habe gebetet, um zu vergessen! Zu vergessen, dass ich jemals dumm genug war, an dich zu glauben; zu vergessen, dass ich jemals erniedrigt genug war, dich zu mögen." . Ich wünschte, ich *könnte* es vergessen; es ist meine Strafe, mich daran zu erinnern. Nicht weil ich gesündigt habe – so schlimm es auch ist, das ist weniger –, sondern weil ich für *dich gesündigt* habe! Wenn die ganze Welt wüsste, was ich getan habe, könnte mich niemand dafür verachten wie ich mich selbst verachte oder verstehe, wie ich mich selbst verachte. Der einzige Mensch, der das tun sollte, bist du, denn du weißt, für was für einen Mann ich das getan habe!"

„Ich wurde von einer Versuchung mitgerissen – von Ehrgeiz. Du machst mich so abscheulich, als wäre alles absichtlich geplant. Nachdem du gegangen warst –"

„Nachdem ich gegangen war, hast du deine Managerin geheiratet. Selbst wenn du in sie verliebt gewesen wärest, könnte ich Ausreden für dich finden; aber das warst du nicht – du warst nur in dich selbst verliebt. Du hast eine Frau für Geld verlassen. Deine „Versuchung" war das Schlimmste, das Verächtlichste, dem ein Mensch je nachgegeben hat. „Ehrgeiz"? Gott weiß, dass ich nie zwischen dir und dem gestanden habe. Dein Ehrgeiz gehörte mir, so sehr meiner wie deiner, etwas, das wir zwischen uns halbiert haben. Hat das irgendjemand? Hat es sonst jemand so gut verstanden und gefördert? Ich sehnte mich so sehr nach deinem Erfolg wie du; wenn er gekommen wäre, hätte ich mich genauso sehr gefreut wie du. An wen hast du dich gewandt, als du enttäuscht warst, um Trost zu finden? Aber ich konnte Gib dir nur Mitgefühl, und *sie* könnte dir Macht geben. Und alles von mir *war* gegeben worden; du hattest es gehabt. Das war der Hauptpunkt."

„Nennen Sie mich einen Bösewicht und fertig – oder einen Mann! Werden Vorwürfe jetzt einem von uns helfen?“

„Täuschen Sie sich nicht selbst – es gibt edle Männer auf der Welt. Ich sage es Ihnen jetzt, denn damals würde ich nichts sagen, was Sie als Appell betrachten könnten. Es wollte nur, dass das meine Empörung vervollständigt – damit ich darum bitte dass du deine Meinung änderst!“

„Ich wünschte beim Himmel, du hättest lieber etwas getan, als zu gehen, und das ist die Wahrheit!“

„ Das tue *ich* nicht; ich bin froh, dass ich gegangen bin – froh, froh, froh! Das Schrecklichste, was ich mir vorstellen kann, ist, bei dir geblieben zu sein, nachdem ich dich so kannte, wie du warst. Das Schrecklichste auch für dich: zu wissen dass ich wusste, dass mein Anblick zu einem Fluch geworden wäre.

„Ein Fehler“, murmelte er, „eine Ungerechtigkeit, und der ganze Rest, alles, was vorher war, ist ausgelöscht; du weigerst dich, dich an die schönsten Jahre unseres beider Lebens zu erinnern!“

Sie blickte sich langsam mit erhobenem Kopf zu ihm um, und ein paar Sekunden lang schaute jeder dem anderen ins Gesicht und versuchte, die Geschichte, die Zeitspanne darin zu lesen. Ja, er hatte sich schließlich verändert. Die Augen waren älter. Etwas war von ihm verschwunden, etwas von Lebhaftigkeit, von Hoffnung.

„Wollen Sie mich bitten, mich daran zu erinnern?“ Sie sagte.

„Sie scheinen zu vergessen, wozu das Unrecht begangen wurde.“

„Mary, wenn du wüsstest, wie elend ich bin!“

„Ah“, murmelte sie halb traurig, halb verwundert, „was für ein Egoist du doch immer bist! Du triffst mich wieder – nach unserem Abschied – und redest zunächst über dich selbst!“

Er machte eine Geste – dramatisch, weil sie das Gefühl ausdrückte, das er vermitteln wollte – und wandte sich ab.

„Darf ich Sie befragen?“ fragte er lahm in der nächsten Minute. "Wirst du antworten?"

„Was ist es, das Sie hören möchten?“

„Bist du im Krankenhaus?“

"Ja."

„Schon lange? Ich meine, ist es schon lange her, seit du nach Westport gekommen bist?“

„Ich war fast die ganze Zeit hier."

„Und wie – ist es bequem?"

„Oh", sagte sie mit einer Bewegung, die sie nicht unterdrücken konnte, „lass uns bei dir bleiben, wenn wir überhaupt reden müssen. Es wird dir leichter fallen."

„Warum wirst du so grausam sein?" er rief aus. „Du bist es, der jetzt ungerecht ist. Wenn ich unbeholfen bin, dann deshalb, weil du so knapp bist. Du hast alles Recht auf deiner Seite, und ich trage die Last der Vergangenheit auf mir. Du hast mich gefragt, warum ich gesprochen habe." zu dir: Wenn du weniger für mich gewesen wärst, als du warst – wenn ich weniger an dich gedacht hätte, als ich es getan habe – hätte ich nicht sprechen sollen. Du verstehst vielleicht, dass die Lage für mich sehr schwierig ist; ich bin völlig ratlos deine Barmherzigkeit, und du zeigst mir keine."

Die Hände in ihrem Schoß zitterten ein wenig, und nach einer Pause sagte sie mit leiser Stimme:

„Du erwartest mehr von mir, als möglich ist; ich habe zu viel gelitten."

„Meine Probleme waren schlimmer. Ach, lächle nicht so; es war noch viel schlimmer! Du hattest jedenfalls den Trost zu wissen, dass du einer Illusion ausgesetzt warst ; *ich hatte* die ganze Zeit das Gefühl, dass mein Bett war Ich habe es selbst gemacht und mich wie ein Schurke verhalten. Was auch immer ich ertragen muss, ich verdiene es, ich bin mir dessen durchaus bewusst; aber das Wissen macht es nur noch abscheulicher. Mein Leben ist nicht idyllisch, Mary; wenn ja Wäre nicht für das Kind – – Meine Güte, die einzigen Momente, in denen ich meine Sorgen los werde, sind, wenn ich mit dem Kind spiele oder wenn ich betrunken bin!"

„Ihre Ehe war nicht glücklich?"

Er zuckte mit den Schultern.

„Wir streiten nicht; wir werfen uns nicht gegenseitig mit Möbeln zu und rufen die Vermieterin auf, wie – wie hießen sie ? – die Whittacombes . Aber wir finden die Tage nicht zu kurz, um alles zu sagen, was wir haben." Wir müssen es uns gegenseitig erzählen, sie und ich; und – – Oh, Sie können sich nicht vorstellen, was für eine schreckliche Sache es ist, den ganzen Tag vor einer Frau zu stehen, der Sie nichts zu sagen haben – es ist schrecklich! Und sie kann nicht schauspielern und bekommt keine Verlobungen, und das macht sie ärgerlich. Vielleicht wird sie von mir für kleine Rollen eingekauft – tatsächlich hat sie das ein- oder zweimal gemacht –, aber das befriedigt sie nicht, sie will weiter die Hauptrolle spielen, und jetzt, wo das Geld weg ist, kann sie nicht mehr. Sie denkt, ich hätte das verdammte Geld schlecht verwaltet und sie schlecht beraten. Sie hatte ein Jahr lang nichts gemacht, bis zum Frühjahr, und dann ist sie mit Laura ausgegangen Henderson nach New York. Schlechte Bedingungen sind das für Amerika! Aber sie hat so viel gemurrt, dass ich glaube, dass sie jetzt eher als Statistin weitermachen würde, als als Nichts, solange ich nicht einer anderen Frau in der Hauptrolle die Hauptrolle spiele gleiche Menge."

Sie zeichnete mit dem Finger ein imaginäres Muster auf den Sitz. Er stand immer noch und plötzlich leuchtete sein Gesicht auf.

„Da ist Archie!" er sagte.

„Archie?"

"Der Junge."

Ein zweijähriges Kind, das ein Dienstmädchen betreute, stand am Tor eines der Cottages hinter ihnen.

„Nehmen Sie ihn mit?"

„Er wurde mit ein paar Leuten in der Stadt zurückgelassen; ich habe ihn einfach runtergeholt, das ist alles. Wir sind am Samstag fertig, und da ist das Meer; ich dachte, zwei oder drei Wochen davon würden ihm gut tun. Willst du – möge er kommen." zu dir hinüber?"

Er streckte seine Arme aus, und das Kind, losgelöst von der Umarmung des Dieners, trottete lächelnd über das Gras, ein rundlicher kleiner Körper in Pelz und Umhang. Die Gamaschenbeine bedeckten langsam den Boden, und sie sah zu, wie sein Kind scheinbar lange auf ihn zulief, bevor Carew es einholte.

„Das ist Archie", sagte er schüchtern; "das ist er."

„Oh", sagte sie in gedämpftem Tonfall, „das ist er?"

Der Mann stellte ihn auf die Bank, tat so, als wäre er unvorsichtig gewesen, und rückte schnell seinen Hut zurecht, als fürchtete er, die Handlung sei lächerlich. Der Anblick von ihm in dieser Verbindung hatte für sie etwas unendlich Seltsames – etwas, das das Gefühl der Trennung verstärkte und die Vergangenheit äußerst alt und beendet erscheinen ließ.

„Lass ihn fallen", sagte sie; „Er fühlt sich nicht wohl."

„Glaubst du, er sieht stark aus?"

„Ja, natürlich, sehr. Warum?"

„Ich habe mich gefragt – ich dachte, du wüsstest mehr darüber als ich. Ist Archie ein guter Junge?"

„Ja", antwortete das Kind. "Mama!"

„Reden Sie keinen Unsinn – Mama ist da drüben!" Er zeigte auf das Meer. „Er redet für sein Alter in der Regel sehr gut; jetzt ist er dumm."

„Oh, lass ihn in Ruhe", sagte sie und blickte mit tiefen Augen auf das Babygesicht; „Er ist schüchtern, das ist alles."

"Mama!" wiederholte die Bemerkung eindringlich und legte eine Hand auf ihren langen Umhang.

„Der Daumen stimmt nicht", murmelte sie nach einer Pause, in der sowohl der Mann als auch die Frau verlegen waren; „Siehst du, es ist nicht drin!"

Sie zog den winzigen Handschuh aus und zog ihn noch einmal an, nahm die zarten Finger in ihre eigenen und trennte sich langsam von ihnen. Ein komplexes und wunderbares Gefühl beschlich ihr Herz, als sie die Stimme von Tonys Kind hörte; ein Gefühl halb widerwilliger Zärtlichkeit, gepaart mit einer schmerzenden Eifersucht auf die Frau, die ihm eines gebracht hatte.

Sie bildeten eine Gruppe, auf die jeder Blick zurückgefallen wäre – der alte und junge Mann, der offensichtlich der Vater war, das Baby und die nachdenkliche Frau, deren Kostüm sie als Krankenschwester verriet. Das Kostüm blieb tatsächlich nicht ohne Einfluss auf Carew. Es erinnerte ihn an die Tage seiner ersten Bekanntschaft mit ihr – Tage, seit sie zusammen waren und sich trennten und in verschiedene Kanäle abdrifteten. Nachdem er die Ehe als Mittel zum Zweck betrachtet und bewiesen hatte, dass sie eine Sackgasse war, beschuldigte er die Frau, mit der er einen Fehler gemacht hatte, sehr leidenschaftlich und hätte seinen Fehler gerne der anderen, die mehr war, mitgeteilt denn je attraktiver, weil sie nicht mehr zu ihm gehörte. Die Länge des Schleiers, der bis unter ihre Taille reichte, hatte für ihn eine klösterliche Anmutung, die seinen Anspielungen auf ihre Intimität eine zusätzliche Faszination verlieh; und Archies Anwesenheit hatte seine Aufmerksamkeit selten so wenig beansprucht. Dennoch liebte er diesen Ableger seiner selbst mehr als sie selbst in der Zeit, an die das Kleid erinnerte; und das lag daran, dass sie kaum begriff, dass das Kind sie so nahe berührte. Wie fast jeder Mann, bei dem die Sehnsüchte des Ehrgeizes die Hoffnung auf ihre Erfüllung überlebt haben, dachte er viel über seine Zukunft nach; Sohn; sehnte sich danach, seinem Jungen den Erfolg zu verschaffen; Er hatte erkannt, dass er es nie erreichen würde, und verlor im Interesse der Vaterschaft etwas von der Eindringlichkeit des Scheiterns. Der Wunsch, mit ihr über diese und viele andere Dinge zu sprechen, war in ihm stark, aber sie erwachte aus ihrer Träumerei und verabschiedete sich wie aus einem Impuls heraus, genau in dem Moment, in dem er sprechen wollte.

„Werde ich dich wiedersehen?"

"Ich denke nicht."

Dann hätte er gefragt, ob sie sich in Frieden trennen würden, aber ihr Abschied war zu abrupt, als dass er selbst eine Frage stellen konnte.

KAPITEL XIII

Es überraschte ihn und ließ ihn leicht enttäuscht zurück. Ihr Gespräch so abrupt abzubrechen, schien ihm grundlos. Er konnte keinen Grund dafür erkennen und sein Blick folgte ihrer sich entfernenden Gestalt mit spekulativem Bedauern. Als sie außer Sichtweite war, hob er das Kind auf, trug es in das Wohnzimmer der Hütte , setzte sich neben das offene Fenster, rauchte und dachte an sie.

Es war ein kleines, dürftig eingerichtetes Zimmer, und das Kind wurde, genervt von seinen Engpässen, schnell unruhig. Eine schlampige Wirtin werkelte herum und stellte das Geschirr für das Abendessen bereit, während der kleine Diener, der mit dem Jungen aus der Stadt geschickt worden war , sein Abendessen zu einer unappetitlichen Masse auf einem Teller zerstampfte. Von Zeit zu Zeit drehte sie sich zu ihm um, um ihn mit einigen der lautstarken Facetten zu beruhigen , die für die Spezies der kleinen Diener im Umgang mit der unruhigen Kindheit typisch sind, und in diesen Momenten unterbrach Carew seine Meditationen über seine frühere Geliebte, um sich die Anwesenheit seiner Frau zu wünschen . Es war erst der zweite Tag, an dem sein Sohn ihn besuchte, und seine Unkenntnis der Vereinbarung blieb nicht ohne Auswirkungen auf seine Nerven.

Stets unzufrieden mit der Gegenwart, war seine Fähigkeit, die Vergangenheit zu genießen, entsprechend ausgeprägt. Nachdenklich aß er mit einem Löffel ein Kotelett, während er die unappetitliche Anlage und die kindlichen Launen im Blick hatte , und erlebte es noch einmal, wobei er tausend Reize erkannte, für die ihn die Realität blind gesehen hatte.

Als das Abendessen beendet war, konnte er den Einfluss des Treffens nicht abschütteln. Während das Kind mit ein paar Spielsachen in einer Ecke herumkrabbelte, installierte es phantasievoll Maria im Zimmer; Er stellte sich vor, wie es ihm ergehen würde, wenn er sie geheiratet hätte, und beobachtete trübsinnig die Locken des Tabakrauchs, die über das schmutzige Geschirr segelten. "Verdammt!" rief er und stand auf. Ohne die Überzeugung, dass es zwecklos wäre, hätte er sich auf die Suche nach ihr gemacht.

Er war fest davon überzeugt, dass er sie wiedersehen würde, bevor er den Ort verließ. Dies gelang ihm jedoch weder am nächsten noch am nächsten Tag, obwohl er seinen Spaziergang über die üblichen Grenzen hinaus ausdehnte. Bei diesen Ausflügen vergaß er nicht zu bemerken, dass eine Stadt, die groß genug ist, um einen hoffnungslos von dem Gesicht zu trennen, das man sucht, dennoch so klein sein kann, dass man an fast jeder Ecke dieselben Gesichter von Fremden sieht. Ein farbiger Gentleman, den er speziell für seine Wiederholung verfluchte .

Obwohl er an der Möglichkeit dieser Sache zweifelte, konnte er den Gedanken nicht loswerden, dass sie eines Abends im Theater sein würde, getrieben von der Versuchung, ihn ohne sein Wissen anzusehen; und er gab jetzt sein Bestes, um die Chance zu nutzen, dass sie dort sein könnte. So oft es möglich war, suchte er während der Aufführung des Stückes das Haus ab und inspizierte es zwischen den Akten durch das Guckloch im Vorhang.

Eines Abends bemerkte ein hübsches Mädchen in den Kulissen seine Beobachtungen und fragte scherzhaft, ob „ *sie* versprochen hatte, draußen auf ihn zu warten."

„Nein, Kitty, mein Liebling, das hat sie nicht; sie will nichts mit mir zu tun haben!" antwortete er und wäre am liebsten stehengeblieben und hätte mit ihr geflirtet. Sein Gehirn war in diesem Moment heiß, und die eine oder andere Frau in diesem Moment –

Wenn Mary gewartet hätte, hätte er genauso sentimental mit ihr reden können wie zuvor; und ich habe auch so viel Gefühl gespürt. Alle Reue über seine Fehler konnte er durch eine allgemeine Verurteilung der männlichen Natur lindern.

Das hübsche Mädchen spielte in dem Stück keine Rolle. Sie war die Tochter einer gutaussehenden Frau, die in der Doppelfunktion „Zimmermädchen" und Garderobenfrau tätig war; Aber obwohl sie das Internat gerade erst verlassen hatte, war es eine ausgemachte Sache, dass sie, wie ihre Mutter, bald mit den unteren Zweigen des Berufs in Verbindung gebracht werden würde. Sie hatte sich den Tonfall der Burlesque-Dame im privaten Gespräch bereits sehr gut angeeignet und war mit dem Inneren der Provinzbars vertraut, in denen ihre Mutter nach der Aufführung ein „Tonic" zu sich nahm.

Carew traf sie beide eine Stunde später inmitten einer Gruppe männlicher Gesellschaftsmitglieder im Hinterzimmer eines Wirtshauses. Kitty, die noch unschuldig genug war, „Liebling" als etwas Neues zu empfinden, begrüßte ihn mit einem Aufblitzen ihrer Augen; aber er antwortete nicht und saß bedrückt da, während er seinen Whisky trank. Die anderen kommentierten seine Abstraktion. Er antwortete mürrisch und forderte „noch einmal dasselbe." Es war nicht ungewöhnlich, dass er jetzt zu viel trank – er war es gewohnt, seine Schwäche dadurch zu entschuldigen, dass er Mitleid mit seinem trostlosen Leben hatte – und heute Abend lag er auf dem Sofa und nippte an Whisky, bis er geschwätzig wurde.

Sie blieben noch lange nach Feierabend am Tisch, und die Wirtin, eine Freundin von Kittys Mutter, ermahnte sie zur Ruhe. Sie war nicht abgeneigt, sich der Party anzuschließen, als die Lichter im Fenster erloschen waren, und Kitty weigerte sich auch nicht, ein Glas Wein zu trinken, als Carew sie endlich drängte, gesellig zu sein.

„Weil du erwachsen wirst", sagte er mit einem albernen Lachen – „jetzt bekommst du ein großes Mädchen!"

Sie erwies ihm eine gespielte Ehrerbietung in der Mitte des Bodens und schüttelte das Haar zurück, das ihr immer noch offen über die Schultern fiel.

„Sherry", sagte sie, „wenn Mutter sagt, dass ihr Popsy darf? Weil ich ‚jetzt ein großes Mädchen bekomme', Mutter!"

Die Bar lag im Dunkeln und dies erforderte eine Untersuchung mit einer Streichholzschachtel. Als die Flasche hergestellt wurde, stellte sich heraus, dass sie leer war; Die Pantomime der Verzweiflung des Mädchens wurde mit lautem Gelächter aufgenommen. Alle hatten mehr getrunken, als ratsam war, und die Wirtin versuchte erneut, die Heiterkeit durch schwache Anspielungen auf ihre Lizenz zu zügeln .

„Der Sherry ist im Schrank am Ende des Flurs", rief sie; „Möchtest du nicht stattdessen etwas anderes haben? Jetzt mach weniger Lärm, das sind gute Jungs; du wirst mich in Schwierigkeiten bringen!"

„Ich gehe und hole es", sagte Kitty und begann mit erhobenen Armen einen kurzen Schritttanz. „Vertraust du mir den Schlüssel?"

„Und *ich* werde nachsehen, dass sie dich nicht ausraubt", rief Carew. „Komm mit, Kit!"

„ Nein , das wirst du nicht", sagte ihre Mutter; „Allein kommt sie am besten zurecht!" Aber der Protest blieb unbeachtet, und als das Mädchen auf den Flur hinauslief, folgte er ihm; und als sie den Schrank erreichten und am Schloss herumfummelten, packte er sie um die Taille und küsste sie.

Sie kamen zusammen mit der Flasche zurück, in der Haltung des Mädchens drückte die Demütigung eine selbstgefällige Weiblichkeit aus. Carew widmete sich mit neuem Fleiß dem Schnaps; und als sich die Gruppe vorsichtig durch die Privattür zerstreute, waren seine Augen glasig.

Die schlafende Stadt erstreckte sich, bevor seine unsicheren Schritte im Mondlicht erbleichten, während er den anderen ein dickes „Gute Nacht" wünschte. Seine Gemächer waren eine Meile oder noch mehr entfernt, und vom Alkohol verwirrt, gelangte er auf die falsche Straße, verfolgte sie immer wieder und verließ sie immer wieder, bis Westport sich in der Wirrnis eines Labyrinths um ihn herumschlängelte. Einmal blieb er stehen, in dem Gedanken, dass er jemanden kommen hörte. Aber das Geräusch verstummte; und mit jeder Minute wurde ihm schwindliger, als er weiterging, ohne sich letztendlich die Mühe zu machen, seine Situation zu erraten. Die Sonne ging gerade auf, als er, teilweise nüchtern, durch das Haustor ging. Das Meer umspülte sanft den Sand unter einem rötlichen Himmel; aber im

Schlafzimmer brannte noch eine Kerze, und im Schein der Kerze blickte ihn der kleine Diener mit verängstigtem Gesicht an.

„Meister Archie, Sir!" sie geriet ins Stocken; „Ich war die ganze Nacht bei ihm – er ist krank!"

"Krank?" Er stand dumm auf der Schwelle. „Was meinst du mit krank? Was ist das?"

„Ich weiß es nicht; ich weiß nicht, was ich tun soll; ich denke, er sollte einen Arzt haben."

Mit einem gemurmelten Ausruf drängte er sich an ihr vorbei zum Bett, wo das Kind wimmernd lag.

„Was ist los, Archie? Was ist los, kleiner Kerl?"

„Es ist sein Hals, über den er klagt", sagte sie; „Sie können sehen, es ist alles geschwollen. Er kann nichts essen."

Carew sah es bestürzt an. Eine plötzliche Angst, das Kind zu verlieren, eine plötzliche Angst vor der eigenen Unfähigkeit erfasste ihn.

„Holen Sie einen Arzt", stammelte er, „bringen Sie ihn mit zurück. Sie hätten vorher gehen sollen; es war nicht nötig, darauf zu warten, bis ich hereinkam, um Ihnen zu sagen, dass das Kind, wenn es krank wäre, einen Arzt brauchte!" Mach weiter, Mädchen, beeil dich! Irgendwo in dem verdammten Ort wirst du einen finden. Warte einen Moment, frag die Vermieterin – weck sie auf und frag nach dem nächsten Arzt! Sag ihm, er muss sofort kommen. Wenn er nicht kommt Rufen Sie einen anderen an – eine Verzögerung kann den Unterschied ausmachen. Mein Gott! Warum hatte ich ihn hier unten?

Das Warten drohte endlos zu werden. Auf dem Waschtisch stand ein Becken mit Wasser, in das er seinen Kopf steckte. In der Stille war die Bewegung des erwachenden Lebens zu hören. Durch das Fenster war das Klappern von Füßen im Nachbarhof zu hören, das Klappern eines Eimers auf Stein. Er betrachtete das Kind, das von seinem eigenen Zustand geplagt war, und bemühte sich, seine Angst durch wiederholte Fragen zu zerstreuen, auf die er verdrießliche und unbefriedigende Antworten erhielt.

Es dauerte mehr als zwei Stunden, bis das Mädchen zurückkam. Sie wurde von einem Arzt begleitet, der verärgert wirkte. Carew beobachtete atemlos seine Untersuchung.

"Ist es ernst?"

„Es sieht aus wie Diphtherie; das kann man noch nicht sagen. Er hat eine erstklassige Konstitution; das ist eine Sache. Mutter, ein guter Körperbau? ... Das hatte ich mir denken sollen! Sind Sie Assistenzarzt?"

„Ich bin Schauspieler; ich habe hier ein Engagement; meine Frau ist im Ausland. Warum fragen Sie?“

„Das Kind sollte besser entfernt werden – es besteht die Gefahr einer Diphtherie-Infektion; eine Unterbringung reicht nicht aus. Bringen Sie es ins Krankenhaus und lassen Sie es gut versorgen. Das wird in jeder Hinsicht das Beste für ihn sein.“

„Ich bin Ihnen für Ihren Rat sehr dankbar“, sagte Carew. Aber die Vorstellung war einschüchternd. „Ich selbst werde noch mindestens eine weitere Woche hier sein“, fügte er in Anspielung auf das Honorar hinzu. „Ist es Ihrer Meinung nach sicher, ihn zu bewegen?“

„Oh ja, das brauchen Sie nicht zu befürchten. Wickeln Sie ihn ein und bringen Sie ihn heute Morgen in einer Fliege weg. Je früher, desto besser... Das ist in Ordnung. Guten Tag.“

Er machte sich zügig auf den Weg, mit Appetit auf das Frühstück.

„Archie wird eine schöne Fahrt haben“, sagte Carew in einem Ton trostloser Ermutigung – „eine schöne Fahrt in einer Kutsche mit Papa.“

„Ich bin müde“, sagte das Kind.

„Eine schöne Fahrt im Sonnenschein und mit Blick auf das Meer. Nursie wird dich anziehen.“

„Ich will nicht!“

Seine Bemühungen, Widerstand zu leisten, verstärkten Carews Abneigung gegen die vorgeschlagene Vereinbarung. Es war nicht in den ersten paar Minuten, dass dieser plötzliche Anblick des Krankenhauses dem Mann die Verbindung Marys damit in Erinnerung rief; und als ihm die Verbindung klar wurde, hellte sich seine Stimmung auf. Wenn der Junge weg von den Verwandten seiner Mutter in London untergebracht werden müsste, könnte das Unglück kaum unter glücklicheren Bedingungen geschehen als dort – – Die Überlegung verblasste zu einem fraglichen Punkt. *Würde* sie von Nutzen sein? Konnte er von Mary Brettan Zärtlichkeit erwarten oder es wagen, sie um Zärtlichkeit zu bitten – und für das Kind der anderen Frau? Er bezweifelte es.

In der Abscheu der Gefühle, die dieser aufkeimenden Hoffnung folgten, beschloss er beinahe, die Bitte zurückzuhalten. Viele Kinder waren in einem Krankenhaus sicher; warum nicht sein eigenes Kind? Er würde für alles bezahlen. Und dann ließ ihn der Gedanke an Archie, verlassen unter Fremden, erzittern; und die kleine Gestalt schien ihm in ihrer Mattigkeit noch kleiner und zerbrechlicher geworden zu sein.

Immer wieder überlegte er in dem rüttelnden Taxi, ob er sich an Mary wenden sollte, und kämpfte mit Scham um seines Jungen willen. Ohne zu wissen, was sie tun konnte, war er sich bewusst, dass ihr Interesse von Wert sein würde. Er klammerte sich leidenschaftlich an den Gedanken, das Krankenhaus zu verlassen, mit dem Wissen, dass es dort einen Freund gab, eine Person, die dem Kind mehr geben würde, als der Patient erkauft und unparteiisch verdient hatte.

Das Taxi hielt ruckartig an und er trug ihn in den leeren Warteraum. Es war eine dürre, schmale Wohnung im Erdgeschoss mit einer Glasfläche, die wie ein Ladenfenster mit Blick auf die Straße aussah. Er stellte ihn in eine Ecke einer der Formen an der Wand und murmelte ermutigende Worte, während er auf das Erscheinen des Hausarztes wartete. Die Minuten verzögerten sich. Ihm kam der Gedanke, dass man das Leiden vielleicht als trivial bezeichnen würde, aber die Hoffnung verließ ihn fast so, wie sie kam, verbannt von der Umgebung. Die bloße Melancholie der Wände ließ ihn erneut erschauern, und die Andeutung von Armut an diesem Ort verstärkte seine Bedenken. Er dachte, er würde mit ihr sprechen. Wenn sie sich geweigert hätte, hätte es nicht geschadet. Und sie weigerte sich nicht, sie war zu gut. Ja, sie war immer eine gute Frau gewesen. Er erinnerte sich--

Der Türknauf drehte sich und er erhob sich im Beisein von Kincaid. Die Blicke der beiden Männer trafen sich fragend.

"Dein Kind?" sagte Kincaid und kam näher.

„Ja, es ist sein Hals. Mir wurde geraten, ihn hierher zu bringen, weil ich nur in einer Unterkunft bin. Ich würde gerne –“

"Lassen Sie mich sehen!"

Carew nahm seinen Platz wieder ein. Sein Blick hing an den Bewegungen des Arztes; Jedes Detail erschütterte seine Nerven. Eine Krankenschwester wurde gerufen, um die Temperatur zu messen. Er beobachtete sie gespannt und lächelte das Kind an ihrem Arm schwach an.

„Diphtherischer Hals. Wir bringen ihn sofort ins Bett. Bringen Sie ihn weg, Schwester – bringen Sie ihn in eine Sonderstation.“

„Ich möchte –“ sagte Carew heiser; „Ich kenne eine der Krankenschwestern hier. Darf ich sie sehen?“

„Ja, sicherlich. Welches?“

„Ihr Name ist , Brettan – Mary Brettan ‘.“ Er bückte sich, um das tränenüberströmte Gesicht zu tätscheln, und übersah Kincaids Überraschung. „Wenn ich sie jetzt sehen könnte--?“

„Fragen Sie bitte, ob Schwester Brettan herunterkommen kann! Sagen Sie, dass sie im Wartezimmer gesucht wird."

Es folgte eine kurze Pause. Das Schließen der Tür ließ sie allein. Die Fantasie des Vaters verfolgte die verschwundenen Figuren; Kincaid war mit der Tatsache beschäftigt, dass der Mann ein Bekannter von Mary war – der einzige Bekannte, der ihm über den Weg gelaufen war. Surprise schlug seine Eröffnungsbemerkung vor:

„Sie sind ein Besucher hier, sagen Sie? Die Krankheit Ihres kleinen Sohnes kam für Sie zu einem unglücklichen Zeitpunkt."

„Das hat es – ja, sehr. Ich bin im Theater – und meine Wohnungen sind nicht besonders gut."

Er erwähnte die Adresse; Der Arzt stellte einige formelle Nachforschungen an. Carew fragte, wie oft er den Jungen sehen dürfe; und als dies vereinbart war, herrschte wieder Stille.

Es war innerhalb weniger Sekunden kaputt. Gleichzeitig hörten sie das Geräusch eines Schritts auf der Treppe. Gleichzeitig sahen sich beide Männer um. Den Schritten folgte das leise Rascheln eines Rocks, und Schwester Brettan überschritt die Schwelle. Sie zuckte sichtlich zusammen, beherrschte sich und quittierte Carews Begrüßung mit einer leichten Verbeugung.

Kincaid stellte ihn ihr gewissermaßen höflich und zurückhaltend vor.

„Dieser Herr hat auf Ihren Besuch gewartet. Ich wünsche Ihnen einen guten Morgen, Sir."

Mary ging zum Fenster und blieb dort stehen, ohne zu sprechen. Im bedruckten und Leinenkostüm des Hauses erinnerte sie sich für Carew noch deutlicher an die Zeit, als er sie zum ersten Mal gesehen hatte.

„Archie hat Diphtherie", sagte er; „Er wurde gerade nach oben gebracht."

„Es tut mir leid", sagte sie. „Warum hast du nach mir gefragt?"

„ Sie sagten mir, ich könne ihn nicht zu Hause behalten – ich müsse ihn hierher bringen ... Mary, wirst du für ihn tun, was du kannst?"

Sie hob ruhig den Kopf.

„Er ist sich einer sorgfältigen Pflege sicher", antwortete sie; „Kein Patient wird vernachlässigt."

„Ich weiß. Ich weiß das alles. Ich dachte, dass du –"

„Ich bin nicht auf der Kinderstation", sagte sie; „ *Ich kann* nichts tun."

Er sah sie stumm an. Bloße Gleichgültigkeit hätte seine Aufregung im Kampf gegen ihn zum Ausdruck gebracht, aber die schlüssige Antwort ließ ihm nichts, worauf er drängen könnte.

„Dann muss ich ohne dich zufrieden sein", sagte er schließlich. „Ich habe direkt an dich gedacht."

„Er wird jede Aufmerksamkeit genießen; daran brauchen Sie nicht zu zweifeln."

„So ein kleiner Kerl – unter Fremden!"

„Wir haben sehr kleine Kinder auf den Stationen."

„Und vielleicht gefährlich krank zu sein!"

„Man muss versuchen, auf das Beste zu hoffen."

„Ah, du sprichst mit mir wie eine Krankenhausschwester!" er weinte; „Ich habe mich an die Frau erinnert."

„Ich spreche als das, was ich bin", erwiderte sie kalt; „Ich bin eine der Krankenschwestern. Ich selbst habe keine Erinnerungen."

„Du könntest dich an diese Woche erinnern, als wir uns wieder trafen. Und einst hättest du es nicht mehr so unmöglich gefunden, meinem Jungen auch nur eine Minute Freundlichkeit entgegenzubringen!"

Sie ging blasser, aber selbstbeherrscht auf die Tür zu.

„Ich muss jetzt gehen", sagte sie; „Ich kann nicht lange wegbleiben."

„Du vergisst es nur, wenn etwas von dir verlangt wird!"

„Ich habe dir gesagt " , sagte sie und drehte sich um, „dass es außerhalb meiner Macht liegt, irgendetwas zu tun."

„Und du bist froh, dass du es sagen kannst!"

„Vielleicht. Keine Erinnerung an meine alte Schande gefällt mir."

„Deine Reformation ist sehr vollständig", antwortete er bitter; „Die Frau, die ich früher kannte, wäre nicht in der Lage gewesen, sich an einem hilflosen Kind zu rächen."

Der Schmerz der Erwiderung brachte sie zum Widerlegen. Ihre zur Tür ausgestreckte Hand sank auf ihre Seite; Sie sah ihn schnell an.

„Du findest für mich, was du aus mir gemacht hast", sagte sie mit weißen Lippen. „Ich habe weder Vergeltung noch Mitleid. Was bedeutet mir das Kind Ihrer Frau, dass Sie mich bitten, für es zu sorgen? Wenn ich hart bin, haben Sie mich vor seiner Geburt gelehrt, hart zu sein."

„Ich habe dich gebeten, für *mein* Kind zu sorgen. Und ich habe mich dazu durchgerungen, es zu fragen, weil es mein Liebstes auf Erden ist. Ich danke Gott, dass er erfahren hat, dass er nicht in deiner Obhut sein wird!"

Sie zitterte und sah ihn einen Moment lang aufmerksam an. Dann senkten sich ihre Augenlider und sie verließ ihn wortlos.

Sie ging auf den Flur hinaus – ihre Hand war an ihre Brust gedrückt. Ihre Aufgaben wurden jedoch nicht sofort wieder aufgenommen. Sie betrat den Kinderflügel und bewegte sich dabei nicht unentschlossen, sondern wie jemand, der sich daran macht, ein Ziel zu erreichen. Die beiden Bettenreihen ließen einen Durchgang auf dem Boden frei, und sie musterte die Gesichter, bis sie den Schwesterntisch erreichte.

Durch Zufall sprach sie mit der Krankenschwester, die Kincaid gerufen hatte.

„Es ist gerade ein Junge mit Diphtherie eingeliefert worden, Sophie. Weißt du, wo er ist?"

„Ja, ich melde mich gleich wieder bei ihm. Er liegt auf einer Sonderstation."

"Lass mich ihn sehen!"

„Haben Sie die Erlaubnis?"

"NEIN."

Schwester Gay zögerte.

„Ich werde in Schwierigkeiten geraten", sagte sie. „Warum fragst du nicht danach?"

„Ich möchte nicht warten; ich möchte ihn jetzt sehen."

„Ich war diese Woche schon einmal in heißem Wasser –"

„Sophie, ich kenne den Kerl und – und seine Leute. Ich *muss* zu ihm rein!"

Das Mädchen warf ihr einen scharfen Blick zu.

„Oh, wenn es so ist!" Sie sagte. „Es ist nur ein Wackeln – los!" Und sie sagte ihr, wo er war.

Er lag allein in dem einfachen Zimmer, als Mary eintrat – ein kleiner Patient, für den das schmale Feldbett groß aussah. Die Krankenschwester hatte ihm ein Bilderbuch gezeigt, und dieses lag lose auf der Steppdecke, wo es seinem lustlosen Griff entglitten war. Als er Marys Annäherung hörte, drehte er sich um. Aber er erkannte sie nicht . Ein zweifelnder Blick beurteilte ihre Absichten.

Zuerst sprach sie nicht. Sie beugte sich über das Kissen und strich es mechanisch immer wieder glatt, während eine Hand zitternd näher an den ungeordneten Locken entlangfuhr. Ihr eigener Blick vertiefte sich und blieb an ihm hängen; Ihre Lippen öffneten sich. Ihre Hände kroch schüchtern näher. Ihr Gesicht war gebeugt, bis ihr Mund ihm Küsse auf die Wange gab. Sie sehnte sich durch nasse Wimpern nach ihm, immer ein verwundertes Lächeln auf ihrem Gesicht.

„Archie", murmelte sie; „Archie, kleiner Junge, ist es bequem für dich? Willst du nicht die Bilder sehen – all die hübschen Menschen im Buch?"

„Keine schönen Bilder", beklagte er sich.

„Heute Nachmittag wirst du schönere haben", sagte sie; „Heute Nachmittag, wenn ich ausgehe. Lass mich dir das jetzt zeigen! Schau, hier ist ein kleiner Junge im Bett, genau wie du! Sein Name war auch ‚Archie'; und eines Tages brachte ihn sein Papa in ein großes Haus, wo Papa hatte Freunde und –

„Papa! Ich *will* Papa!"

„Oh mein Schatz", sagte sie, „Papa kommt! Er wird sehr, sehr bald kommen. Der andere kleine Junge wollte auch Papa und war zunächst überhaupt nicht glücklich. Aber im großen Haus alle." Er war so nett und froh, Archie da zu haben, dass er es sofort für eine Wohltat hielt, anzuhalten. Es war direkt so schön, dass es besser war, als zu Hause zu sein. Sie gaben ihm Spielzeug, jede Menge Spielzeug, und es gab Orangen und Pudding – es war wunderschön!"

Sie konnte nicht bleiben, sie wurde woanders gebraucht; und als Kincaid seinen Rundgang machte, war sie im Dienst. Aber sie beobachtete die Entwicklung im Laufe des Tages und wusste in der Dämmerung, dass das Kind schwer krank war. Sie wunderte sich nicht über ihr Interesse; es fesselte sie bis zum Äußersten. Wenn sie überhaupt überrascht war, dann, weil Carew an ihre Neutralität hätte glauben können. Dennoch war sie dankbar, dass er daran geglaubt hatte; und gleichzeitig freute er sich darüber, dass sein erster Impuls darin bestanden hatte, auf ihr gutes Herz zu vertrauen. Sie analysierte ihr Mitgefühl nicht , denn sie schämte sich für die Ursache, aus der es hervorging. Als sie in den vergangenen Jahren das verblasste Foto betrachtet hatte, hatte sie sich Vorwürfe gemacht und geweint; jetzt schien alles natürlich. Sie versuchte weder zu argumentieren noch zu beschönigen . Das Gefühl war spontan und sie ließ sich darauf ein. Sie nannte es kein falsches Wort, denn sie nannte es nichts. Sie wurde so getragen, wie es sie trug, blind und widerstandslos, ohne innezuhalten, es zu benennen oder seine Quelle zu definieren. Es schien natürlich. Als sie am nächsten Morgen aufgestanden war, erkundigte sie sich nach Archie und arrangierte wenig später einen weiteren Stippvisite im Zimmer. Aber er war jetzt zu krank, um sie zu bemerken.

Am Nachmittag kam Carew wieder. Sie erfuhr es, als er dort war, und erfuhr etwas von seinem Elend. Sie hörte, wie er die Krankenschwester mit Fragen bedrängte: „Hat sie schon einmal einen so schlimmen Fall gesehen – nun ja, schon oft? Waren die Genesenen so jung gewesen wie Archie? Gab es nichts anderes, was man versuchen könnte?" Sie hörte mit gesenktem Kopf zu und stellte sich die Szene vor, die sie nicht betreten durfte; beklagen, sich erinnern, noch einmal durchleben – für „Tonys Kind" beten.

Doch erst als der Mann gegangen war, drehte sich alles um sie. Sie saß am Ende der Station und nähte, um bald für die Nacht frei zu sein. Es war die Stunde, in der sich die Stille im Krankenhaus zu einer Stille vertiefte, die das Erlöschen der Lichter für die Patienten ankündigte. Die Abendessentabletts waren längst von den Nachttischen entfernt worden. Durch die Öffnungen des Vorhangs waren einige Patienten zu sehen, die nicht auf das Privileg verzichten wollten, solange sie es innehatten, und Bücher und Zeitschriften lasen; andere schliefen bereits, und selbst die Spätaufsteher der Station, die sich, zum Neid der anderen, in Rollstühlen herumtrieben, hatten ihren letzten Ausflug für den Tag gemacht. Der Major hatte seinen Stuhl angehalten, um seinen letzten Wunsch zu äußern: „Eine angenehme Nacht, Sir." Der Schachweltmeister hatte seinen Sieg auf der Steppdecke eines liegenden Gegners beendet. Wo um sechs Uhr das Frühstück kommt, nehmen erwachsene Männer einige Bräuche aus ihrer Kindheit wieder auf, und der Tag, der so früh beginnt, geht bald zu Ende. Es war sehr friedlich, sehr still; und sie saß im Lampenlicht und nähte.

Sie sah sich um, als die Oberin zu ihr gesellte. Es war bekannt, dass der Fall sie interessierte, und in gedämpfter Stimme sprachen sie darüber.

"Wie geht es ihm?"

„Es ging ihm furchtbar schlecht. Das Schlimmste ereignete sich, bevor der Vater ging; Dr. Kincaid musste herauf."

„ Was? – sag es mir!"

„Er musste eine Tracheotomie durchführen. Der Vater war die ganze Zeit da; Dr. Kincaid sagte ihm, was getan werden sollte, aber er wollte nicht gehen. Das Kind war blau im Gesicht und es gab kein Halten, um zu streiten." . Als der Hals durchgeschnitten und der Schlauch eingeführt wurde, dachte ich, der Mann würde ohnmächtig werden. Er stand direkt neben mir. „Guter Gott! Ist das ein Experiment?" sagte er. Ich sagte ihm, das sei die einzige Möglichkeit für das Kind zu atmen, aber er schien mich nicht zu hören. Und als der Hustenanfall kam – oh mein Gott! Weißt du, wie der Husten ist?"

"Mach weiter!"

„Er sorgte dafür, dass alles vorbei war; er brach in Tränen aus, und der Arzt befahl ihm, das Zimmer zu verlassen. ‚Wenn Sie Ihr Kind mögen, bleiben Sie hier ruhig, Sir‘, sagte er, ‚oder gehen Sie und beruhigen Sie sich.‘ draußen!' Ich glaube, es tat ihm leid, dass er hinterher so streng gesprochen hatte, obwohl er völlig recht hatte, denn –“

"Oh!" schauderte Mary. „Hast du ihn wiedergesehen?“

„Ja, ich sagte ihm, dass er nichts damit zu tun hatte, aufzuhören. Er sagte: ‚Wenn das Schlimmste passiert, werde ich es für richtig halten, dass ich dort war.‘ Ich sagte, er müsse versuchen zu glauben, dass jetzt nur das Beste passieren würde; obwohl ich nicht weiß, ob ich es hätte sagen sollen. Wenn es um eine Tracheotomie bei Diphtherie geht, ist die Chance für das Kind gering. Dennoch ist diese hier genauso gut kleiner Kerl wie immer, den ich gesehen habe; er hat die Kraft von vielen Paaren, die wir hier haben – und der Mann war in einem solchen Zustand. Er kommt heute Abend zurück – er soll mich *jedenfalls sehen* ; er musste sich beeilen, ins Theater zu handeln. Ich kann mir nicht vorstellen, wie er durchkommt.“

„Ich muss gehen! Ich muss auf die Station!“ Sie stand auf und verschränkte krampfhaft die Hände. „Ich kann, nicht wahr? Es ist Zeit für Schwester Mainwaring, mich abzulösen – warum ist sie nicht hier?“

Die Oberin beruhigte sie.

„Still! Sie können gehen, sobald sie kommt. Machen Sie es nicht so, sonst werde ich es bereuen, dass ich es Ihnen gesagt habe. Schwester Bradley hat sich darüber beschwert, dass sie sich unwohl fühlt – ich nehme an, dass es daran liegt.“

Mary lächelte schwach und missbilligte damit ihre Heftigkeit.

„Ich mag den Jungen sehr“, sagte sie mit entschuldigendem Ton. „Es war sehr nett von Ihnen, es mir zu sagen; ich danke Ihnen vielmals.“

Jetzt erschien Schwester Mainwaring.

„Schwester Bradley kann nicht aufstehen, Madam“, verkündete sie.

„Unsinn! Was ist das?“

„Ein übler Kopfschmerz; sie kann nicht aus ihren Augen sehen.“

Es war der Moment der Bestürzung, in dem einem Krankenhaus klar wird , dass auch sein Personal aus Fleisch und Blut besteht – das Problem in der menschlichen Maschinerie.

„Dann sind wir heute Abend unterbesetzt. Wollen Sie hier ablösen, Schwester Mainwaring?“

"Ja Madame."

„Und Schwester Gay – wer sollte sie ablösen?"

„Schwester Bradley."

„ *Ich werde* sie ablösen", rief Mary; "Ich möchte!"

„Sie brauchen Ihre Nachtruhe genauso sehr wie die meisten anderen. Und bei Trachie gibt es kein Nickerchen – es bedeutet, die ganze Zeit zuzusehen."

„Ich werde nicht schlafen; ich werde nicht wollen. Jemand muss ihre Nachtruhe verlieren – warum nicht ich?"

„Ich denke, wir kommen ohne dich zurecht."

„Es wird mir ein Gefallen sein – ich bin dankbar für die Chance."

„Nun, dann halbieren Sie es mit jemandem. Sie können die erste Hälfte nehmen und –"

„Nein, nein", drängte sie, „das ist hart und nicht genug für mich. Gib mir alles!"

Die Matrone ergab:

„Schwester Brettan löst Schwester Gay ab!"

Im Zimmer lag der Junge regungslos, als wäre er bereits tot. Aus dem Mund kam kein Atem mehr; Nur wenn man eine Hand vor die Öffnung des in den Hals eingeführten Schlauchs hielt, konnte man erkennen, dass er jetzt überhaupt atmete. Als Mary neben ihm Platz nahm, wurde die Kraft der professionellen Ausbildung sofort deutlich. Sie hatte mit fast fieberhafter Erregung um die zusätzliche Arbeit gebettelt; Sie betrat es gefasst und selbstbeherrscht. Ein Fremder hätte gesagt: „Eine gewissenhafte Frau, aber die Erfahrung hat ihre Sensibilität abgestumpft."

Auf dem Tisch lagen einige Federn. Dabei musste sie die Röhre von Zeit zu Zeit die ganze Nacht über frei von Verstopfungen halten. Es war unmöglich, sich der Schläfrigkeit auch nur für kurze Zeit hinzugeben. Unerschütterliche Aufmerksamkeit für den Zustand des Durchgangs, durch den die Lunge mit Luft versorgt wird, war nicht nur wichtig, sondern auch lebenswichtig. Eine ständige, unflexible Wachsamkeit war erforderlich. Dazu hatte sich die Krankenschwester, die bereits von den üblichen Pflichten des Tages erschöpft war, anstelle der Abwesenden verpflichtet.

Um halb zehn hatte sie die Röhre zweimal gereinigt. Um zehn Uhr kam Kincaid herein.

„Ich löse Schwester Gay ab", sagte sie und erhob sich; „Der Kopf von Schwester Bradley ist sehr krank."

Er ging zum Bett und stellte fest, dass alles in Ordnung war.

„Es wird sehr anstrengend für Sie sein. Gab es niemanden, der die Arbeit aufteilte?"

„Ich wollte alles selbst machen."

„Ah ja, ich verstehe; du kennst den Vater."

Es war die einzige Anspielung, die er auf die Frage des Vaters nach ihr gemacht hatte, und in seinem Tonfall war deutlich zu erkennen, dass er nachfragen wollte. Sie nickte. Und zum ersten Mal seit ihrer Ernennung allein standen sie da und betrachteten Carews Kind.

Sie hatte keine Lust zu sprechen. Ihm wurde durch die Situation Zurückhaltung auferlegt. Aber es hatte dennoch einen Reiz, mit ihr zusammen zu sein. Es war nicht dazu gedacht, es auszusprechen, nicht weiter darüber nachzudenken, aber teilweise aufgrund der vorherrschenden Stille im Haus entstand eine Illusion vertraulichen Verkehrs, die er hier noch nie zuvor mit ihr gespürt hatte.

Während sie hinsahen, schnappte der Junge kurz nach Luft. Der Schlauch war verstopft.

Sie zuckte zusammen und streckte ihre Hand in Richtung der Federn aus. Aber Kincaid hatte aufgrund seiner Position bereits einen erwischt .

"In Ordnung!" er sagte; „Ich werde es befreien."

Er beugte sich über das Kissen, die Feder in der Hand. Sie beobachtete ihn mit entsetzten Augen, denn sie sah, dass seine Bemühungen vergeblich waren und er es nicht befreien konnte.

Die wächserne Gelassenheit des nach oben gerichteten Gesichts verschwand, während sie zusah. Es erlangte die Zeichen des Lebens zurück, um mit der Plage des Todes zu kämpfen – augenblicklich verzerrt und schrecklich verzerrt. Die durchschnittliche Frau hätte laut geweint. Die Krankenschwester bewahrte praktisch immer noch ihre Ruhe.

Es war Kincaid, der das erste Zeichen der Verzweiflung gab.

„Das Ding ist blockiert!" er rief aus; „Ich kann es nicht klären!"

In seiner Stimme klang die unterdrückte Verzweiflung eines Chirurgen, der ebenfalls ein Enthusiast ist und dem sich eine höhere Macht entgegenstellt. Unter der Prüfung seiner Niederlage brach ihre Fassung zusammen. Konfrontiert mit einer Gefahr, für die sie ein lebhaftes und persönliches Interesse hatte, wurde sie – wie schon der Vater vor ihr – unruhig und unruhig.

„Das musst du", sagte sie. „Herr Doktor, um Himmels willen!"

Er versuchte es immer noch, aber mit kaum Erfolg.

„Ich gebe mein Bestes; es scheint nicht gut zu sein."

„Du musst dieses Leben retten", wiederholte sie.

"Du wirst?"

„Ich sage dir, ich kann nicht mehr tun."

„Das wirst du – das wirst du!" sie bestand wild darauf. Die Leidenschaft der Mutterschaft prägte ihr Gesicht. „Herr Doktor, es ist *sein* Kind!"

Er sah sie an – ihre Blicke trafen sich schon damals. Es war nur ein Blitz. Plötzlich wurde es fürchterlich, das Keuchen des sterbenden Babys mitzuerleben. Die Augäpfel rollten schrecklich und es schien, als würden sie aus ihren Augenhöhlen springen. Der winzige Brustkorb hob und senkte sich unter qualvoller Anstrengung, Luft zu schnappen, während sich der gebrechliche Körper in seinem krampfhaften Kampf gegen das Ersticken beinahe von der Matratze erhob.

„Geh weg", sagte der Mann; „Es gibt nichts, was du tun kannst."

Sie weigerte sich, sich zu rühren. Sie appellierte verzweifelt an ihn.

"Hilf ihm!" sie stammelte.

"Es gibt keine Möglichkeit."

„Sie, der Arzt, sagen Sie mir, dass es keine Möglichkeit gibt?"

"Keiner."

„Aber *ich* weiß, dass es einen Weg *gibt* ", rief sie; „Ich kann diesen Schlauch lutschen!"

„Mary! Mein Gott! Es könnte dich töten!"

Sie warf sich nach vorne, aber der Konflikt hörte auf, als er sie zurückzog. Eine kleine Menge des Schleims war durch den Paroxysmus, den er hervorgerufen hatte, gelöst worden. Die Natur hatte – unvollkommen, aber dennoch – getan, was die Wissenschaft nicht geschafft hatte . Der Junge atmete.

Dem Ausbruch folgte völlige Erschöpfung, und wieder schien es, als sei das Leben ausgestorben. Kincaid versicherte sich, dass es immer noch anhielt, und drehte sich ernst zu ihr um.

„Du warst dabei, etwas Schlimmes und Dummes zu tun. Nach allem, was es durchgemacht hat, kann nichts unter dem Himmel das Kind retten; so viel solltest du wissen. Bestenfalls kannst du nur hoffen, das Leben um zwei oder zwei Jahre zu verlängern drei Stunden."

Tränen liefen ihr über die Wangen.

„„Nur!"", sagte sie; „Glaubst du, das bedeutet mir nichts? Noch eine Stunde, und sein Vater wird hier sein – um ihn lebend oder tot vorzufinden. Glaubst du, ich kann mir nicht vorstellen – glaubst du, ich kann nicht fühlen – was *er* fühlt? " Dort auf der Bühne und zähle die Sekunden bis zur Veröffentlichung? In einer Stunde wird der Vorhang fallen und er wird hierher gestürmt sein und beten, dass er pünktlich ist. Wenn offenbart würde, dass ich nichts anderes tun sollte, als das Leben zu verlängern, indem ich mein eigenes opfere , ich würde es opfern! Gerne, stolz – ja, stolz, wie Gott hört! Du hättest mich nie daran hindern können – nichts sollte mich daran hindern. Ich würde lieber zehnmal mein Leben riskieren, als dass er zu spät käme."

„Das", murmelte der Mann, der sie liebte, düster, „ist die Vergeltung, die du für seine Sünde leisten würdest?"

„Nein", sagte sie; „Es ist die Sühne, die ich für mich anbieten würde."

Stumm stand er am Kopfende der Pritsche; die Frau zitterte am Fuß. Aber sie sahen die Veränderung in der nächsten Minute gleichzeitig. Wieder einmal war der Durchgang hoffnungslos verstopft. Mit einem gebrochenen Schrei eilte sie zur freien Seite des Feldbetts. Diesmal konnte er sie nicht zurückziehen. Er sprach.

„Halt! Schwester Brettan , ich befehle Ihnen, die Station zu verlassen!"

Die Stimme war gebieterisch, und einen Augenblick lang zögerte sie; aber es war nur ein Augenblick. Die Frau hatte die Krankenschwester besiegt, und die Frau war jetzt die Stärkere. Sie warf einen Blick zu, in dem sich Flehen und Trotz mischten, und als sie sich auf das Bett warf, legte sie ihre Lippen auf die Röhre.

KAPITEL XIV

Es war die Arbeit eines Augenblicks. Kaum hatte er sich auf sie zubewegt, um sie zurückzuhalten, hatte sie sich schon erhoben, ihr Gesicht in ein Taschentuch vergraben und sich zitternd an die Wand gelehnt.

Kincaid blickte sie weiß und streng an, und es folgte eine angespannte Stille, die von ihr unterbrochen wurde.

„Sie können mich entlassen lassen", sagte sie – „er wird sein Kind sehen!"

Er antwortete nichts. Die Grausamkeit der Rede, die alles außerhalb der Interessen des Mannes, der ihr Unrecht getan hatte, ignorierte und pervertierte, schien der letzte Schlag zu sein, den sein Schmerz ertragen musste. Ein Gefühl der Ungleichheit und Ungerechtigkeit der Lebensverteilung überkam ihn. Im Licht ihres besiegten Feindes fühlte er sich so gebrochen, so weit entfernt von Macht oder Würde, als ob die Anschuldigung gerechtfertigt gewesen wäre.

Sie nahm ihren Platz wieder ein; und während er so lange wartete, wie es seine Pflicht noch erforderte, machte er schließlich eine Bemerkung. Sie antwortete zurückhaltend. Das Eingreifen der Pause zeigte sich an ihren Tönen, die flach und dumpf klangen. Er war dankbar, als er gehen konnte; und sein Weggang war der Frau nicht weniger willkommen. Für ihre reaktionäre Schwäche war die Aufhebung der Aufsicht wie Balsam. Er löste sich schwerfällig von ihr und sie rückte ihren Stuhl noch näher ans Bett.

Tony würde seinen Jungen sehen! Sie hatte keinen anderen festen Gedanken außer dem widerstrebenden Gedanken, dass sie ihn treffen würde, wenn er käme. Der Gedanke, dass er von ihrer Beteiligung an der Sache hören würde, freute sie kaum; tatsächlich war sie beunruhigt, als sie über seine Erleuchtung nachdachte. Er würde erfahren, dass sein anfängliches Vertrauen in sie gerechtfertigt gewesen war, und es würde ihm leidtun, mitleiderregend leid tun für all die harten Worte, die er benutzt hatte. Aber mit *ihr* war wenig zu gewinnen; was sie getan hatte, war für ihn gewesen. Sie empfand es sogar als Demütigung, dass er von ihrer Tat erfuhr – eine Demütigung, die seine Dankbarkeit nicht mindern würde. Sie schaute auf die Uhr, die sie nach seinem Verzicht auf sie für die Miete ihrer Dachkammer verpfändet hatte, und stellte fest, wie lange es dauern würde, bis er eintreffen würde.

Der Stress der letzten Minuten konnte nicht dazu führen, dass die Vorsicht nachließ. Aber nach und nach, als der Nachhall des Ausbruchs nachließ, fühlte sie sich ruhiger als je zuvor, seit die Matrone früher am Abend zu ihr gekommen war; und die Mahnwache wurde mit unverminderter Sorgfalt fortgesetzt. Archie würde sterben, aber jetzt wäre Tony anwesend. Die Schlussmomente würden nicht vergehen, während er auf einer Bühne Elend oder Heiterkeit simulierte. Der Schrecken vor dem abgewendeten Schicksal, der für den Geist einer Frau noch schrecklicher war als für den des Vaters, ließ die kurze Verlängerung wie einen fast unbezahlbaren Segen erscheinen.

Es war möglich, dass er bereits hier war; unwahrscheinlich, vielleicht so bald wie dies, aber möglich, vorausgesetzt, dass das Stück „schnell gespielt" wurde und dass ein Taxi bestellt worden war, das ihn an der Tür erwartete. Sie lauschte auf das Rollen von Rädern in der Ferne, aber die Stille war ungestört. Archie lag genauso ruhig da wie bei ihrem Eintreten. Wenn kein weiteres Hindernis auftrat, konnte man, um die verbleibende Kraft schneller zu erschöpfen, mit Sicherheit davon ausgehen, dass er zwei Stunden durchhalten würde.

Ihre Bedenken hinsichtlich ihres Risikos waren gering. Die Gefahr, der sie ausgesetzt war, könnte sich als tödlich erweisen; Aber die Sache war schon mindestens einmal ungestraft geschehen – sie erinnerte sich, davon gehört zu haben. Während wir gesund sind, erscheint uns die Möglichkeit einer Krankheit weiter von uns selbst entfernt als von unseren Nachbarn ; in ihrem eigenen Fall erschien ein ernstes Ergebnis äußerst unwahrscheinlich. Sie betrachtete den Nutzen ihrer Kühnheit als billig erkauft. Niemand wusste jedoch besser als sie, wie viel volle Aufmerksamkeit erforderlich war und welche Wachsamkeit von Auge und Hand danach unerlässlich war; und als sie dort saß, war ihr Blick auf den Jungen gerichtet, als ob sie versuchte, auf jedes Flattern seines Pulses zu hören.

Jetzt näherte sich tatsächlich ein Taxi; Sie hielt den Atem an, als es sich rasselnd näherte . Sie stellte sich vor, dass es vor dem Krankenhaustor anhielt. Während ihr Blick immer noch auf das bewusstlose Kind gerichtet war, lauschte sie auf den bestätigenden Schritt. Die Sekunden vergingen und schwollen zu Minuten an, aber kein Schritt war zu hören. Die Hoffnung war falsch! Plötzlich hörte man wieder, wie das Taxi wegfuhr. Sie begann verzweifelt und beunruhigt zu sein. Wenn man einer allzu zuversichtlichen Berechnung Rechnung trägt, war es an der Zeit, dass er hier war! ... Die Verzögerung war unerklärlich; Über das Ausmaß konnte keine Vermutung gebildet werden. Ihre Finger waren nervös in ihrem Schoß verschränkt und gelöst. Sie stellte sich das Rattern der Räder im Rauschen des Windes vor, abwechselnd angespannt und verunsichert. Das leise Zuschlagen einer Haustür ließ sie erwartungsvoll aufschrecken. In der Tiefe der Stille, die sich mit jedem Nachlassen des Geräusches ausbreitete, schien sie das Pochen ihres Herzens zu hören.

Draußen in der Stadt schlug es zwölf, und die Besorgnis grenzte an Verzweiflung. Die auf den Jungen gerichteten Augen waren jetzt verzweifelt; Sie beugte sich über ihn und kämpfte Schatten für Schatten gegen das Kommen des Endes. Bisher wurde keine Änderung angezeigt ; Tonys schnell schwindende Chance war noch nicht verloren. „Gott, Gott! Schick ihn schnell!" sie betete. Von Ungeduld geplagt und von der Angst gequält, dass das, was sie getan hatte, vielleicht doch nutzlos sein könnte, versuchte sie, eine Theorie zu entwickeln, die sie aufrechterhielt. Da sie nicht in der Lage war, ihrer Spannung in Aktion Luft zu machen, empfand sie die Zwänge ihrer Haltung als fast körperlichen Schmerz.

Die Uhr schlug die Stunde eins. Plötzlich schoss es ihr durch den Kopf, dass die Oberin Zweifel gehabt hatte, ihn nach seiner Rückkehr auf die Station gehen zu lassen: Er musste gekommen und gegangen sein! Sie hatte nach vorne gestreckt und ihr Arm blieb vage ausgestreckt. Bestürzung erfasste sie. Wenn sie zehn Sekunden lang an etwas anderes dachte als daran, dass sie es versäumt hatte, dafür zu sorgen, dass er aufgenommen wurde, glaubte sie, das Blut in ihr von Kopf bis Fuß gefrieren zu fühlen. Er war gekommen und gegangen! – Sie wurde durch ihr eigenes Versehen vereitelt. Die Niederlage lähmte die Frau ... Ihre Heldentat nahm nun den Aspekt einer schweren Gefahr an, die durch ihre Sinnlosigkeit noch verstärkt wurde. Sie wurde ohnmächtig. Ihre Dienste waren instinktiv, mechanisch; sie nahm sie wieder auf, sie war eifrig und wachsam; aber sie schien durch einen äußeren Einfluss dazu veranlasst worden zu sein, und ihr Gehirn war betäubt.

Plötzlich erregte ein neuer Gedanke ihre Benommenheit. Sie hörte den Schlag der Drei und der Junge lebte noch! Die unbändige Hoffnung brachte sie zurück zur Sensation. Sie sagte sich, dass die Hoffnung wild und phantastisch sei, dass sie verrückt wäre, sie zu hegen , aber die Aufregung zitterte in ihr; Sie war genervt von der Intensität dessen, was sie nicht anerkennen wollte. Jede Sekunde, die das Ende herbeiführen und es dennoch vorenthalten konnte, schürte die Hoffnung nur schwach; Mit dem Verlauf jeder langsamen, schleppenden Minute wurde die Spannung immer straffer . Sie fürchtete sich vor dem Zittern ihrer Wimpern, die sein Gesicht verdeckten, als könnte der Funke des Lebens verschwinden, wenn ihre Augenlider fielen. Zwischen den Ewigkeiten läutete die ferne Uhr die Viertelstunden in der schlafenden Stadt, und zu jeder Viertelstunde keuchte sie: „Gott sei Dank!" und fragte sich, ob sie ihm bis zum nächsten Mal danken würde. Stunde wurde in Stunde umgewandelt. Der Junge blieb noch stehen. Haggard, sie kümmerte sich um ihn und schaute zu. Die Tristesse des Tagesanbruchs ließ die Jalousien vor dem Bett verblassen. Die Blinden wurden transparenter und die Hoffnung zitterte weiter. Es herrschte morgendliche Bewegung, Bewegung auf der Straße; Die Morgendämmerung berührte sie matt, und die Hoffnung hielt sie noch fest. Und der Sonnenaufgang zeigte ihm, wie er wieder friedlich atmete – und dann wusste sie, dass der Himmel ein Wunder gewirkt hatte und das Kind überleben würde.

Unter den Mitarbeitern wird dieser Fall jetzt angeführt und noch immer erzählen die Krankenschwestern, wie Mary Brettan ihm das Leben gerettet hat. Der örtliche *Prüfer* gab der Angelegenheit ein Drittel einer Kolumne mit der Überschrift „Heldentum einer Krankenhauskrankenschwester". Und, auf fünf Zeilen reduziert, wurde es in den Londoner Zeitungen erwähnt. Mr. Collins von Pattenden warf einen Blick auf den Gegenstand, nachdem er den jungen Mann mit dem erstaunlichen Gähnen mit einem halben Penny erledigt hatte, und – als ihm einfiel, wie vertraut der Nachname war – fragte er sich einen Moment lang, was die Frau tat, die ihre Bücher niemals verkaufen konnte.

Es war später am Morgen, als Carew das Krankenhaus betrat, als Kincaid den Flur durchquerte. Der Portier hörte die Antwort des Arztes auf eine gestammelte Frage:

„Ihr Kind ist außer Gefahr. Es tut mir leid, sagen zu müssen, dass Schwester Brettan ihr Leben für ihn riskiert hat."

Dann zuckte der Besucher zusammen und blieb hysterisch stehen, und der Arzt ging mit fest zusammengebissenem Kiefer vorbei.

Zu Mary hatte er wenig gesagt. Er sah sich mit einem Aufschwung konfrontiert, den man unmöglich vorhersehen konnte, aber sein vorherrschendes Gefühl war die Angst vor den Kosten. Von der Matrone hörte sie von Carews Dankbarkeit und erhielt seine Bitte, sie sehen zu dürfen. Es wurde jedoch erst zugestellt, als sie aufwachte, und dann war er gegangen; und am nächsten Morgen hatte sich ihre Abneigung gegen ein Interview verstärkt. Sie begnügte sich mit der Nachricht, die er schickte: in der stand, dass er „nicht schreiben konnte – dass er in einem Brief keine Worte finden konnte". Sie las es sehr langsam, und es fiel ihr auf den Schoß, und sie saß da und starrte an die Wand. Sie wischte sich den Nebel aus den Augen und las die Zeilen noch einmal und noch einmal – lange nachdem sie sie alle auswendig kannte.

Am nächsten Tag stand sie mit einer seltsamen Steifheit im Hals auf. Mit ihrem Abstieg auf die Station nahm es zu. Und sie hatte Angst. Aber zunächst wollte sie es nicht erwähnen, weil sie es verabscheute, dass Kincaid davon erfuhr. Es war ihr unangenehm, Luft zu holen; Gegen Mittag war die Schwierigkeit nicht mehr zu verbergen. Sie ging zu Bett – protestierend, aber auf Kincaids Befehl hin.

Schwester Brettan war Patientin geworden. Sie sagte, wie seltsam es sei, auf diese ungewohnte Weise im vertrauten Raum zu sein. Die Krankenschwester, deren Wache für Archie sie abgelöst hatte, wurde ausgewählt, sich um sie zu kümmern; und Mary ärgerte sie schwach über ihre Aufgabe.

„Dieser Zauber sollte ein guter Patient sein, Sophie! Wenn ich lästig bin, kannst du mich abschütteln.“

Aber zu Kincaid sprach sie ernster, nachdem das Gefahrensignal angezeigt wurde.

„Sie haben alles getan, was Sie konnten, um mich aufzuhalten, Doktor. Was auch immer passiert, Sie werden sich daran erinnern! Sie haben alles richtig gemacht, und ich auch.“

„Reden Sie keinen Blödsinn über ‚Ereignisse‘, Schwester!“ er sagte; „Wir möchten, dass Sie sofort wieder aufstehen und arbeiten.“

Dennoch ging es ihr schlechter, je stärker das Kind wurde; und vierzehn Tage lang litt der Mann, der sie liebte, jedes Mal, wenn er mit „Quatsch!“ antwortete, heftigere Schmerzen. Und der Mann, den sie liebte, suchte täglich nach Neuigkeiten von ihr, wenn er vorbeikam, um die Fortschritte seines Jungen zu sehen. Als sie von seinen Fragen hörte, drehte sie ihr Gesicht auf das Kissen und lag lange Zeit ganz still da. Ihre Abneigung gegen die Begegnung mit ihm war verschwunden und sie sehnte sich danach, dass er zu ihr kam. Aber jetzt konnte sie sich nicht dazu durchringen, ihn das tun zu lassen, weil ihr Hals und ihr Gesicht so geschwollen und unansehnlich waren und ihre Stimme zu einem Flüstern verstummt war, das nicht schön anzuhören war.

Dann war alle Hoffnung zu Ende – man wusste, dass sie sterben würde. Und eines Morgens sagte die Krankenschwester zu ihr:

„Vielleicht möchtest du ihn heute Nachmittag sehen? Er hat noch einmal gefragt.“

"Diesen Nachmittag?" Für einen Moment leuchteten ihre Augen auf, doch die Scham über ihre Unschönheit kam ihr wieder in den Sinn und sie seufzte. „Gib mir... das Glas, Sophie... da ist ein Schatz!“ Sie blickte zu ihrem Spiegelbild in dem schmalen Spiegel auf, der schräg über dem Bett stand. „Nein“, sagte sie schwach, „nicht heute Nachmittag. Vielleicht morgen.“

Das Mädchen stellte das Glas wortlos zurück. Und ein Blick folgte ihr fragend, bis sie ging.

Als Kincaid hereinkam, fragte Mary ihn, wie lange sie noch zu leben habe.

Er war von einer qualvollen Nacht erschöpft – einer Nacht, deren Spuren das Personal beobachtet und sich darüber gewundert hatte.

"Wie lang?" Sie fragte; „Ich weiß, dass ich nicht besser werden kann. Wann wird es soweit sein?“ Er biss die Zähne zusammen, um das Zucken seines Mundes zu unterdrücken. „Das ist es *jetzt nicht*?“

„Nein, nein", sagte er „Das solltest du nicht, du *darfst* dir keine solche Angst einjagen!"

"Heute?"

„Heute nicht", antwortete er heiser, „das glaube ich ehrlich."

"Morgen?"

"Maria!"

"Morgen?" flehte sie mit demselben schmerzhaften Flüstern. „ Sag mir die Wahrheit. Was morgen?"

„Ich denke – morgen wirst du vielleicht wissen, wie sehr ich dich geliebt habe."

Sie rührte sich nicht; und er hatte sich abgewendet. Er bemerkte, dass es regnete und wie die Tropfen auf das Fensterbrett spritzten.

„Ich habe es nicht gesehen", murmelte sie; „Ich dachte, du hättest es vergessen."

„Nein", sagte er; „Du hast es nie gesehen. Es spielt keine Rolle; ich weiß jetzt, dass es nie einen Nutzen gehabt hätte. Still, mein Lieber, rede nicht; es ist so schlecht für dich!"

„Es tut mir leid. Aber ich gehörte *ihm* , bevor du kamst. Ich konnte nicht. Könnte ich?"

„Nein, natürlich. Machen Sie sich keine Sorgen, tun Sie es nicht, um Himmels willen! Es gibt keinen Grund, sich zu bedauern. Ich muss auf die nächste Station, wir sehen uns heute Nachmittag. Versuchen Sie, ein wenig zu schlafen, das geht nicht Du?"

Er ging hinaus und sagte der Krankenschwester ein paar Worte, die zurückkkam. und Maria lag still da.

Dann sagte sie:

„Sophie – ja, heute Nachmittag"

Etwas in der Stimme erschreckte; Das Mädchen schluckte, bevor sie sprach:

„In Ordnung! Er wird es hören, sobald er kommt."

„Vergiss es nicht."

„Das werde ich nicht vergessen, Kumpel; da kannst du ganz sicher sein."

„Danke, Sophie. Ich bin so müde."

Der Regen fiel immer noch. Sie hörte, wie es gegen die Scheiben wehte, und lag da, lauschte ihm und fragte sich, ob es ihn fernhalten würde. Dann wanderten ihre Gedanken; und sie schlief.

Als Kincaid zurückkam, nahm er Sophies Platz ein und saß da und schaute zu, bis sich die Gestalt bewegte. Die Augen öffneten sich ihm vage.

„Ich habe geschlafen?"

"Ja."

„Ist es sehr spät?"

„Es sind ungefähr drei, glaube ich... Nur drei."

"Ah!" sagte sie erleichtert.

Sie schloss die Augen wieder und es entstand eine lange Pause. Er bedeckte ihre kraftlose Hand mit seiner eigenen.

„Trauere nicht", flüsterte sie; „Es tut nicht weh."

„Oh mein Lieber, mein Lieber! Du und meine Mutter auch – beides hilflos!"

„Die vielen", sagte sie schwach, „denken Sie an die vielen, die Sie überstanden haben. Sie waren ... sehr gut zu mir ... sehr gut."

Zu seiner Verzweiflung kam es ihm so vor, als hätte sie ihm das seit ihrer ersten Begegnung erzählt. Es war das Almosen, das sie gegeben hatte, das Atom, das seine Hingabe ihr jemals abgerungen hatte – sie fand ihn „gut"!

Und gerade als sie es sagte, erfasste ihr Eifer den Schritt, auf den sie gewartet hatte; und sie schmiegte sich tiefer auf das Kissen und versuchte, ihre Entstellung vor den Blicken zu verbergen.

„Mary", sagte Kincaid, „du hast dich nicht um mich gekümmert; aber wirst du zulassen, dass ich dich auf die Stirn küsse – solange du es weißt?"

Ein Lächeln – ein Lächeln der Zärtlichkeit, das für ihn wunderbar neu und fremd war, strahlte über ihr Gesicht; und als er sich umdrehte, sah er, dass der andere Mann hereingekommen war.

DAS ENDE

9 789359 948034